U0912521

新中国城市发展研究丛书

中国城市经济学会

总　编　潘家华

副总编　单菁菁　陈洪波

特色小镇

城市产业社区的未来图景

CHARACTERISTIC TOWN

A VISION OF URBAN INDUSTRY COMMUNITY IN THE FUTURE

白小虎　张日波　等　著

社会科学文献出版社

SOCIAL SCIENCES ACADEMIC PRESS (CHINA)

石墨烯小镇核心区：江南石墨烯研究院、上市公司和大学研究院

供图／常州西太湖科技产业园

石墨烯小镇

凤栖湖国际会议中心　首届联合国世界地理信息大会会址

供图／莫干山高新区地信局

德清地理信息小镇

东方美谷园区

东方美谷夜景

供图 / 东方美谷集团

东方美谷

大渔湾湖滨风情商业街——创新共享魅力港湾

阳澄湖科技园——创新要素集聚高地

供图／昆山市融媒体中心

昆山智谷小镇

梦想小镇互联网村

梦想小镇天使村

供图 / 杭州未来科技城管委会

中国人工智能小镇的杭州 5G 创新园

坐落于人工智能小镇的之江实验室

供图 / 杭州未来科技城管委会

人工智能小镇

山南基金小镇一期俯瞰

山南基金小镇改造前后对比（拍摄者：姚建心）

供图 / 杭州市玉皇山南基金小镇管理委员会

绣品街

绣馆街 - 大师工坊群

供图 / 苏州苏绣小镇发展有限公司

衣——雕塑

时尚活动——中国时尚大会

供图 / 临平新城管委会

艺尚小镇

大唐袜业智库

袜品展示

供图 / 诸暨大塘街道办事处

诸暨袜艺小镇

杭州城市大脑产业协同创新基地

2019 年年底，“杭州城市大脑产业协同创新基地”落户云栖小镇。基地坚持“无中枢不大脑”“大脑同型，服务同行”的原则，把城市大脑杭州经验传播到世界各地。

这里集聚了云智能、城市大脑、空天信息、智能制造、生物医药五大产业，一大批研究机构、龙头企业和创新企业扎根于此。

云栖小镇鸟瞰图

供图 / 云栖小镇管委会

宜居宜游宜业宜享的美丽三瓜

供图 / 孙兵兵

半汤乡学院

供图 / 陈民利

三瓜电商小镇

丛书编委会

总　编　潘家华

副总编　单菁菁　陈洪波

委　员　（按照姓氏笔画）

王　谋　毛其智　文传浩　白卫国　丛晓男

庄　立　刘传江　刘治彦　齐国占　张车伟

张道根　武占云　周　丽　秦尊文　倪鹏飞

黄　鸣　盛　毅　梁本凡　魏后凯

总编简介

潘家华 中国社会科学院学部委员，中国社会科学院生态文明研究所（原城市发展与环境研究所）研究员，博士生导师。研究领域为世界经济、气候变化经济学、城市发展、能源与环境政策等。担任国家气候变化专家委员会委员，国家外交政策咨询委员会委员，中国城市经济学会会长，中国生态文明研究与促进会副会长，中国生态经济学会副会长。先后发表学术（会议）论文300余篇，撰写专著8部，译著1部，主编大型国际综合评估报告和论文集8部；获中国社会科学院优秀成果奖一等奖（2004年）、二等奖（2002年），孙冶方经济科学奖（2011年）。

单菁菁 中国社会科学院生态文明研究所研究员、博士生导师，中国城市经济学会常务副秘书长。先后主持国家社科基金课题、国家高端智库课题、中国社会科学院创新课题、国际合作课题、省部委及地方委托课题56项，出版专著3部，主编著作12部，参与了14部学术著作和《城市学概论》《环境经济学》等研究生重点教材的撰写工作，先后在国内外发表学术（会议）论文100多篇，向党中央、国务院提交的政策建议多次得到国家领导人的批示，获得各类科研成果奖13项。

陈洪波　中国社会科学院可持续发展研究中心副主任，中国城市经济学会秘书长。研究领域主要包括气候变化经济与政策研究、生态经济理论等，主持国际国内重大课题30余项，发表学术论文40余篇，先后荣获国家科技进步奖（二等奖）、中华农业科技奖（一等奖）、国家环境保护科学技术奖（二等奖）、中国社会科学院信息对策奖（二等奖）等奖项。

总编单位简介

中国城市经济学会成立于1986年5月，是由中国社会科学院主管（生态文明研究所代管）、在民政部登记注册的国家一级学会和全国性、开放性学术平台，旨在开展城市发展和城市经济前瞻性理论研究，总结城市发展经验，推动产、学、研交流，促进城市可持续发展。

学会第一、二、三届会长汪道涵，第四届会长周道炯，第五届会长晋保平。第一届名誉会长王任重，第二届名誉会长费孝通，第三届名誉会长李铁映，第四届名誉会长李铁映、汪道涵。历任顾问包括江泽民、费孝通、顾秀莲、刘国光、王洛林、陈佳贵、吴树青等，历任副会长包括王茂林、汪光焘、周干峙、龙永枢、李京文等。目前，会长由中国社会科学院学部委员、中国社会科学院生态文明研究所（原城市发展与环境研究所）原所长潘家华担任。在第一届学会成立年会上，时任上海市市长的江泽民同志出任了学会顾问。在1991年第二届年会上，时任国务院副总理的朱镕基同志到会接见与会代表并做了“关于城市经济发展与城市建设”的重要讲话。经过30余年发展，学会积累了大量的专家、学者资源，包括36位院士、学部委员，200余位教授、研究员，300多位副教授、副研究员，共计1000多位来自全国高等院校、科研院所、城市管理部门和相关企业的高级人才会员。

作为全国性的国家一级学会，中国城市经济学会一贯秉承发展城市、服务城市的宗旨，针对城市经济改革和发展中的重大理论和实践问题，特别是热点、难点问题，动员和组织会员及相关专家、学者进行深入的研究，提出研究报告、政策建议或出版专著，促进政、产、学、研开展广泛的学术研讨和交流。学会凭借雄厚的智力资源优势和健全的组织网络，在服务国家战略的同时，还为各地市提供发展战略、产业规划、土地利用、功能定位、环境治理等项目的研究和咨询，为推动中国城市改革和经济高质量发展提供智力支持。

网址：http：//www.zgcsj.net

公众号：

新中国城市的跨越式发展（总序）

无论东方还是西方，城市都是社会文明的高地，引领社会进步的重镇。中华文明传承5000年，直到近代工业文明进入华夏，我们的城市基本上只是“城池”和“集市”的组合，没有工业革命后现代意义上的城市发展。新中国成立后，尤其是改革开放以后，我们的城市发展可谓波澜壮阔、日新月异，实现了历史性的跨越，也推进着世界城市化进程加速发展。新中国城市发展的辉煌成就，有着鲜明的特点，成功的经验需要总结，未来的发展也需要谋划。

新中国成立以前，农耕文明占据主导地位，虽有一些民族工业和有限的现代产业，但总体上属于典型的农业社会，城市人口占总人口的比例只有10.6%。从生产率水平上讲，传统农业社会能够供养的非农业人口比例，大抵也就在这一水平。新中国成立以后，经过社会主义改造和国民经济发展，城市发展虽有所提速，但由于资金的匮乏和技术的落后，也只是有限点状布局，整体规模和水平不高，历时30年，仍然只有不到20%的人口居住在城市。其间几经波折，从20世纪60年代初的“三年自然灾害”大批城市居民返乡和20世纪60年代后期持续长达十年的数千万的知识青年因缺乏就业岗位而离开城市“上山下乡”的“逆”城市化，表明改革开放前城市化进程的缓慢与艰辛。为了控制城市规模，保障城市的“有序”发展，20世纪50年代末期行政管制分割城乡，在制度上形成城乡

"二元"的固化格局。

1978 年，改革使得城乡分割的藩篱逐渐松动，开放注入城市发展的资金、技术和市场活力。改革开放后的 40 年，中国的城市化率以平均每年高于 1 个百分点的速度，稳步而快速推进。对于一个 10 多亿人口的大国，1 个百分点意味着每年新增的城市人口超过 1000 万，比丹麦、挪威两个国家的人口总和还多。2010 年，中国的城市化水平与世界同步，超过 50% 的人口居住到城市。随后，中国以平均每年超过世界城市化速度 0.5 个百分点的速率，领先于世界城市化进程。2019 年，我国城市化水平超过 60%，达到 60.6%，东部沿海和部分经济较为发达的省区，超过 65%，有的例如上海、北京等地区，城市化水平已经达到甚至超越一些发达国家的水平。

中国人口众多，地貌多样，经济多元。历史上的"城池"尽管在新中国得以继续发展，但许多在工业化进程中地位被相对弱化。比较典型的例如河南开封、洛阳，河北张家口、保定，或由于偏离于现代交通的铁路干线，或因之于"城池"或行政层级地位的变化，而相对地位下降。而一些资源型城市，例如黑龙江鸡西、辽宁抚顺、内蒙古鄂尔多斯等，因煤而兴，但随着资源的耗减和经济转型，而发展乏力。一些投资驱动的制造业城市，例如湖北十堰、四川攀枝花、甘肃酒泉等，因国家定点的汽车、钢铁等战略投资拔地而起。就教育和科技创新主导的城市发展而言，福建厦门和广东深圳是比较典型和成功的。传统的流通型城市，教育和科技也比较发达，多附有行政功能，而规模扩张迅速，成为大城市、特大城市的发展范例，包括直辖市、省会城市、副省级城市等。许多城市的扩张和新兴城市的崛起，也具有行政指令的特色。大城市和特大城市的外延扩张，多以兼并周边县域的方式拓展；建成区的外延，也多将市辖县更名为城区；也有许多地、州、县，直接撤地（州、县）建地级市、县级市；一些县级市和新建城区，也将撤乡建镇、建街道，撤村建居民委员会。如此通过行政区划的调整而拓展城市规模，使得城市化快速推进。

尽管各地城市化路径多元，但城市发展成本相对低廉，是中国城市得以快速跨越发展的条件；相对低廉的城市建设成本，源自制度上的土地公有制和城乡户籍管控。城市发展必须要有土地空间作为载体。社会主义的土地国有和集体所有的公有制度安排，使得城市规划得以根据需要开展、土地征用可以非常低廉的价格获取。不仅如此，城市扩张过程中，从村集体农民手中获取的低成本土地，政府通过“招拍挂”的方式出让，获取巨额的资金来源，又可用于城市基础设施建设和弥补城市财政资金的短缺。以至于许多城市的财政实际上在相当程度上成为依赖于土地出让收益的“土地财政”。城市发展需要劳动力，而劳动力的生产和供给又需要大量的城市公共服务和设施保障。但是，新中国的城市化有效地避免或大幅降低了这一部分成本。改革开放前，许多“半边户”，即夫妻一方是城市居民、另一方是农村居民，则农村居民不能享受城市公共服务；改革开放后，数以亿计的农民工，付出劳动，发展工业建设城市，但是由于没有城市户籍，他们往往不能平等享有城市居民的权益，例如子女教育、医疗、失业、退休、住房等保障。以至于常住人口统计意义上的城市化率远高于户籍城市化率的水平。直至2019年，这一差额尚高达16%，也就是说，尚有2.25亿生活工作在城市的农业转移人口，没有被纳入城市社会保障体系。

应该说，中国的城市化是成功的，但这并不意味着快速城市化的“低成本”认知是完全准确的。改革开放前，通过高考、参军、招工等方式，农村的优质智力资源可以低价转移到城市；通过工农产品剪刀差和统购统销方式，筹集工业和城市发展的资金。改革开放后，农民工在城市非农部门就业但依旧是农村户籍待遇，农村土地征用后的市场溢价也基本上与村集体和农民没有直接关系。也就是说，中国快速城市化的成本，为农业（工农产品剪刀差）、农民（农民工）、农村（土地）所负担，使得城市化以低成本高速度推进。也正是因为这样，城镇化的中国经验，在土地私有和市场较为发育的资本主义国家，不具有可比性和可复制性。但是，我们也要看到，从福利经济学的视角，不论是智力资源流向城市，还是农民工不享受社保的城市非农就业，对于户籍为农业人口的农民来说，是一种福利改进；对于城市，则是更为直接和更大的受益者。这也是为什么中国的城市化的部分成本为农民所负担，但城市化进程平稳有序的原因。另一个代价，就是乡村的相对衰落，使得城乡鸿沟难以弥合。尽管已采取减免农业税、农业补贴、新农村建设投入等政策措施，但农村发展活力仍不足，城乡一体融合发展成为城市化发展的新命题。

中国城市经济学会成立于城镇化快速启动的20世纪80年代中期，作为全国学术性社团，其不仅见证而且一直服务于中国的城市化进程。学会的会员既有专注城市发展研究的学者，也有从事城市建设和管理的决策实践者。第六届学会理事会讨论研究，认为有必要梳理总结中国城市发展的辉煌成就，合理吸取城市化进程的教训，分析探讨未来城市发展的方向和路径。学会作为学术平台，组织会员单位和学者就各省、区、市的城市化进程进行总结梳理，就城市建设的各种专题进行分析探讨，形成系列丛书。这是一项巨大的工程，不是一朝一夕、一蹴而就的工程。我们希望，在学会会员的共同努力下，我们可以为新中国的城市发展留下一些记录、记忆和分析，助力中国城市的高质量发展、城乡融合发展。

潘家华

2020年8月

经济转型升级、新型城镇化的精致美丽窗口
（代序）

近年来，特色小镇建设作为适应、引领经济新常态和供给侧结构性改革的重大举措，强调生产、生活、生态功能的融合，对新常态下探索经济转型升级、建设新型城镇发展道路具有重要意义。国内的特色小镇缘起于浙江省，浙江省把建设特色小镇作为推进供给侧结构性改革的新路径，为新型城镇化提供了新样板，树立了新标杆。自2015年底以来，随着中央领导对特色小镇建设的系列批示、指示，以及国家各部委顶层设计的推进，特色小镇与小城镇建设得到了全面发展，并从浙江省走向全国。

我在浙江工作的18年间，曾担任过浙江省乐清县委书记、金华市委书记等职务，1999～2001年还曾担任过杭州市市长。特色小镇就是在那一时期发端的，主要经历了四个阶段：从“小镇＋‘一村一品’”的1.0版，升级到“小镇＋企业集群”的2.0版，再到“小镇＋旅游休闲”的3.0版，目前已经进入“小镇＋新经济体（并进入城市）”的4.0版。

具体来说，特色小镇的1.0版就是小镇服务于周边的农村、农民、农业，服务于农业的产前、产中、产后，这种小镇模式跟农耕文明紧密相连。改革开放以来，浙江省积极投入经济发展的浪潮，克服重重困难和条件的限制，特色小镇应运而生，并升级为2.0版，乡镇企业“家家点火、村村冒烟”，小镇里所有的人都进行了专业化的分工与合作，相互之间构成一个高效率的生产体系，形成“块状经济”。“块状经济”的所在地就是一个特色小镇。这些小镇既是特色产业的生产基地，也是特色产业的专业市场，即同类产品“生产＋市场”的集合体，产业集群内部既有产业内分工，也有产业间分工，融产业有序整合和空间集聚于一体。到20世纪90

年代末，没有被“块状经济”所覆盖的小镇，保留了明清时代独一无二的建筑风貌，其独特的文化、建筑和地形和谐相融，就成了旅游资源，由此发展成为3.0版的特色小镇。

而浙江省的特色小镇4.0版，在发展特色经济的同时，主动融入城市，接受城市辐射，向城市经济转型。小镇有效发挥城市修补、生态修复、产业修缮的功能，极大地增强了城市活力。从演化经济学的角度来看，4.0版特色小镇的新产品、新结构、新业态等“特色”的形成，是企业家，包括农民企业家、外来企业家的创新精神，以及城市中各种各样“正外部性”（源自大学、金融机构、孵化器、各行业技术人员等）的涌现、叠加的结果。所以4.0版的特色小镇必须源于城市、服务城市，它跟农村工业化时期的一、二、三代特色小镇完全不一样了。

特色小镇既不是可以规划出来的，也不是依据概念的设想，而是立足浙江及全国各地工业化、城市化进程，并在长期的升级演进中，从原有的模式中脱颖而出的，所以，这也给理论研究带来了很大的挑战。如果硬套主流经济学的企业理论、消费者理论、产业组织理论等解释，甚至用来指导特色小镇建设，那就偏离特色小镇的自组织、涌现和演进的特点了。这也是全国很多地方一阵风、一个模式复制特色小镇的原因之一。利用复杂适应系统理论（CAS），我们对特色小镇可以做全新的解读。经济组织具有各种复杂性，是因为它是由不同异质主体的变异性、主动的适应性和相互作用共同涌现形成的。在特色小镇里，产业和空间的活力源于其个体的自适应性所形成的自组织性，所以建设特色小镇需要众多企业力量的涌动来推动特色小镇的诞生和发展。

从复杂适应系统理论的视角，我们可以得出评价特色小镇的一些标准。一是自组织。好的特色小镇是由下而上生成的空间和产业组织，差的特色小镇往往是人为规划的。二是共生性。好的特色小镇和周边是共生、共赢的关系，差的特色小镇与周边是两张皮、相互竞争的关系。三是多样化。小镇特色的种类多样化，利于形成多样化的空间和多样化的产业模式，能够完善创业生态链，产生好的生态和经济效益。四是强联结。好的特色小镇与主城和外界具有多种强联结，具有“强磁力效应”；差的特色小镇往往功能单一，只有“弱磁力效应”，甚至没有“磁力”。五是企业集群。企业集群是自组织体系，会造就小镇的自组织特性。六是开放性。好的特色小镇的产业是高度开放的，能够主动切入某一行业的全球生产链中去，并且不断地向上游移动。七是超规模效应。好的特色小镇完全超越了城镇规模效应，具有超规模效应。八是微循环。特色小镇采用节能减排的微循环模式，有很大的生态和经济效益。九是自适应。好的特色小镇有投资者、技术、人才等方面的自主性，能独立面对风险，独立应对市场变化、独立解决新技术的颠覆性创新。十是协同性。好的特色小镇会与周边其他小镇协同涌现出活力。这些未来的小镇之间都是产业功能互补的，形成协同创新的小镇群，这个“群”就是高水平的“协同”效应平台。

跳出复杂适应系统理论，特色小镇的真实世界会是如何，有没有一个相应的概念和复杂适应系统对应起来？这个问题在我看到《特色小镇：城市产业社区的未来图景》这本书的初稿时，似乎有了些眉目。城市产业社区这个概念兼具实践性、描述性，是复杂适应系统理论中的特色小镇在实践中的映射。特色小镇本身是城市的一部分，而城市就是一个复杂系统，城市的成长，意味着城市生命体的自组织有效应对了外部环境变化。本书中的特色小镇案例都有特定的城市场域，或者至少在城市的影响范围内。城市的基本组成单元是社区，社区中的任意主体离开了其他主体，会失去自组织的能力。毫无疑问，城市社区已经是一个基本的复杂适应系统，如果多元主体的自组织活动的中心是产品和劳务供求活动，这自然而然就生成了自组织产业活动的城市社区。正是出于城市产业活动在特定空间的自组织系统特性，本书提出的“城市产业社区”，较好地处理了复杂适应系统理论与产业活动实践两重世界中特色小镇的映射关系。可见，城市产业社区的视角与复杂适应系统理论视角，两者在本质上是一致的，从而是相互支撑的。

特色小镇从浙江发端，在发展阶段、产业基础、开放水平都比较相近的长三角区域开花结果，涌现出了一批全国特色小镇的优秀典范。长三角区域的传统产业基础雄厚，新兴产业创新活跃，民营经济的深厚土壤滋养市场主体，自下而上探索经济转型升级的新产业空间，这些都是复杂适应系统的特点。只有经由市场主体主动适应外部环境变化而形成的产业集聚、创新集聚，才能真正演化出特色小镇。所以，中央指示“在实践中，各地务必要因地制宜，突出特色，充分发挥市场主体作用，切不可政府大包大揽，一哄而上”。特色小镇不是规划出来的，也不是短时间就能建设出来的，用复杂适应系统的理论来指引，通过多元主体协同营造城市产业社区的良好环境，激发市场主体的创新活力，一张蓝图绘到底，一任接着一任干，才能实现特色小镇产业“特而强”、功能“聚而合”、形态“小而美”、制度“活而新”，从而向世界打开一道展示中国经济转型升级和新型城市化的精致美丽窗口。

国务院参事、中国城市科学研究会理事长

仇保兴

2020年秋

目录

第一章　特色小镇的实践探索

第二章　城市产业社区视角下的特色小镇

第三章　梦想小镇：成就梦想的创业创新生态圈

第四章　云栖小镇：与未来同行

第五章　昆山智谷小镇：阳澄湖畔的创新极核

第六章　石墨烯小镇：西太湖畔的未来碳谷

第七章　山南基金小镇：山中飞出金凤凰

第八章　艺尚小镇：未来设计之都

第九章　袜艺小镇：再亮“国际袜都”新航标

第十章　东方美谷：专注美丽健康产业

第十一章 苏绣小镇：秀出发展新空间

第十二章 三瓜公社：构筑城乡融合的支点

第十三章 特色小镇建设的总结与展望

附 录

第一章
特色小镇的实践探索

近年来，特色小镇建设作为一种新的经济增长点，在促进产业转型升级、创业创新、新型城镇化建设、统筹城乡发展等方面，发挥了非常重要的作用。特色小镇已成为当前国内各级政府、媒体、商界、学界等非常关注的话题。

2014 年，浙江省为加快产业转型升级和优化生产力布局，启动了“特色小镇”建设工程。根据 2015 年浙江省《关于加快特色小镇规划建设的指导意见》，浙江将重点培育 100 多个特色小镇。浙江试水两年左右，特色小镇建设上升为国家层面的重大发展举措。2016 年 7 月，住房和城乡建设部、国家发改委和财政部三部委联合公布的《关于开展特色小镇培育工作的通知》中明确提出，到 2020 年，中国将培育 1000 个左右特色小镇。不过对于什么是特色小镇？目前仍有多种说法。

浙江省所提出的特色小镇“非镇非区”，它不是行政区划意义上的某一个建制镇，也不是产业园区，而是有特色产业支撑，尤其是聚焦特色产业和新兴产业，集聚高端发展要素，融合产业、文化、旅游、社区等多重功能的创新创业发展平台。特色小镇是独立于市区，具有明确产业定位、文化内涵、旅游和一定社区功能的发展空间平台，其区别于行政区划单元和产业园区。

与浙江省的特色小镇概念不同，另一种观点认为，特色小镇是指以传统行政区划为单元，特色产业鲜明、具有一定人口和经济规模的建制镇。这种意义上的特色小镇，尤其指城乡地域中地理位置重要、资源优势独特、经济规模较大、产业相对集中、建筑特色明显、地域特征突出、历史

本章是国家社科基金项目“基于外部性和专业化的区域一体化促进经济发展的机理研究”（编号：20BJL067）的阶段性成果。

文化保存相对完整的乡镇。2016 年 7 月三部委《关于开展特色小镇培育工作的通知》中规定“县级人民政府是培育特色小镇的责任主体”“镇人民政府负责做好实施工作”。这一规定的背后，某种程度上体现了对特色小镇从建制镇角度上的理解。不过，对特色小镇的这一理解很快又出现了新的变化，即将特色小镇理解为建制镇的组成部分而不是全部。2016 年 10 月，国家发改委颁布的《关于加快美丽特色小（城）镇建设的指导意见》，对特色小镇概念做了新的说明：特色小城镇分为特色小镇和小城镇两种形态，特色小镇不是行政单元，它是行政单元内的一个组成部分，是地区中的一个聚集中心，是该建制镇经济特色和文化特色的核心区象征。在核心区的外围有一定的腹地，小镇的发展往往离不开这个腹地的支撑，这个腹地通常维持特色小镇所在的建制镇。特色小镇应该与腹地相辅相成，相互融合，在文化上高度统一，在产业上相互衔接，在景观上互相协调，如此特色小镇才能成为当地的特色代表，并且通过辐射促进当地的发展。

以上分歧，显示出我们对特色小镇的认识还在不断深化。在不同的部门、不同的行政层级、不同的领域、不同的时期，人们的认识会有所不同和变化。其实，对特色小镇达成统一的认识不应成为我们所追求的目标，各种观点都有其一定的合理性。这些分歧的背后，反映出我们在当前中国发展的特殊阶段，在面临复杂的内外部环境的约束情形下，希望有一些新的突破从而化解当前中国发展的困境，顺应时代发展的趋势。特色小镇只是为了完成上述目标的众多探索之一。因此，不同的主体对“特色小镇是什么、它应承担什么样的功能使命”这类问题的认识必然具有多样性，而且这种多样性会长期存在。

一　特色小镇的建设背景

特色小镇在中国的迅速发展，顺应了世界经济社会发展的趋势，契合了我国当前的发展阶段，其产生有着深刻的背景。

（一）特色小镇是城市化达到一定阶段的必然结果

世界城市化的发展过程，可以分为三个阶段。初始阶段：城市人口占总人口的比重在30%以下。这一阶段，农村人口占绝对优势，生产力水平较低，工业提供的就业机会有限，农村剩余劳动力释放缓慢。中期阶段：城市人口占总人口的比重为30%～70%。这一阶段会出现城市病，并开始出现郊区的城市化现象。后期阶段：城市人口占总人口的比重在70%以上。这一阶段也被称为城市化稳定阶段，出现逆城市化现象。

19世纪，随着发达国家工业化的深入，大量人口涌入工厂，整个西方世界依次开始了快速城镇化进程，这一阶段大约对应于城市化的第二阶段。随着大城市的不断出现和迅速扩张，从20世纪中期开始，发达国家工业化时期出现了不同的大城市病，如空气污染、水污染、堵车、犯罪率飙升、城市住房拥挤等问题。因此小城镇逐渐成为当时人们对未来美好城市的向往。20世纪中后期，随着现代交通工具如私人汽车的大量使用，人们的这种向往得以成为现实。人们有条件到城市周边地区居住，由此逐步开始了郊区化，城市化此时大约进入第三阶段。在美国，1950～2000年城市人口增加了1.3亿，这其中77%的人口都居住在郊区。在德国，70%的人口都居住在人口规模在2万人以下的小城镇。整体而言，目前欧美发达国家都已进入城市化的后期阶段。这些国家的小城镇，围绕着中心大城市，形成了大都市区形态的城市群。这些众多的小城镇分别承担着大都市区的不同功能，并通过城市间密集的交通网络连接起来，以网络化功能区行使着大都市区的某些功能。

中国特色小镇的出现，某种程度上说明一些东部发达地区已经先行进入城市化的后期阶段，是顺应城市化规律的表现。中国是一个大国，区域间的禀赋和发展阶段存在巨大的差异，因此城市化规律在各地区的表现必然是不同步的。2019年，虽然我国整体的城镇化率为60%，还处于整体上的城市化中期阶段，但东部地区的上海、北京、天津的常住人口城镇化率已在80%以上，广东、江苏、浙江三省的城镇化率已超过70%。因此，我国的城市化进程呈现“平均意义上的城市化中期阶段与东部发达地区的城市化后期阶段并存”的状态。特色小镇在东部地区诞生，并在全国推广的过程中在东部地区发展相对较好，这与适应了城市化发展的国际趋势和规律有很大关系。除具备旅游功能的特色小镇外，大多特色小镇一般位于城市周边区域。这种发展方式既能带动城市周边的发展，同时也能通过转移分解一些城市功能，为不堪重负的大都市缓解压力。从这个意义上可以说，特色小镇是未来城市的一个发展方向。

（二）特色小镇是新常态下我国寻求高质量发展的积极探索

在我国经济发展的新常态下，增长速度从高速增长转为中高速增长，经济结构优化升级，经济增长的动力从要素驱动、投资驱动转向创新驱动。按照美国经济学家霍利斯·钱纳里（Hollis B. Chenery）的工业化阶段理论，一个国家的工业化发展可分为六个阶段：第一阶段是不发达经济阶段。产业结构以农业为主，没有或极少有现代工业，生产力水平很低。第二阶段是工业化初期阶段。产业结构由以农业为主的传统结构，逐步向以现代化工业为主的工业化结构转变，这一时期的产业主要是以劳动密集型产业为主。第三阶段是工业化中期阶段，也就是重化工业阶段。这一阶段的产业大部分属于资本密集型产业。第四阶段是工业化后期阶段。在该阶段，在第一、第二产业协调发展的同时，第三产业开始由平稳增长转入持续高速增长，并成为区域经济增长的主要力量。第五阶段是后工业化社会阶段。在这一阶段中，制造业内部结构发生变化，由资本密集型产业为主导向以技术密集型产业为主导转换。同时人们的生活方式日益现代化，高档耐用消费品被推广普及。技术密集型产业的迅速发展是这一时期的主要特征。第六阶段是现代化社会。在该阶段中，第三产业也开始分化，知识密集型产业开始从服务业中分离出来，并占主导地位，人们消费的欲望呈现多样性，人们追求个性。

按照这样的划分标准，我国东部发达地区，如北京、上海、天津、江苏、浙江、广东等地正处在从工业化后期阶段向后工业化社会，甚至现代化社会转换的阶段。技术、知识等高端要素在我国经济发展中的作用必将更加重要。为了顺应我国经济从工业化后期阶段向后工业化社会，甚至向现代化社会的转换，我国必然要进行系列大胆的探索。东部发达地区由于较早地遇到发展的困境和瓶颈，因此这种探索显得更加迫切和积极。特色小镇可以说是这些众多探索中的一种典型。作为我国经济体制改革、产业转型升级、供给侧结构性改革的试验田，特色小镇被各级政府寄予了很高的期望。

浙江率先探讨特色小镇发展模式是形势所迫。在我国特色小镇模式的诞生地浙江，工业经济总量构成中70%是传统产业。近年来，传统产业集群依靠低成本取胜的竞争优势逐渐弱化，区域发展的旧动能持续衰减，产业转型升级可谓形势所迫。2014 年前后，浙江省的产业投资不断下降，要在新常态下推进经济转型升级必须要有新办法、新手段，形成经济转型升级的新动能。无论是新动能培育还是区域既有产业体系提升，都需要构建一个以创新驱动为支撑、新兴特色产业为主体的新型产业创新平台。浙江尝试培育特色小镇，寄希望于让特色小镇成为承载传统产业转型和培育新兴产业的全新载体。时任浙江省省长李强 2016 年 2 月在《中国经贸导刊》撰文，首次对浙江的特色小镇建设工作进行了全面总结。在浙江，特色小镇是破解浙江空间资源瓶颈的重要抓手，符合生产力布局优化规律；特色小镇是破解浙江有效供给不足的重要抓手，符合产业结构演化规律；特色小镇是破解浙江高端要素聚合度不够的重要抓手，符合创业生态进化规律；特色小镇是浙江特色产业、新型城市化与“两美浙江”建设碰撞在一起的产物，是破解浙江城乡二元结构、改善人居环境的重要抓手，符合人的城市化规律。其实，浙江的这一探索又何尝不是中国，尤其是东部发达地区面对经济发展的困境，积极进行先行先试，尝试闯关突围的表现。如果说在工业化的低附加值阶段，工业园或产业园是以工业化为主导时代的主要产业空间形态，那么特色小镇可以视为在高附加值的产业形态或产业链环节要占主导地位的时代，众多可能的产业空间承载形态之一。

（三）特色小镇是我国积极拥抱新科技革命成果的重要舞台

综观人类历史的发展，每一次科技革命往往导致后期对其科技成果的大规模产业化，即发生产业革命。每次产业革命也往往伴随传统产业的重新洗牌，并诞生新的主导产业。在这一过程中，一方面是传统产业的转型升级甚至衰落淘汰。某些传统产业由于能满足人类的需求，还能继续得以延续。这些传统产业迫于竞争的压力且为了更好地满足需求，必然要吸收产业革命的成果，探索传统主导产业与新兴技术的融合发展。另一方面是新兴产业的诞生、发展，并慢慢居于主导产业的地位。每次产业革命总是在发达的国家和地区先出现苗头并落地，然后再在全球蔓延。这是因为这些发达地区的综合基础条件好，产业化的综合成本低，且吸收科技新成果的迫切性强。

新兴产业往往是新科技产业革命的结果，其落地需要具备“天时、地利、人和”等系列条件。具体而言，第一，需要有足够的市场规模。第二，需要有新兴产业的新基础设施。不同的产业往往需要不同的基础设施。以传统产业的基础设施来匹配新兴的产业，必然导致新兴产业落地的水土不服。第三，需要各种生产要素的新组合关系。为此，资本、土地、组织、技术、人才、制度等要素需要重新组合以迎接新产业的需求。从资本的角度看，传统产业、衰落产业的资本要顺利转移到新兴产业，需要克服资本流动的各种壁垒，需要资本市场的完善，需要政府产业扶持基金和产业基金的导引。从土地要素的角度看，新兴产业的落地需要大量的空间支撑，这就需要存量土地的优化腾挪和增量土地的保障。新兴产业也需要采取集群化的组织方式，这样便于获得新兴产业涉及的新基础设施投入和使用的规模经济性，同时利于发挥产业链各个环节的专业化协作效应。

在新一轮科技革命的浪潮下，如果我们能够顺应趋势，提早谋划，积极进行空间的优化布局，抢占创新链、产业链和价值链的有利位置，就有可能在新一轮科技革命和新产业革命中脱颖而出，就可能创造一个中国奇迹，加速中华民族的伟大复兴。习近平总书记在2018年的两院院士大会的讲话中指出：“我们迎来了世界新一轮科技革命和产业变革同我国转变发展方式的历史性交汇期，既面临着千载难逢的历史机遇，又面临着差距拉大的严峻挑战。我们必须清醒认识到，有的历史性交汇期可能产生同频共振，有的历史性交汇期也可能擦肩而过。”新一轮科技革命的系列成果在哪里落地？如何落地？这是我们抢抓新机遇面临的迫切问题。

特色小镇在这一过程中，理应扮演重要的角色。原因如下。

第一，特色小镇的区位优势和空间体量优势，使其可以为新兴产业提供大量的发展空间。我国很多中心城区的经济总量占比不断下降。这其中的重要原因是，主城区土地资源稀缺，没有大量的土地可供附加值高的新兴产业进行集群化落地。在很多大城市，城市主城区大量工业制造企业外迁、关闭所腾挪出的新空间，大多转化成了房地产用地。主城区产业用地的不足，使得新增的新兴产业、大项目和大企业难以大范围落地，导致主城区经济缺乏新的增长点和增长动能，而好的教育和医疗资源等生活配套和公共资源成为中国很多城市主城区的亮点。相比较而言，我国大多城市主城区边缘的新城，既可享受主城区密布的各种优质公共资源，又有相对广阔的发展空间，这些地区往往成为承接新一轮产业革命成果的优质空间。从实践来看，这些地区也是很多地方布局特色小镇的首选之地，这些区位的特色小镇往往后期发展也较好。因而，特色小镇是未来城市的重要组成部分。

第二，特色小镇可能具有的体制机制优势，使其能够更有效更迅速地承接新科技革命的成果落地。浙江提出“特色小镇的定位是综合改革试验区。凡是国家的改革试点，特色小镇优先上报；凡是国家和省里先行先试的改革试点，特色小镇优先实施；凡是符合法律要求的改革，允许特色小镇先行突破”，可以说这是生产关系积极调整、适应新生产力的表现。当然，这些改革需要更多的顶层设计和地方的大胆创新。

二　特色小镇的发展历程

（一）特色小镇从浙江起步

“特色小镇”概念在云栖小镇提出。特色小镇不是浙江的独创，此前国内已经有个别城市在不同场合使用过“特色小镇”的提法，但是真正带起全国特色小镇发展节奏的，却是浙江。而浙江特色小镇的发源地之一是云栖小镇。云栖小镇的产生，是产业多次转型升级的结果。2002 年 8 月，杭州市政府批复成立转塘科技经济园，将其定位为工业园区，这就是云栖小镇的前身。2005 年，园区调整规划，重点发展生物医药、电子信息、新能源、新材料等高科技产业。2010 年 10 月 20 日，国家发改委、工信部确定了杭州等五个城市先行开展云计算创新发展试点示范工作。为此，2010 年底园区调整发展方向，将主打产业定位为云计算产业。2013 年，阿里云开发者大会在园区举办，此后大会的规模逐年扩大，发展成为该领域的世界级大会。2013 年杭州市与阿里云达成战略合作，在原来转塘科技经济园的基础上，建设以云计算大数据产业为主导产业的片区，该片区被命名为云栖小镇。2014 年 10 月，时任浙江省省长李强在考察云栖小镇时提出："让杭州多一个美丽的特色小镇，天上多飘几朵创新'彩云'。"这是"特色小镇"概念首次被提及。

特色小镇在浙江的产生，还与阿里巴巴在美国的上市密切相关。2014 年 8 月，在阿里巴巴即将在纽约上市的时间节点，浙江省的主要领导敏锐地觉察到互联网领域的创业热度正在上升，省里必须为适应这一趋势提前做点什么。为了吸纳阿里巴巴上市后可能产生的巨大人才和资本溢出效应，浙江省及时在杭州划出专门的空间，专门集聚互联网创业人才，集聚风险投资机构，尝试打造一些低成本的创业创新平台——这也是今天大家所熟知的梦想小镇、云栖小镇等特色小镇的建设初衷之一。2014 年 9 月 19 日，阿里巴巴在美国纽交所上市，以当天的收盘价计算，其市值突破了 2300 亿美元。根据估算，按 50% 的员工持股计算，阿里持股员工约为 11000 多人，上市后每人平均可套现将近 422 万美元，约合人民币 2591 万元，这意味着，阿里上市诞生了一万多名千万富翁。

浙江省域吹起特色小镇建设的号角。在 2015 年 1 月浙江省政府的工作报告中，将"加快规划建设一批特色小镇"列入 2015 年的重点工作中。当年 4 月，浙江省出台《关于加快特色小镇规划建设的指导意见》，该意见提出在未来三年中重点培育和规划建设 100 个左右的特色小镇，特色小镇建设的号角从此在这片十万平方公里的土地上正式吹响。

（二）浙江的特色小镇模式引起中央的重视

2015年5月，习近平总书记在考察浙江时，对浙江的特色小镇给予了充分肯定，并期待浙江的特色小镇建设能总结一些可在全国推广的经验。

浙江的特色小镇建设能为全国提供些什么经验？这是需要好好探讨的问题。为此，2015年9月初，中央委派中财办主任刘鹤率队前往浙江，调研宏观经济运行和特色小镇的建设情况。在考察了杭州市余杭区的梦想小镇、上城区的山南基金小镇等几个特色小镇后，调研组认为：浙江特色小镇建设是在经济发展新常态下发展模式的有益探索，符合经济规律，注重形成满足市场需求的比较优势和供给能力，这是浙江“敢为人先、特别能创业”精神的又一次体现。浙江在特色小镇建设中高度重视学习国际惯例，善于研究经济规律；高度重视各地不同的资源禀赋和市场需求，形成了不同的比较优势；高度重视处理好政府和市场的关系；高度尊重和重视发挥企业家在创新中的核心作用；高度重视以人为本。刘鹤表示，中财办将继续探索、调研，深入总结特色小镇发展的情况以及取得的业绩，并积极推广。

中财办以此次调研为基础形成的《关于浙江特色小镇的调研报告》，很快得到了习近平总书记、李克强总理等的批示。习近平总书记在12月底的批示中指出：抓特色小镇、小城镇建设大有可为，对经济转型升级、新型城镇化建设，都有重要意义。浙江着眼供给侧培育小镇经济的思路，对做好新常态下的经济工作也有启发。

（三）特色小镇在全国的星火燎原

特色小镇在全国的迅速发展，与一系列中央和地方政策的推动密切相关。2016年2月国务院《关于深入推进新型城镇化建设的若干意见》要求，加快特色城镇发展，发展具有特色优势的休闲旅游、商贸物流、信息产业、先进制造、民俗文化传承、科技教育等魅力小镇。2016年7月，住建部、国家发改委和财政部三部门联合下发《关于开展特色小镇培育工作的通知》。通知明确提出，在全国层面到2020年，培育1000个左右特色小镇。由此，特色小镇的发展模式开始在全国推广。2016 年 10 月，中财办、国家发改委、住建部在浙江杭州召开了特色小（城）镇建设经验交流会。2016 年 10 月 11 日，住建部印发的《住房城乡建设部关于公布第一批中国特色小镇名单的通知》，公布了第一批 127 个国家级特色小镇名单。2017 年 8 月 22 日，住建部印发的《住房城乡建设部关于公布第二批全国特色小镇名单的通知》，公布了第二批 276 个国家级特色小镇名单。从特色小镇的主导产业类型看，以旅游和农业类小镇居多。例如首批特色小镇中，以旅游业为主导产业的占 43%，以特色农业为主导产业的占 24%。在两批特色小镇的区域分布上，东、西部地区的特色小镇占比相对较多，中部地区相对较少。华东地区的数量最多，有 117 个，其中浙江省数量最多，为 23 个。小镇数量并列第二的是江苏和山东，拥有 22 个特色小镇。第一批特色小镇的东、中、西分布分别为 40%、25% 和 35%，第二批特色小镇在东、中、西部的分布分别为 42%、22% 和 36%，也存在类似的分布情况。

此外，为贯彻党中央和国务院关于推进特色小镇建设、加大脱贫攻坚工作力度的精神，充分发挥体育在脱贫攻坚工作中的潜在优势作用，更好地为基层经济社会事业、全民健身与健康事业、体育产业发展服务，引导推动运动休闲特色小镇实现可持续发展，国家体育总局也组织开展了运动休闲特色小镇建设，促进脱贫攻坚工作。2017 年 5 月 9 日，体育总局办公厅下发了《关于推动运动休闲特色小镇建设工作的通知》，启动了运动休闲特色小镇建设工作。2017 年 8 月 10 日，国家体育总局公布了首批 96 个运动休闲特色小镇试点名单。为深入推进国有林场和国有林区改革及林业供给侧结构性改革，推动林业发展模式由利用森林获取经济利益为主向保护森林提供生态服务为主转变，提高森林观光游览、休闲度假、运动养生等生态产品供给能力和服务水平，不断满足人民群众日益迫切的生态福祉需求，大力提升林业在国民经济发展中的战略地位，国家林业和草原局在国有林场和国有林区开展了森林特色小镇建设试点工作，为全面推进森林特色小镇建设探索路子、总结经验。2017 年 7 月 4 日，国家林业局发布了《国家林业局办公室关于开展森林特色小镇建设试点工作的通知》。2018 年 8 月底，国家林业和草原局公布了首批 50 个国家森林小镇建设试点单位。

除了以上国家相关部门推进的特色小镇之外，我国各个地方也在积极推进着特色小镇的建设。

三　特色小镇建设的政策保障

（一）浙江的特色小镇政策

浙江的特色小镇建设是逐步探索和完善的过程。随着形势的发展、实践的摸索以及对特色小镇认识的深化，特色小镇的政策体系不断完善。

1. 浙江特色小镇的 1.0 版

2015 年 4 月浙江省出台的《关于加快特色小镇规划建设的指导意见》中指出，特色小镇是相对独立于市区，有明确产业定位、文化内涵、旅游和一定社区功能的发展空间平台，区别于行政区划单元和产业园区。浙江省 3 年规划和培育建设 100 个产业特色鲜明、体制机制灵活、人文气息浓厚、生态环境优美、多种功能叠加的特色小镇。因此，浙江特色小镇的核心是产业，且产业定位坚持“两条腿走路”，即传统产业借助特色小镇实现转型升级，同时促进新兴产业的落地。传统产业方面，主要是茶叶、丝绸、黄酒、中药、青瓷、木雕、根雕、石雕、文房等历史经典产业；新兴产业主要是信息经济、环保、健康、旅游、时尚、金融、高端装备制造等支撑未来发展的产业。

除了以上对特色小镇定性方面的界定外，浙江省的系列文件还对特色小镇进行了定量规定。特色小镇的规划面积一般是 3 平方千米左右，其中建设面积一般控制在 1 平方千米左右。投资要求方面，原则上 3 年内要完成固定资产投资 50 亿元左右（不含住宅和商业综合体项目），金融、科技创新、旅游、历史经典产业类可适当放宽，该省的 26 个加快发展县（市、区）可放宽到 5 年。所有的特色小镇都要建成 3A 级以上景区，旅游类小镇则要按 5A 级景区的标准打造。运作方式方面，坚持政府引导、企业主体、市场化运作的方式。为保证特色小镇建设按规划顺利推进，浙江省规定了系列政策保障措施。

一是对创建、培育的特色小镇进行年度考核。该考核涉及 1000 分的指标体系，其中特色指标占 600 分，主要从“产业专精发展、高端要素集聚、投入产出效益”方面考核特色小镇的产业是否“特而强”，具体的细分指标又因产业的不同而有专门的次级分解指标。这再次体现了产业是特色小镇的重中之重。另外 400 分的共性指标，主要从“功能聚而合、形态小而美、体制新而活”方面进行考核。每年的考核，根据综合得分情况，将处于创建期的特色小镇区分为五个级别：优秀、良好、合格、警告、降格。只有 3 年考核都达标的创建类特色小镇，才能晋级成为“命名小镇”。

二是有奖有罚的土地要素激励制度。对考核期内如期完成年度规划目标任务的特色小镇所在地，省里按实际使用指标的 50% 给予配套奖励，其中信息经济、环保、高端装备制造等产业类特色小镇按 60% 给予土地指标配套奖励。不过，对 3 年内未达标的特色小镇所在地，则加倍倒扣省奖励用地指标。

三是财政支持。特色小镇在创建期间及验收命名后，其规划空间范围内的新增财政收入中上交省财政部分，实行前 3 年全额返还、后 2 年返还一半给当地财政，即“三免两减半”政策。

在各种政策的保驾护航下，浙江特色小镇取得了优异的成绩。2015 ~ 2017 年，省级特色小镇累计完成特色产业投资 2230 亿元，占全部固定资产投资的 70.8%；创造特色产业总产出 9430 亿元，占小镇总产出的 76.1%，其中数字经济小镇、环保小镇特色产业产出占比都达到 90% 以上。2017 年，省级特色小镇以占全省 1.1% 的建设用地，承载了 6.8% 的项目投资，创造了 4.6% 的总产出，贡献了 4.4% 的税收。截至 2018 年 9 月，全省特色小镇累计引进“国千”和“省千”人才 451 人、国家级和省级大师 285 人；小镇的创新能力不断增强，入驻高新技术企业 525 家、科技型中小企业 1398 家，这些小镇与 939 家高校和科研院所开展了技术合作；小镇的创业氛围日益浓厚，集聚创业团队 10876 个、“新四军”创业人才 2 万多人。2018 年省级特色小镇亩均产出高达 781.3 万元，省级特色小镇总产出 8741.9 亿元。

2019 年，浙江特色小镇取得了更好的成绩。从投资情况看，特色小镇（命名加创建）完成投资（不含住宅和商业综合体）1240.8 亿元，镇均 9.4 亿元。创建类小镇在建亿元以上项目 1000 个，投资 929 亿元。创建类小镇的特色产业投资 842 亿元，占投资总额的 77.8%。金融类、旅游类和数字经济类创建小镇的特色产业投资占比均在八成以上。创建类小镇的民间投资 820 亿元，占投资总额的 75.8%。金华、湖州、台州和温州的特色小镇民间投资占比均在八成以上。从产出情况看，2019 年，浙江省特色小镇总产出 1.16 万亿元，其中 110 个创建小镇总产出 9231 亿元，同比增长 20.5%，税收 580 亿元，同比增长 15.2%。其中，创建类小镇的特色产业总产出达到 7892 亿元，占全部总产出的 85.5%；数字经济和环保类小镇的特色产业产出占比接近九成。全省有 16 个小镇（包括命名和创建）税收超过 10 亿元，滨江互联网小镇税收超过百亿元。从企业入驻情况看，2019 年浙江 110 个创建小镇新入驻企业 12071 家，入驻企业总数达 52582 家。其中，规模以上工业企业和服务业企业分别达到 1330 家、642 家，国家级高新技术企业 1207 家。从科技投入看，创建类小镇规模以上工业、建筑业和重点服务业企业全年科技相关投入镇均 4.7 亿元，比上年增长 6.8%。

自 2015 年到 2019 年底，浙江已经公布了 5 批创建名单，目前总计有 110 个创建小镇、62 个培育小镇，有 22 个小镇已经顺利通过三年的考核，成为“命名小镇”。

浙江特色小镇建设奠定了较为坚实的产业基础，形成了较强的创新能力，但是，就整体而言尚处于探索创建阶段，特色小镇难免还存在一些质量短板和体制机制问题，有很大的提升发展空间。因此，还需要实质性强化特色小镇的创新理念和定位，调整相关政策，使特色小镇建设与中心城区同频共振、共同提高。对此，课题组也做了一些初步的探讨，见附录一。

2. 浙江特色小镇的 2.0 版

2019 年 8 月 26 日，习近平总书记在中央财经委员会第五次会议上强调指出，要切实增强产业链韧性，提升产业链水平，在开放合作中形成更强创新力、更高附加值的产业链，打好产业基础高级化、产业链现代化的攻坚战。习总书记的这一讲话精神是浙江优化特色小镇建设的方向遵循。

在 2019 年 9 月 26 日的浙江省重大项目暨特色小镇建设现场推进会上，浙江省省长袁家军强调，特色小镇是全面践行新发展理念的高端平台。要深入贯彻习近平总书记在中央财经委员会第五次会议上的重要讲话精神，整体提升特色小镇产业基础能力和产业链竞争力，打造特色小镇升级版。根据浙江省委、省政府打造特色小镇升级版的要求，特色小镇建设正加快迭代升级步伐，致力形成“小镇内部有机融合、小镇之间开放互动、小镇周边区域联动”的 2.0 版发展之路。一是抢占产业链制高点，瞄准高端产业和产业高端，促进特色小镇产业基础高级化、产业链现代化。二是推动产业链向应用场景延伸，补齐产业链薄弱环节和结构性短板，加快形成更强创新力、更高附加值的产业链，切实增强产业链韧性。三是创新特色小镇优胜劣汰机制，强化政策供给和要素保障，重点支持上下游企业，加强产业协同和技术合作攻关。

在 2020 年 4 月 24 日浙江省的特色小镇 2.0 工作推进会上，为推动特色小镇不断迭代升级，浙江明确提出 2020 年后要全力打造特色小镇的 2.0 版。特色小镇 2.0 不是另起炉灶，而是对特色小镇 1.0 创建成果的继承和创新，是特色小镇的升级版。特色小镇的本质是高能级的产业平台，“产业基础高级化、产业链现代化”是特色小镇 2.0 的总方向。2.0 版的特色小镇强化产业、创新、功能、文化、治理、区域等“六大”协同，积极构建多主体协同、多要素联动的产业生态系统，其特点是“产业更特、创新更强、功能更全、体制更优、形态更美、辐射更广”。

浙江对 2.0 版的特色小镇提出了更高和更明确的要求。按计划，在 2020 年，132 个省级特色小镇计划实施重点项目 1419 个，计划完成投资 1013 亿元（不包括商业住宅和商业综合体项目投资），其中特色产业项目 1010 个，计划投资 827 亿元，特色产业投资占比达 82%。到 2022 年，省级命名和创建类特色小镇要 100% 建有创新平台，要实现创新平台全覆盖和省级以上人才（大师）全覆盖两个具体目标。特色小镇 2.0 在原来“产业特而强”的基础上，进一步拔高目标，提出了“产业更特”的要求，原来特色产业投资占比要求达70%以上，现在要求特色产业的投资和产出占比都要达70%以上。

（二）中央层面的特色小镇政策

2016年7月1日，住房和城乡建设部、国家发展改革委和财政部三部委联合出台了《关于开展特色小镇培育工作的通知》。该通知正式吹响了全国层面特色小镇建设的号角。该通知对特色小镇建设的目标、要求、组织保障、政策激励等做了说明。目标是到2020年，在全国培育1000个左右各具特色、富有活力的休闲旅游、商贸物流、现代制造、教育科技、传统文化、美丽宜居等特色小镇，以此来引领带动全国小城镇建设，提高建设水平和发展质量。关于培育的要求，该通知从“特色鲜明的产业形态、和谐宜居的美丽环境、彰显特色的传统文化、便捷完善的设施服务、充满活力的体制机制”五个方面进行了规定。特色小镇建设的组织保证体现在如下各部门的分工中：三部委负责组织开展全国特色小镇培育工作，明确培育要求，制定政策措施，开展指导检查，公布特色小镇名单。省级住房城乡建设、发展改革、财政部门负责组织开展本地区特色小镇培育工作，制定本地区指导意见和支持政策，开展监督检查，组织推荐。县级人民政府是培育特色小镇的责任主体，制定支持政策和保障措施，整合落实资金，完善体制机制，统筹项目安排并组织推进。特色小镇的实施主体则是镇人民政府。为了调动地方参与特色小镇建设的积极性，中央有两项激励政策：一是国家发展改革委等有关部门支持的，对符合条件的特色小镇建设项目给予的专项建设基金；二是中央财政对工作开展较好的特色小镇给予适当奖励。该通知还指出，特色小镇原则上为建制镇，优先选择全国重点镇。

2016年8月3日，住房和城乡建设部发出了《关于做好2016年特色小镇推荐工作的通知》。2016年10月8日，国家发展改革委在《关于加快美丽特色小（城）镇建设的指导意见》中，对特色小镇的口径界定与7月三部委《关于开展特色小镇培育工作的通知》相比有所变化，指出特色小镇主要指聚焦特色产业和新兴产业，集聚发展要素，是不同于行政建制镇和产业园区的创新创业平台。而特色小城镇是指以传统行政区划为单元，特色产业鲜明、具有一定人口和经济规模的建制镇。该意见重点从以下九个方面提出了对特色小镇的要求，即分类施策，探索城镇发展新路径；突出特色，打造产业发展新平台；创业创新，培育经济发展新动能；完善功能，强化基础设施新支撑；提升质量，增加公共服务新供给；绿色引领，建设美丽宜居新城镇；主体多元，打造共建共享新模式；城乡联动，拓展要素配置新通道；创新机制，激发城镇发展新活力。

特色小镇在建设过程中，取得了一些进展并积累了丰富的经验。不过各地在实践过程中，由于多方面的原因，存在对特色小镇的“概念不清、定位不准、急于求成、盲目发展以及市场化不足”等问题，有些地区甚至出现因特色小镇建设而使政府债务风险加剧和特色小镇建设的房地产化苗头。因此，2017 年 12 月 4 日，国家发展改革委、国土资源部、环境保护部、住房和城乡建设部四部委联合印发《关于规范推进特色小镇和特色小城镇建设的若干意见》。由于在前期的特色小镇建设过程中，存在一定程度的破坏生态问题，因此此次意见的出台，环境保护部参与其中。该意见指出了特色小镇建设十方面的重点任务，即准确把握特色小镇内涵、遵循城镇化发展规律、注重打造鲜明特色、有效推进“三生融合”、厘清政府与市场边界、实行创建达标制度、严防政府债务风险、严控房地产化倾向、严格节约集约用地、严守生态保护红线。为使上述任务能够保质保量得以完成，该意见第一次提出要对既有的特色小镇进行定期考核，即由国家发展改革委牵头，会同国土资源、环境保护、住房和城乡建设等有关部门，共同推进特色小镇和小城镇建设工作，加强对各地区的监督检查评估。国务院有关部门对已公布的两批 403 个全国特色小城镇、96 个全国运动休闲特色小镇等，开展定期测评和优胜劣汰。该意见的出台，标志着全国特色小镇进入规范建设期。在 2017 年 12 月 18 ~ 20 日的中央经济工作会议期间，习近平总书记提到要“引导特色小镇健康发展”。这是“特色小镇”一词在中央经济工作会议首次亮相，显示出中央对规范特色小镇发展的重视。在 2018 年 3 月 9 日国家发展改革委发布的《关于实施 2018 年推进新型城镇化建设重点任务的通知》中，再次提及对既有的特色小镇开展定期测评和优胜劣汰。该通知还提出“省级人民政府要强化主体责任，调整优化特色小镇实施方案、创建数量和配套政策”。

（三）其他地区的特色小镇政策

除浙江外，各地也积极响应中央特色小镇建设的号召，大多出台了相应的政策促进特色小镇的发展。例如重庆市计划在“十三五”时期，打造30个左右在全国具有一定影响力的特色小镇示范点。贵州提出建设100个示范小城镇的战略。甘肃省在2016年提出用3年时间重点建设18个特色小镇。安徽省规划到2020年，培育和规划建设80个左右省级特色小镇，重点打造一批特色小镇样板，形成示范效应。江苏省在2016年12月《关于培育创建江苏特色小镇的指导意见》中提出通过3~5年努力，分批培育创建100个特色小镇。在此之前江苏省还提出了特色旅游小镇、体育健康特色小镇的建设目标，提出到“十三五”末，全省培育50个左右旅游特色小镇，到2020年培育20个左右体育健康特色小镇。

参考文献

成岳冲：《发掘优秀文化资源创建现代特色小镇》，《行政管理改革》2017年第12期。

甘居鹏：《时隔五年再度升级浙江推出的特色小镇2.0版，这些提法很超前》，http://tsxz.zjol.com.cn/202004/t20200424_11909642.shtml，最后检索时间：2020年5月8日。

王洁：《万名阿里员工成千万富翁》，http://it.people.com.cn/n/2014/0922/c1009-25705872.html，最后检索时间：2020年8月9日。

刘子瑜等：《浙江创新发展的战略新选择特色小镇引领中国新发展》，http://biz.zjol.com.cn/system/2016/03/03/021048747.shtml，最后检索时间：2020年8月8日。

浙江发改委：《浙江打造特色小镇三年来取得显著成效》，https://www.sohu.com/a/254334236_660726，最后检索时间：2020年8月2日。

中小城市发展战略研究院、《中国中小城市发展报告》编委会编《中小城市绿皮书：中国中小城市发展报告（2017）》，社会科学文献出版社，2017。

余勤、刘乐平：《浙江省重大项目暨特色小镇建设现场推进会召开》，http：//zj. people. com. cn/n2/2019/0927/c186806 – 33393909. html，最后检索时间：2020 年 8 月 5 日。

第二章
城市产业社区视角下的特色小镇

一　特色小镇的理论探究

2014 年 10 月，时任浙江省省长李强赴杭州市云栖小镇考察后，首次提出“非区非镇”模式的特色小镇。2015 年 1 月，浙江省政府工作报告明确提出在未来三年内，重点培育和规划建设 100 个左右的特色小镇。“特色小镇”这个概念兴起至今已经有 5 个年头了。在这五年中，全国上下掀起了建设特色小镇的热潮。但是在“特色小镇”这个概念进入公众视野、进入各级政府工作安排之时，在国内并没有一个实实在在的特色小镇可以作为参照的典范。浙江省率先创建特色小镇，截至 2019 年 10 月，已有 22 家特色小镇正式通过命名挂牌。在全国层面，建设部等三部委主导的全国特色小镇建设也已公布 2 批 403 家国家级特色小镇的名单。在实践中不断加深对特色小镇的理解的同时，理论研究也在不断推进。这些命名的特色小镇是不是当初理念中的那个特色小镇呢，是不是政策设计中要建成的那个特色小镇？这确实存在一些疑问，因此本章尝试结合已有的研究，根据理论研究文献梳理出若干角度，来整体把握特色小镇的内涵实质。

（一）产业空间组织

2015 年浙江省最早出台了特色小镇建设的纲领性文件《关于加快特色小镇规划建设的指导意见》（以下简称《指导意见》），对特色小镇做出了如下描述：不同于传统意义上的行政单元和产业园区，是一个相对独立于市区，具有明确产业定位、文化内涵、旅游和一定社区功能的发展空间平台。《指导意见》将特色小镇定位于四大功能融合的发展空间平台，部分学者将此理解为产业空间组织。产业空间组织兼顾了产业的专业化特色和空间的集聚状态，与浙江特色块状经济有着密切的联系。顾利民（2017）认为特色小镇作为一种新兴产业空间组织形式，是块状经济、产业集群演进发展的必然结果，也是区域经济从投资驱动向创新驱动的内在要求。盛世豪等（2016）从区域产业集聚的角度出发，认为特色小镇是传统产业集群创新和升级的结果。白小虎等（2016）借助中心地模型，结合产业的区位选择，解释了浙江从块状经济到特色小镇空间布局的演变路径，认为特色小镇是都市圈优势区位上产业与空间相匹配的综合发展平台。

仇保兴（2017）运用约翰·H. 霍兰的复杂适应系统理论（CAS），对特色小镇进行了富有创见的分析：认为特色小镇优于其他城市模式，是小镇的人和外部环境共同作用的结果。复杂适应理论把主体对环境的主动适应性、学习能力、应对能力、挑战能力看成是整个系统演变的动力源。该理论最主要的核心是主体。在特色小镇这个系统中，主体就是人。从 CAS 视角看特色小镇演变需要坚持的原则是：一是任何复杂的系统总是动态变化的；二是多样性是特色产生的动力，特色是任何经济变迁的重要特征；三是强调社会经济体的复杂性；四是经济组织主体的适应性造就了复杂性。运用 CAS 理论来评价特色小镇，可以从 10 个标准展开，即自组织、共生性、多样性、强连接、产业集群、开放性、超规模效应、微循环、自适应、协同涌现。李娜、仇保兴（2019）将特色小镇视作一个复杂适应系统，研究了特色小镇产业发展与空间优化的相互影响与作用，认为产业发展与空间结构是特色小镇发展的关键性因素，产业与空间均会不断演化，形成相互作用。一方面因产业发展而影响小镇空间组织的形成、空间肌理的改变，并最终形成新的空间载体；另一方面复合性、优良性的空间结构为产业发展提供保障，并促进产业的良性发展。因此产业与空间结构作为特色小镇最主要的两大子系统，存在相互适应发展的内在需求。产业发展与空间结构演变是特色小镇经济增长与发展过程中的重要动力和支撑。

特色小镇作为一种产业空间组织，其作用在于促进产业转型升级，这是最直接的产业功能的体现。特色小镇相较于块状经济又有显著的不同，产业功能不是唯一的，还要叠加文化、旅游、社区等综合功能。浙江特色小镇建设，是基于推动产业转型升级、增强区域发展新动能、引领经济新常态的战略选择。从本质上说，浙江特色小镇建设是顺应浙江区域经济发展阶段演变、重构产业生态位、优化区域产业生态系统的内在要求（盛世豪等，2016）。特色小镇这一类产业空间组织的功能全面，促进了产业升级转型。郁建兴等（2017）通过对六个特色小镇的考察，指出特色小镇本质上是对特定空间内各类生产要素、制度要素、文化要素的重新整合和高效利用。庄晋财等（2018）指出特色小镇是推动传统集群产业转型升级的有效载体。卓勇良（2016）认为浙江的特色小镇规划建设系围绕转变浙江发展方式、创新浙江产业政策、优化浙江空间布局等重大主题而展开。李鹏举等（2017）通过对空间组织模式的认识，意识到构建特色小镇空间组织模式有助于整合特色小镇人流、物流、资金流、信息流等资源要素。

（二）创新平台

产业空间组织的高级形式是创新平台。张日波、白小虎（2018）认为特色小镇是促进产业集聚、创新和升级的新型经济组织形式。小镇的经营活动兼具源自专业化的报酬递增与源自多元化的互补效应双重特征。通过一个兼具报酬递增效应与多元化效应的分析框架，并结合具体的产业特征，可将小镇区分为四个模式：传统产业类小镇的专业化模式、多元化模式、不确定模式，以及新兴产业类小镇的复杂模式。在不同的小镇中，两大特征的结合方式不同，因而建设的重点存在很大的差别。盛世豪等（2016）、顾利民（2017）等强调了创新对特色小镇的作用。盛世豪等（2016）认为特色小镇的活力在于创新、发展动能也是创新，要把集聚高端要素、构筑以产业创新为导向的产业生态位作为特色小镇建设的定位。必须把创新作为特色小镇的核心功能。顾利民（2017）认为创新是引领发展的第一动力。创新也是引领特色小镇培育建设的核心和关键，特色小镇既是创新的结果，又是创新的开始。特色小镇的培育建设必须牢固树立和创造性地贯彻落实创新发展理念，把创新作为特色小镇培育建设的基点，着力实践培育目标的创新、产业产品的创新、运作模式的创新、制度供给的创新、考核机制的创新。特色小镇聚焦特色产业和新兴产业，积聚发展要素，不同于行政建制镇和产业园区的创新创业平台，特色小镇是促进产业转型的创新产业集聚区。

庄晋财等（2018）认为特色小镇是打造浙江未来新兴产业的全新平台，同时也是促进创新创业、实现创新驱动的重要途径。特色小镇的“众创”生态系统使得创新要素集聚、产学研用协同、科技金融结合（王金平，2018）。特色小镇作为创新平台，也是集人才链、创新链、投资链、产业链等于一体的综合新型经济系统（叶娟惠，2019）。创新平台赋予了特色小镇导入和集聚创新要素的能力，“众创”生态系统集合的多种要素链条、产业链条，为多种创新主体之间的共生融合营造了优异的环境，促进了创新主体，将创新理念转化为创新的技术、产品和商业模式的产业化进程。徐梦周等（2016）的研究，尝试将创新创业类小镇（梦想小镇）的产业选择问题，纳入一个有机创新生态系统来考察。特色小镇作为创新平台，包含价值导向、空间环境、系统结构以及支撑制度四个维度的关键要素。创业企业、孵化器、投资人及各类服务机构毫无疑问是平台的关键主体。梦想小镇以孵化器为核心平台，实现了资、智融合的常态化。

特色小镇营造的创新平台对于产业转型升级是至关重要的。常晓华等（2016）认为，特色小镇能够使浙江传统块状经济的特色产业变叠加为嵌入、变重“量”到重“质”、变模仿为创新，从而化解经济层次低、结构散、创新弱和品牌小的缺陷。例如为传统产业提供创意元素的文创产业，需要将技术、思想和文化创意等高端要素高度集聚。通过创建专业化的艺术创新集聚空间平台，解决文创产业高端要素的有效供给问题（姜玉峰，2017）。李金海等（2017）以主导产业精准定位于制袜产业的大唐袜艺小镇为例，分析了其通过创建智造硅谷、时尚市集、众创空间三大子功能平台的路径来促进传统制袜产业的转型升级问题。冯云廷（2017）认为特色小镇是一种全新的产业，即文化—空间—组织方式，将三者视为一种功能性资源，探讨它们之间的衍生、重组和交融所带来的组合创新过程，以及驱动这种创新的内在动力。特色小镇是重要的创新平台，而且创新平台作为特色小镇平台系统的最高层次，需要得到底层的城市平台和中间层的产业平台的支撑。三个平台组成的系统发挥了服务功能、创新要素集聚功能，其对于高端装备制造业高质量发展能发挥积极作用（白小虎等，2019），基于平台系统及其功能提出相应的对策建议，详见附录二。

（三）治理机制

特色小镇的一大特色在于其治理机制。浙江省的《指导意见》要求特色小镇不仅需要具备产业、文化、旅游、社区四大功能，还要求四大功能相融合。特色小镇是一个“非镇非区”的概念，其顶层设计是充分尊重市场逻辑的产物，是在产业转型升级大背景下对开发区、产业园区发展模式的提升与超越（周鲁耀等，2017）。特色小镇的多元功能综合的特点决定了多元主体参与特色小镇建设。但是在传统的政府全盘主导、粗放式的和运动式的行政管理模式下，特色小镇建设会出现若干问题，如有规划无文创、有产业无消费、有特色无灵魂，以至于不能达到《指导意见》要求，需要采用多方参与、协同共享、全程回应和及时监督评估的精准治理模式（闵学勤，2016）。这就使得特色小镇要寻求一种能够使得四大功能相融合的新型治理机制。

特色小镇的四大功能是由特色小镇内的行为主体提供的。小镇建设提供有形的基础设施，无形的创业创新氛围、营商环境，这些都与政府的公共服务供给有关，也可以通过政府和社会合作提供。特色产业的投资、研发和运营等活动中，企业是重要的投入运营主体。判断产业平台是否有价值、运营管理是否合理，依据的标准是市场主体的效益指标。由此看来，特色小镇的治理离不开政府、入驻企业和社会三方的共同参与。周晓红（2017）认为特色小镇是一种多元参与、体制开放、协同共享的社区或社会治理模式。在这种社会治理模式下，由政府各层级各部门，开发商、运营商、企业等市场主体，就业人员、原居民等社区主体等共同组成了小镇的多元治理主体；“政府引导、企业主体、市场化运作”的治理手段要取代单一行政手段；要强调整体性社会价值目标（张蔚文等，2018）。

多元主体之间的利益可能不一致，存在利益冲突的可能。相比于工业园区、开发区等传统空间产业组织，特色小镇更加强调整体性社会价值目标（张蔚文等，2018）。为此，特色小镇需要协调各主体之间的利益关系，尤其是政府与市场之间的关系。在充分尊重市场的前提下，政府要制定特色小镇的顶层设计（周鲁耀等，2017），从而使得特色小镇治理机制适应新的历史背景下市场与政府的关系。

苏斯彬等（2016）、盛世豪等（2016）讨论了特色小镇应该怎样处理政府与市场之间的关系。苏斯彬（2016）强调特色小镇应坚持政府主导、企业主体、市场化运作的运营模式，凸显企业主体地位，发挥企业在特色小镇建设过程中的主力军作用，充分体现市场在资源配置中起决定性作用，从而实现政府角色由全能型政府向“有限”和“有效”型政府转变。盛世豪等（2016）认为需要根据市场需求趋势决定特色小镇产业选择，顺应市场规律，完善产业体系，使市场在资源配置中起决定性作用。同时在市场不能解决好的地方需要政府发挥引导作用。

盛世豪等（2016）、卓勇良（2016）、费欢（2018）、周晓虹（2017）、张蔚文等（2018）讨论了特色小镇作为治理体系的作用。盛世豪等（2016）认为在政府和市场的共同作用下，特色小镇起到健全产业生态系统格局、完善创新链条、提升区域整体竞争力的作用。卓勇良（2016）认为通过特色小镇实施政策优惠，可以激励、促进市县政府，从而使得当地政府增加对当地优势产业的关注。费欢（2018）认为特色小镇的建设既是经济社会转型的重要一步，是地方城市化政策的先行尝试，也是不同地方政府之间协同治理的过程。周晓虹（2017）认为特色小镇“非镇非区”的属性，反而可以成为联结政府、市场与社会的纽带，提高多元化主体共同推动特色小镇发展的积极性。张蔚文等（2018）认为由政府、市场、社会三方共同参与的特色小镇治理体系可以约束政府权力，体现企业主体，实现市场在资源配置中起决定性作用。可以借鉴城市经理制的有关理念，在决策层面，依“大部制”原则设立小镇管委会及其职能部门；在行政层面，设立小镇经理办公室，进行专业化、科学化的管理。

（四）区域发展模式

特色小镇在微观层面通过生产空间的打造，从单纯追求空间规模的扩大，到注重空间要素的交流和互动作用，构筑起新型的空间生产关系（段进军等，2018）。特色小镇的微观空间是具有产业功能的产业空间组织，通过综合的旅游、文化和社区的功能，在产业空间中培育起了创新生态系统。特色小镇通过空间生产实践创新打造形成了独特的社会发展空间，治理机制在特色小镇创建中起到了协调政府、市场和社会三种力量的作用，特色小镇微观空间的功能不再局限于产业园区一类的生产功能，治理机制将生产空间和社会空间有机结合。

跳出微观空间的束缚，特色小镇还是以空间规划推动区域经济发展、城镇化的发展模式。特色小镇从单纯追求空间规模的扩大，到注重空间要素的交流和互动作用，构筑起新型的空间生产关系，全面的“产、城、人、文”融合发展模式创造以“三生空间”为引导的新型生活空间（段进军等，2018）。特色小镇与以往的镇域经济相比，特色在于产业和城镇要素之间形成不可或缺的联系，产业空间与社会空间相互协调，产业优势明显、基础设施以及公共服务配套到位，做实产城融合，在镇域范围内打造真正宜居宜业、可持续发展的良性格局（谢丹超等，2018）。

二　产城人文融合的城市产业社区

城市是一个有生命的整体，有自己发展的历史。从复杂适应系统（CAS）理论来看，城市是行政、经济、社会共生的集聚系统，是一个包含了市民、开发商、企业等主体在内的多样、丰富的系统。系统中每一个元素、每一个单元、每一个个体都是有生命力、有主动性、能学习、能思考、能主动采取行动、能主动适应环境的，这样一些异质要素的相互间复杂作用驱动了城市演进。城市中由具有自组织能力的子系统构成的街道与社区具有高度活力。有活力的城市往往具有自相似、紧凑、分形的空间结构。“自组织”会激发社区共建、大众创新、万众创业。特色小镇也是一个复杂适应系统，产业发展和空间结构是其关键性因素，产业发展和空间均会不断演化形成不同层级之间的相互作用，是一个产业发展、空间结构协同的复合体。特色小镇是在城市系统中涌现出来的一种新的产业空间结构，其产业和空间的复合体，构成了与其所在城市具有自相似、紧凑、分形的产业社区。

站在城市演进的历史角度，产业社区是必然的趋势，产业社区代表着城市发展的未来方向。同时，我们从现代城市、新兴产业兴起发源的发达国家中选取城市中心的艺术设计社区和高科技产业社区两个案例，以体现产业社区概念的现实性意义。

（一）产业社区

一个发展中的城市，在其规模从小到大、功能由简单到综合的成长过程中，不仅组织经济活动的空间来创造和分享价值，而且还组织社会活动的空间，让城市居民生活更美好。城市的经济属性和社会属性是一个整体，相互促进。作为经济属性的城市产业需要得到作为社会属性的城市社会服务的支持。

城市因产业而兴，产业是城市的经济基础。在城市发展历史上，有些城市因贸易而兴起，有些因制造业而兴起，产业集聚带来的经济上的好处（集聚经济）持续吸引更多的产业活动的集聚。这是一个产城同步促进的阶段，为产业服务的城市基础设施不断完善，产业规模和种类不断扩张。这个时期的城市产业带来了劳动力的集聚，城市的集中化、专业化生产方式带来了社会生活方式的改变，引致了社会功能的需求。城市的基础设施不仅满足产业的需求，还要满足人的发展的需求，这一时期是产城人融合的阶段。城市的公共设施和服务围绕着产业区布局，城市中布局了产业和社区服务，城市的经济功能更容易获得社会功能的支撑。城市社会功能的完善进一步吸引城市人口增加，各种服务业也随之繁荣。外部的产业竞争迫使市场主体的经营往设计、研发和销售等附加值更高的环节转移，这些高附加值的环节是常见的知识密集型产业，这些产业赖以支撑的要素是人才。因而，知识密集型服务业的经济功能，与面向人才集聚与知识交流的社会空间更加息息相关，城市发展进入了产城人文融合的阶段，富集文化且富有人文气息、以人为本的社会空间在城市的产业空间中不可或缺，由此形成了人文化的城市产业社区。

人文化的城市产业社区，是城市空间和城市功能适应产业竞争发展变化的自我调整和进化的产物。它既可以产生在城市化不断推进的区域，也可以产生在成熟的城市中旧产业区的更新过程中。与一般注重经济产业功能的产业园相比较，特色小镇注重产城人文融合，产业园区的产业注重单一产业、主导产业的专业化，突出价值创造的生产功能，产业园区与城市的社会属性和相应的服务功能严重割裂，较少在园区内获得城市知识密集型服务业的服务，产业的层次集中于附加值较低的生产端。而特色小镇有所不同，特色产业注重专业化升级，在其他环节能引入设计、研发等服务型企业，增强了产业的多样性。特色小镇通过从城市中引入文化、旅游和社区的功能，满足了多样性产业和多样化人才社会属性的需求。产业园区尚处于产城融合的阶段，而特色小镇吸收了产业园区的合理性，在更高的城市发展平台上，进入了产城人文融合的阶段。因此，特色小镇在我国工业化、城市化中后期这一大背景下出现在中国城市经济的探索实践中，表现为城市产业社区的形态，是符合城市功能演进规律、产业演进规律、城市社会演进规律的。特色小镇作为产业空间平台，在经济功能的基础上充分挖掘和提升社会属性功能的作用，适应了城市社会、数字社会、知识社会中产业与社会同步演进的需要。

（二）英国 King's Cross 创意社区

King's Cross（国王十字街区）是英国伦敦以 King's Cross St Pancreas 火车站为核心地标的区域。在工业革命前后，这里拥有运河和火车的交通便利，逐渐成为伦敦便于物资集散的工厂区，见证了伦敦成长为世界大都市的过程。二战后，这个区域一方面由于战争的破坏，另一方面更因为难以适应战后新兴的区域交通方式和经济结构变化，最终难逃衰落的命运。21 世纪这个区域迎来了新的机会，作为伦敦奥运会计划的一部分，国王十字街区华丽转身，成为一个代表伦敦新兴产业形象的创意产业社区。它由必要的公共空间、创意社区、商业社区、工作社区、居住社区这几个部分构成。

1. 公共空间

King's Cross 的新社区围绕着绿树成荫的公园、广场、街道和小径而建。由绿地和路径所构成的网络同建筑本身一样重要，40% 的开发项目被用于开放空间，供每个人体验和享受。如今，King's Cross 的受欢迎程度主要归功于新的公共空间的成功，以及将它们融入生活和活动。在 Regent's Canal 的岸边，宏伟的 Granary 广场首先开放。仅仅花了 6 年的时间，这个广场就已经成为伦敦人和游客的最爱。风景优美的 Handyside 公园于 2013 年开放，2015 年又建设完成了 Lewis Cubitt 公园、Lewis Cubitt 广场、Gasholder 公园和 Pancras 广场。坐落在 Gasholders London 和 Regent's Canal 之间的草坪非常适合休闲和沉思。以其 1080 架跳水喷头而闻名的 Granary 广场是一个充满特色和适合活动的地方。

Regent's Canal 曾经是重要的交通运输途径。如今，这条迷人的水道已经完成改造，现在是 King's Cross 的社区生活的重要组成部分。正如它在工业鼎盛时期的 King's Cross 的地位一样。Wharf Road Gardens 于 2016 年开业，是新运河走廊绿道的第一部分。在 Regent's Canal 西侧，有一个于 2017 年开放的 Bagley 散步公园。在整个开发过程中，新的运动和休闲设施不断被提供，以满足每个人的需求。2014 年，新的公共休闲中心在 Five Pancras 广场开业。这个公共休闲设施含有两个公共游泳池，一个 90 - station 体育馆和两个健身室。2016 年，时尚健身工作室 Frame 在 Art House 开设了健身房和专用瑜伽工作室。除此之外，在绝大部分时间内由 MW5 Fitness 和 Nike Run Club 提供户外训练和跑步服务。从 2017 年 4 月到 2018 年 3 月，King's Cross 一共举办了 139 次活动，参与人数达到 38.3 万人次。

2. 创意社区

Granary Complex 是 King's Cross 开发的最重要的项目。作为世界著名艺术学院的伦敦艺术大学的下属学院，Central Saint Martins 就位于 Granary Complex。大学是由创意产业、世界著名的博物馆、图书馆构成的文化景观的重要补充。Central Saint Martins 的搬迁对该地区产生了深远的影响，尤其是增强了该地包括艺术、时尚、通信、设计和戏剧在内的创造性技能。King's Cross 一直是创意人士的灵感来源。The Angel of the North 的设计者 Antony Gormley 的工作室和负责设计 2012 年伦敦奥运会火炬台的 Heatherwick 工作室也位于 King's Cross。

King's Cross 策展人 Tamsin Dillon 和 Rebecca Heald 正在建立该地区的创意传统。他们的艺术项目 The King's Project 由 King's Cross Partnership 资助，并于 2016 年夏天推出。在过去几年中，策展人为 King's Cross 的公共空间和建筑带来一系列富有创意、有趣和创造性的艺术项目。

3. 商业社区

King's Cross 的零售业正在快速发展。新的商店、餐馆、咖啡厅、娱乐场所还有奢侈品消费店陆续开门营业，给这个地区添加了喧嚣。位于 King's Cross 南边的 Battle Bridge Place 是一个品尝美食的好地方。这里也是 Pancras Square 的入口。在这里可以品尝到 Vinoteca、Granger & Co、Drake & Morgan、German Gymnasium、Kimchee、Maple & King's 的美食。King's Boulevard 是 King's Cross 的主要街道。体育巨头耐克于 2016 年在这里开设了第一家街区概念店。这条街道上还有 &Stories、Carhartt、Jigsaw、Sweaty Betty 和 Space NK 等多家国际品牌。在 Regent's Canal 对面的就是位于 King's Cross 社交中心的繁荣的 Granary 广场。这个广场已经成为该市最受欢迎的聚会地点。这个广场内有包括 Caravan、Granary Square Brasserie 和 The Lighterman 在内的热门餐厅。Coal Drops Yard 将会是位于 King's Cross 中心的一个新的充满活力的购物区。Coal Drops Yard 将会有超过 50 家的商店、餐厅和咖啡厅。在 Coal Drops Yard 没有一个空间是相同的。商店和餐厅坐落在位于鹅卵石庭院对面的运河拱门的位置。Lower Stable Street 是 Coal Drops Yard 和 Stable Street 之间凹陷下去的地方，在这里将会有一系列的快闪体验店，这种设计安排为 Coal Drops Yard 的体验增添了不同的乐趣。这是一个供游客居住、发现和探索的区域，旨在为游客提供快乐而不是单纯的购物。店内活动、研讨会、快闪体验和讲座将成为正在进行的活动和活动计划的一部分。这些商店本身就是一些世界上最具前瞻性的品牌的展示窗。最具前沿的购物享受使得 Coal Drops Yard 成为吸引来自伦敦、英国乃至全世界的购物爱好者和游客的地方。

4. 工作社区

为了吸引国际化大公司和创业公司，19 幢翻新和新建的办公楼将提供 300 万平方英尺的商业办公净空间。这些建筑的建筑面积从 2 万平方英尺到 40.5 万平方英尺不等，单个建筑的占地面积在 400 平方英尺到 5600 平方英尺。每个建筑都是由不同的设计师设计的，从而达到 King's Cross 与众不同的效果。

King's Cross 的每栋建筑都旨在实现卓越的工作空间设计和技术。这些建筑物也是可持续设计和环境友好的主要范例。入驻的公司（机构）有：Hoare Lea，Universal Music Group，TOG，Auto Trader，XTX Markets，Tom Dixon，Electrocomponents PLC，MSD，Havas，Google，Bombardier，University of the arts London，the Finnish institute in London，Astra Zeneca，Art fund，Zone，Camden，YouTube，PRS for music，New Day，ShinDengen，Bam，Intercept，Glass Canvas 等。

Google 和 XTX Markets 所在地 R7 建筑物是由 Duggan Morris Architects 设计的。R7 也是 Handyside 大街上第一个完工的商业建筑。它集成了共享空间，以鼓励合作和社区，包括一个 6000 平方英尺的公共屋顶露台，以及一个供所有人使用的 Everyman 电影院。

5. 居住社区

坐落在美丽的花园和广场之间的 King's Cross 住宅，提供现代都市生活的便利。它由一些世界领先的建筑师和设计师设计。许多住宅有私人露台和阳台，在露台或是阳台上可以看到的景色令人叹为观止。King's Cross 周围的公共公园、广场和运河的迷人风景，使得 King's Cross 成为一个独特而精致的居住地。

住房开发项目包括 1700 个不同类型和保有期的住房，有定制类房屋、高质量的学生公寓等。将近 4000 人将会住在这个新的社区里，以反映出伦敦生活的不同层次。很多人目前已经入住，包括位于 ArtHouse 的公寓、Tapestry Apartments、The Plimsoll Building、Fenman House 和 Gasholders 在内的共计 1000 间住宅已经投入使用。King's Cross 每间住宅都经过精心设计，注重细节。这些住宅是伦敦最优雅舒适的现代公寓。

汽车和自行车的停放、存储空间、垃圾和回收都经过仔细考虑。设计者的可持续发展战略，包括与低碳区域供热系统的连接，意味着 King's Cross 达到了高级可持续住宅规范要求。

（三）硅谷高科技产业社区

旧金山湾区由旧金山—奥克兰—圣何塞这三大都市以及三者之间的狭长湾区组成，三大城市之间通过若干条高速公路和跨湾大桥相连接。旧金山湾区除了以上三大城市外，还散落分布着为数众多的小城镇。在这些不起眼的小城镇中，有可能就栖息着若干个高科技公司的总部及其研发中心。这一点在硅谷更为明显，依托旧金山湾区三大都市与世界的链接，依托湾区的大学与研发机构、风险资本机构，一个小镇就是一个完整的产业社区，足以支撑起影响全球的高科技产业。

1. 101 高速公路串联起硅谷小镇

旧金山湾区南端沿着 101 公路，从门罗公园、帕拉托经山景城、桑尼维尔到硅谷的中心圣克拉拉，再经坎贝尔直达圣何赛的这条狭长地带，是旧金山湾区的核心——硅谷。从 20 世纪 50 年代的国防工业起步，硅谷的信息技术产业发展带动人口集聚，空间用地不断拓展和蔓延，使硅谷由一个个分散布置的独立小镇连成有规模的城市群。这些硅谷小镇散布于狭长地带，通过交通干线串联成城镇产业带，硅谷居民经由 101 公路、280 公路，其休闲生活、创业创新活动都穿行于小镇之间。

2. 硅谷城镇与产业的圈层式布局

硅谷小镇群依托交通干道节点，以旧金山湾为核心，功能呈圈层式展开。每个小镇均具有相对完整的结构与功能，由核心向外布局商业服务区、科研办公区、居住区以及产业区等功能片区，如同一个个“细胞”。各“细胞”由生态廊道相隔，是城市用地增长的弹性化边界，主要若干交通干线将各“细胞”串联起来。围绕旧金山湾的滨水地区为休闲游憩带，紧靠休闲游憩带组团式分布着科研产业区和企业总部，产业研发区外层是居住社区，为本地居民和外来就业人口提供各类型居住空间。最外层的山地区为硅谷打造良好的生态环境，学校位于城市居住圈层和生态保育圈层之间。交通型干道（101 公路、280 公路）实现跨小镇（产业园区）间的通勤，生活型干道满足小镇的社区活动。

3. 产、学、城紧密结合

斯坦福校园与商业区关系紧密，北侧是以大学街和沙丘街为核心的老城，东部紧邻具有小镇商业街特色的加州大街。沙丘路（SandHill Road）则是很多风险投资公司云集的地方，所以也被称为“VC 一条街”。

斯坦福科研园依托加州大街的商业服务和斯坦福大学的科研设施，周边居住配套齐全，与城市关系紧密。快速路 Foothill 高速和主干道 El Camino Real 经过园区，使其与周边城市有便捷的交通联系。然而，许多创业公司不去创业园区，而是待在咖啡馆和人流密集的地方，人们在下班后更愿意留下来讨论创意，一旦想到什么，就立刻走回办公室把它做出来。此外，宽松的政策环境和便捷的服务网络使许多人选择在家办公。

4. 硅谷 G101 公路

从谷歌卫星地图可以分辨出，101 公路是湾区南岸的快速交通干线之一，每隔 1 ~2 公里就设置着免费出入口和匝道，高速公路车辆在高速公路与普通道路之间便利切换，在高速公路和普通快速路之间，发展形成了人口集聚的产业小镇。可见，硅谷的产业空间是由交通干线带动高科技产业小镇成长而形成的，高科技企业和园区带动人口集聚，产业小镇在高速公路的节点两侧布局，101 高速公路起到了关键性的通勤功能和交通引导作用。作为国际经验的借鉴，我们还以杭州湾为例，比较了 101 高速公路与沪杭高速 G60 在功能和高速出入口布局上的差异及其对高速公路沿线城镇社区的影响，探讨了旧金山湾区交通模式对我国湾区经济的交通与城镇产业布局的启示，详见附录三。

三　城市产业社区的新供给机制

特色小镇是一种产业空间组织，而且是一种融合了创新系统的空间组织，也将会是一种新型的区域发展模式。然而，特色小镇并不是依据理论而设计的产物，而是回应经济发展中产业转型升级现实困境的举措。转型升级的关键问题是产业的附加值能不能有效提高，供给侧结构性改革的发力点也应是在产业的供给端。特色小镇的理想类型是产业社区，是承载城市功能的基本组成单元。基于产业社区的理念建设特色小镇，在集聚高端优质要素、改善产业整体环境、改进政府服务等方面产生了积极的影响，初步形成了产业转型升级的新供给机制。

（一）城市产业社区价值创造的整体竞争优势

特色小镇兴起于浙江经济转型升级的实践探索中，担负着传统产业升级和新兴产业培育的双重任务。在21世纪之初，浙江的传统产业经历了快速成长之后，暴露出发展质量不高、发展后劲不足等问题。习近平同志初到浙江在基层调研民营经济发展时，指出传统产业的转型升级的紧迫性，认为产业升级是推进经济增长方式转变的重要途径，并指出改造提升现有产业，加快发展技术含量高、附加值大、环境代价小的产业，淘汰产出低、消耗高、污染严重的产品和技术装备。产业升级的关键目标和要求是以技术进步为手段创造高附加值。而且，传统产业的竞争优势也要随之转变。因此，我们必须加快改造提升传统产业，使传统产业逐步从成本优势、速度优势向技术优势、产业链整体优势转化，不断强化比较优势。产业转型升级要实现竞争力来源的转变，要依靠科技的优势和产业链整体优势提升竞争力。

习近平同志对传统产业转型升级高瞻远瞩，对十多年后的特色小镇建设也发挥着根本的指引。产业转型升级中财富价值创造的高附加值和技术创新的产业链整体优势这两点，在波特（Poter）关于国家竞争优势理论中得到了支持。20世纪八九十年代，以跨国公司为主体的新一轮全球化竞争开启。在这一背景下，波特思考一个国家某种产业为什么会在国际上有较强的竞争力，并建立了钻石模型用于分析。波特认为，竞争力是生产创造财富价值的能力。他的研究团队成立了10个小组，利用钻石模型，分别对美国、英国、德国、意大利、丹麦、瑞典、瑞士、日本、新加坡、韩国这

10 个具有突出优势产业的国家进行了深入研究，形成了《国家竞争优势》一书。

波特认为，决定一个国家某种产业竞争力的有四个因素：其一是生产要素，包括人力资源、天然资源、知识资源、资本资源、基础设施。其二是需求条件，主要是国内外市场的需求。其三是相关产业和支持产业，这些产业和相关上游产业是否有国际竞争力。其四是企业战略、企业结构、竞争对手的表现。在四大要素之外还存在两大变数：政府与外部机会。产业内四大要素和产业外两大变数共同形成如图 2 -1 所示的钻石模型。

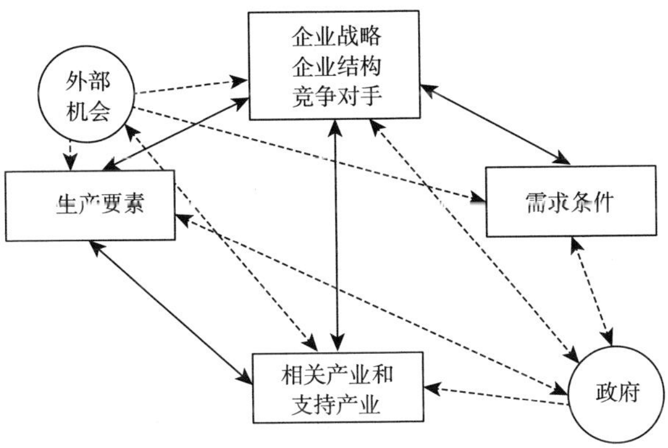

图 2 -1　波特的“钻石模型”

国家层面上的竞争超越了微观层面上企业的商业竞争，两者的目标和途径大不相同。波特认为“从国家的层面来考虑，竞争力的唯一意义就是国家生产力”。生产力是创造新价值的能力，也是国家竞争力的基础。而且“国家与产业竞争力的关系，也正是国家如何刺激产业改善和创新的关系”。波特的国家竞争优势理论与习近平对产业升级的论述在两个关键之处是一致的。一是价值观的终极追求。产业升级的归宿和途径是提升价值创造的能力，提高生产力水平。二是整体观。围绕产业创造价值的能力，从产业支持、政府作用构成的整体来探讨产业升级路径。浙江传统产业升级的实践发挥了政府的支持作用，创建特色小镇这一产业空间平台，有助于形成产业链上升级的整体优势。波特教授为国家竞争优势理论构建的“钻石模型”，将政府的关键作用与产业集群的四方面因素融为一体，这与特色小镇创建过程中政府通过影响产业外部环境，进而影响产业体系四要素的做法非常一致。特色小镇探索供给侧结构性改革的新举措，影响了供给端的要素和企业战略、产业支持体系。创造新价值的前提是产业发展的基础要素供给和相应的行为主体的整体发生改变，也就是本文所说的新供给。“钻石模型”的国家优势理论与传统产业升级的理论和实践，就价值观和整体观而言，本质上是一致的，而作为产业转型升级创新举措的特色小镇，探索了一条政府积极有为、促进产业整体提升的新供给机制。

（二）特色小镇创造新供给

特色小镇（产业社区）在产业升级的供给侧改革中的作用，正如“钻石模型”所示，通过四个途径对高级专业要素、企业战略、政府行为、集群体系产生了深远影响，如图 2－2 所示。

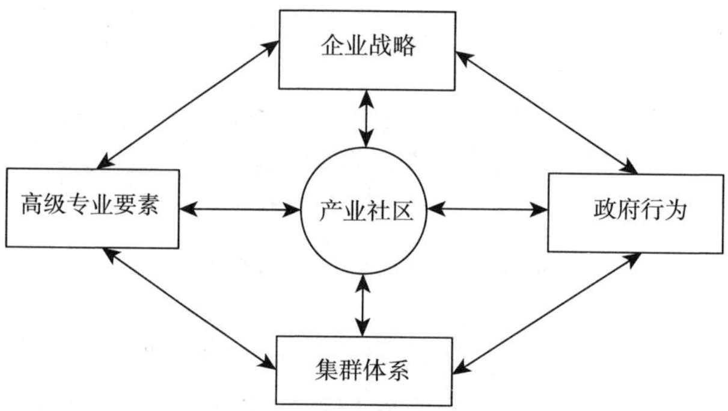

图 2－2　“钻石模型”视角下的特色小镇

1. 产业社区有助于集聚高级生产要素

产业社区作为“产城人文”概念的重要载体，其独特的产业氛围和浓厚的人文气息是吸引创意工作者的重要条件，也是城市良好发展的重要支撑。创建过程中通过挖掘当地特有的历史遗产所形成的文化内涵，小镇企业在发展过程中所形成的企业文化，特色产业集聚而形成的产业文化，这三个方面的文化相互影响相互渗透，创意工作者的集聚又进一步增加了产业氛围和人文气息。文化营造与高级要素集聚进入一个良性循环。

产业社区也是新技术开发的优良沃土。作为创意创新者的聚集地，创意创新者的密度远大于其他地区。创意工作者在产业社区的良好氛围中相互认识、交流、探讨。这些创意创新者可以在某个咖啡馆里不经意地遇见然后展开谈话，在这个过程中就可能诞生出新的想法。在交流中也许有投资人参与，这些新想法可能得到天使投资人的青睐，成为一种新技术、新设计、新产品、新商业模式的源头。在相关产业的支持下，这些创意创新的理念有可能转化为新兴的产业。

产业社区也是资本集聚的理想场所，资本被创新和产业化所吸引。产业社区作为企业的聚集地、创意人才的集中地以及新技术的摇篮，这三个要素相互影响、相互作用，进而孕育出新的企业，或是一个崭新的行业。新企业在长期发展的过程中需要一定的长期资本的支持。产业社区中活跃的创新和成熟的产业支持体系，大大提高了资本投资新技术水平并获得商业成功的预期。

2. 产业社区创造了适合企业制定发展战略的外部环境

产业社区通过企业内部研发创新和产业外部性两种途径，促进了产品附加值由低到高的转变。在企业内部研发创新途径中，企业吸收由产业功能吸引而来的创新创意工作者，并将创新创意工作者的新想法付诸实践。在产业外部性途径中，由于同类型企业竞争，企业自身产生危机意识，迫使企业开辟新的市场，研发新产品。另外，在产业社区中所聚集的相同和相关行业的企业，给创新创意工作者在企业间的流动创造了便利，也降低了企业模仿对手企业产品的成本，还促进了企业之间的合作。这两种途径的综合作用，最终促进了产品附加值由低到高的转变。

产业社区提供了良好的生产生活条件，为企业员工创造舒适的生产生活环境。产业社区满足了企业员工在教育、医疗、消费等方面的需求，激发了企业员工工作的积极性。

产业社区作为培养企业文化的催化剂，加快了企业文化的产生。企业文化根植于企业的发展过程中。产业社区内的企业受到来自产业社区内固有文化底蕴的影响，并在发展过程中，不自觉地将产业社区所蕴含的文化表达出来，最终形成独特的属于企业自身的文化。

产业社区可以促进员工之间的交流，进而为社会创造更好的效益。产业社区的社区属性所营造的不同于压抑的生产生活环境，其平等、开放、包容的特点，加深了员工之间的交流，打破了上下级之间因权力所产生的隔阂，方便了不同企业员工之间的交流讨论，加强了政府与企业之间的沟通。这就使得员工能更好地满足自己在工作上的诉求，促进创新创意想法的实现，完善不同企业之间的合作，使政府提供更好的服务，从而创造出更好的社会效益。

3. 产业社区践行治理新理念

产业社区的产业功能对市场和政府的关系提出了新要求。特色小镇的产业发展依靠的主体是企业，企业之所以选择入驻特色小镇，看重的是政府的行为弥补了单个企业无法营造的产业外部环境。传统产业升级、新兴产业发展有赖于外部良好的市场竞争秩序，有赖于成熟的社区服务配套，有赖于创业创新的文化氛围，有赖于产业社区的成熟配套和文化氛围留住高级要素。这些外部环境的改善对于产业升级而言至关重要，是任何一个企业无法供给的，必须由政府这样的非市场主体来提供。政府在特色小镇创建初期发挥积极的主导作用，较短时间内在区域中某一个区位营造了一个特别的产业社区环境、商业环境和文化氛围。通过有针对性地吸引产业配套企业加入，将有助于主导企业和配套服务企业形成整体协同的优势。

产业社区建设推动了行政手续的简化，政府职能可向社会第三方主体转移。企业应对市场变化而推出的新产品，如果不能及时在市场上出售，那么很有可能被其他的企业抢占先机。能否为企业提供及时到位的营商环境的服务是企业入驻特色小镇的一个重要的考量。产业社区是一个多元主体的社区，既有企业、个体的私人部门利益，也有社区公共事务的利益，产业社区的多元功能带来大量在政府与市场两者边界的事务。政府部门在面对大量的行政管理诉求时，出于自身系统的运行效率的考量，会自发地推动行政体系改革，积极引入社会第三方力量，负责小镇的运营维护，这些第三方受政府委托，或被政府购买服务，为小镇企业提供相关的政策服务。

4. 产业社区培育现代产业集群

特色小镇的产业小而美，企业也同样小而专，这些企业依托产业链展开合作，构成了特色小镇的产业基础。企业要在激烈的市场竞争中保持优势的竞争力，就要从低附加值的生产制造环节，转向设计研发和品牌渠道等高附加值环节。小而专的企业必须依赖产业社区在整体产业链上的资源与服务，拥有成熟产业的社区有助于培育现代产业集群。

产业社区吸引了与主产业密切相关的科研机构或设计机构。产业社区的产业环境方便科研机构或设计机构与企业展开合作，促进科研成果或设计成果向产品转换，同时也提高企业的竞争力。企业在追求高竞争力的时候，需要吸纳大量的创新型人才。产业社区的产业氛围结合城市功能所提供的教育资源，形成培育高端技术工作者的良好环境，从而实现了技术工作者在技术层面上的提升。产业社区促进了新产业组织的产生。企业通过建立企业间联盟、创办研究学会等多种方式开展企业间的短期或长期的合作，以达到获得更多利益的目的。

本书选取了长三角区域10家特色小镇，分别是梦想小镇、云栖小镇、昆山智谷小镇、石墨烯小镇、山南基金小镇、艺尚小镇、袜艺小镇、东方美谷、苏绣小镇、三瓜公社。这些小镇的产业各有特色，传统产业升级、新兴产业培育的举措也各有各的高招。从中也能看出特色小镇并不是理论中的假想物，每一家特色小镇的规划建设、产业升级的思路和举措，都与中国经济供给侧结构性改革的大背景下区域特色产业具体的发展现状和态势息息相关。这些小镇立足于现实需求，结合一个区域在全球化产业要素流动格局中的区位，结合一个区域在城市化进入都市圈、城市群阶段后的城市分工格局，在实践中采取了“政府引导、企业主体”构建产业社区的类似思路，这为特色小镇的理论研究与实践研究的互相促进创造了条件。本书案例中的特色小镇建设，既能帮助研究者从理论中把握全球化、城市化新阶段产业升级的规律，又能看到小镇建设举措做到了因地制宜发挥各地的城市区位、产业要素、生态资源、文化积淀等禀赋，规律的一般性和实践的多样性相得益彰。通观本书中十个样本小镇，就其产业而言，主要涵盖了传统产业升级路径上的时尚小镇、新兴产业培育路径上的数字经济小镇、新业态培育的基金小镇等。

参考文献

〔美〕迈克尔·波特：《国家竞争优势》，李明轩等译，中信出版社，2007。

白小虎等：《特色小镇与生产力空间布局》，《中共浙江省委党校学报》2016 年第 5 期。

白小虎等：《促进特色小镇与高端装备业同步高质量发展》，《浙江经济》2019 年第 24 期。

常晓华等：《钱潮云起畅想 小镇独领风骚——特色小镇推进浙江创新创业速写》，《杭州科技》2016 年第 2 期。

段进军、翟令鑫：《关于特色小镇空间生产实践的思考》，《苏州大学学报》（哲学社会科学版）2018 年第 5 期。

费欢：《根植性视角下我国特色小镇的转变与发展》，《安徽行政学院学报》2018 年第 4 期。

冯云廷：《特色小镇建设的产业 - 空间 - 文化三维组织模式研究》，《建筑经济》2017 年第 6 期。

顾利民：《以“五大发展理念”引领特色小镇的培育建设》，《城市发展研究》2017 年第 6 期。

姜玉峰：《文创产业在特色小镇建设中的创新模式研究》，《新美术》2017 年第 1 期。

李金海等：《特色小镇建设与浙江传统产业转型升级——以诸暨袜艺小镇为例》，《城市学刊》2017 年第 6 期。

李娜、仇保兴：《特色小镇产业发展与空间优化研究——基于复杂适应系统理论（CAS）》，《城市发展研究》2019 年第 1 期。

李鹏举、崔大树：《空间交易费用、产权配置与特色小镇空间组织模式构建——基于浙江》，《城市发展研究》2017 年第 6 期。

闵学勤：《精准治理视角下的特色小镇及其创建路径》，《同济大学学报》（社会科学版）2016 年第 5 期。

仇保兴：《复杂适应理论（CAS）视角的特色小镇评价》，《浙江经济》2017 年第 10 期。

盛世豪、张伟明：《特色小镇：一种产业空间组织形式》，《浙江社会科学》2016 年第 3 期。

苏斯彬等：《浙江特色小镇在新型城镇化中的实践模式探析》，《宏观经济管理》

2016 年第 10 期。

王金平：《“特色小镇”建设的深度思考》，《江西师范学院学报》2018 年第 1 期。

习近平：《干在实处走在前列——推进浙江新发展的思考与实践》，中共中央党校出版社，2013。

谢丹超等：《特色小镇建设中的标准化引领方式探讨》，《生产力研究》2018 年第 1 期。

徐梦周、王祖强：《创新生态系统视角下特色小镇的培育策略——基于梦想小镇的案例探索》，《中共浙江省委党校学报》2016 年第 5 期。

叶娟惠：《产城融合视角下特色小镇的精准培育与建设路径——以福州市为例》，《福建省社会主义学院学报》2019 年第 2 期。

郁建兴等：《浙江省特色小镇建设的基本经验与未来》，《浙江社会科学》2017 年第 6 期。

张日波、白小虎：《专业化、多元化与特色小镇的经济组织》，《浙江学刊》2018 年第 3 期。

张蔚文、麻玉琦：《社会治理导向下的特色小镇治理机制创新》，《治理研究》2018 年第 5 期。

周鲁耀、周功满：《从开发区到特色小镇：区域开发模式的新变化》，《城市发展研究》2017 年第 1 期。

周晓虹：《产业转型与文化再造：特色小镇的创建路》，《南京社会科学》2017 年第 4 期。

庄晋财等：《产业链空间分置与特色小镇产业培育》，《学习与实践》2018 年第 8 期。

卓勇良：《创新政府公共政策供给的重大举措——基于特色小镇规划建设的理论分析》，《浙江社会科学》2016 年第 3 期。

第三章
梦想小镇：成就梦想的创业创新生态圈

有这样一个特色小镇，自2015年3月底诞生的五年来，平均每天有十多个年轻人来这里创业创新，平均每天有3家初创企业在这里诞生，平均每天有1家企业在这里被育成，平均每天有1家基金公司及投资机构在这里落户，平均每天增加2亿元的资产管理规模。这就是杭州市余杭区的梦想小镇。梦想小镇在这里诞生并飞速发展并非偶然，而是“天时、地利、人和”系列因素水到渠成的结果。杭州市信息经济十多年来的快速发展和创新创业生态体系的持续优化，以及互联网巨头阿里巴巴在美国上市的催化和引领作用，使得各地青年来杭州创业创新的热情空前高涨。

一　梦想小镇旧貌换新颜

（一）八百年古镇孕育新生机

梦想小镇位于杭州市余杭区的仓前街道。仓前街道原名灵源，是一个距今有880多年历史的古镇。南宋绍兴二年（1132）官方在街北建临安便民仓，古代以南为前，这条街位于便民仓的南面，便称为仓前街，这是“仓前”一说的最初由来。此后虽隶属建制多次变化，但仓前之名一直沿用至今，在改为街道之前，这里是仓前镇。作为南宋皇家便民粮仓的所在地，仓前镇有着“江南粮仓”的美誉。仓前街道还有两个文保单位。一个是“四无”粮仓陈列馆。20世纪50年代，这里首创了粮食储存的“无虫、无霉、无鼠、无雀”的“四无”标准，并在全国推广。另一个是国学大师

本章是国家社科基金项目“基于外部性和专业化的区域一体化促进经济发展的机理研究”（编号：20BJL067）的阶段性成果。

章太炎（1869～1936）先生的故居。章太炎出生在这里，并在此度过了22个春秋。浓厚的历史底蕴赋予了此地的文化、旅游等功能。斗转星移，以往这里的粮仓存放粮食哺育周边的百姓，今天，这个由粮仓改造而来的空间正在孕育着“优良的项目”，让仓前承载着年轻人的梦想走向世界。

（二）清晰的功能定位只为有梦想的你

作为浙江省最早的一批特色小镇之一，梦想小镇的功能定位非常清晰。从服务的对象来看，小镇专做大学生、准大学生的创业创新项目孵化。所谓的准大学生，通常指的是毕业十年以内的大学生。从一开始，小镇就定位为“四有四无”青年提供创业创新服务，即为有梦想、有知识、有激情、有创意，但无资本、无经验、无市场、无支撑的年轻人提供创业创新的“阳光雨露”。梦想小镇内大量的优惠政策，能为创业的年轻人“保驾护航”，如办公场地和租金、创业融资、配套贷款贴息、云服务、中介服务，等等。从服务的行业来看，小镇的项目孵化不是泛泛的，而是集聚与互联网、人工智能等信息经济产业领域相关的好项目，这一聚焦便于发挥孵化的专业性和各类规模经济性。

（三）“技术＋服务＋资本”浑然一体的板块布局

梦想小镇的核心区块总面积约3平方公里，由一期的互联网村、天使村、创业集市和二期的创业大街组成，在特色小镇的行业类别上属信息经济产业小镇。梦想小镇不同板块的功能各有侧重。互联网村重点鼓励和支持“泛大学生”群体创办电子商务、软件设计、信息服务、集成电路、大数据、云计算、网络安全、动漫设计等互联网相关领域产品研发、生产、经营和技术（工程）服务的企业；天使村则重点培育和发展科技金融、互联网金融，集聚天使投资基金、股权投资机构、财富管理机构，着力构建覆盖企业发展初创期、成长期、成熟期等各个不同发展阶段的金融服务体系。小镇的二期侧重于智能硬件和软件、移动医疗等科技创新领域。目前，梦想小镇聚集了朴器工坊、湾西加速器、良仓太炎众创空间等孵化、加速器主体，入驻项目涵盖智能硬件研发、VR技术研发和应用、移动医疗、人工智能等高科技项目。商业生活配套方面，有餐饮、书舍、咖啡厅、影院、民宿、购物、医疗等设施。小镇正在通过建设“众创空间”、O2O服务体系、“苗圃+孵化器+加速器”孵化链条，打造更富激情的创业生态系统。

（四）目标明确步步为营

梦想小镇刚开始谋划的时候，设定了一个明确的目标，即通过三年努力，达到如下目标：集聚互联网创业者10000名，创业项目2000个，基金及投资机构300家，资产管理规模达到1000亿元，并成为众创空间的新样板和特色小镇的新范式。如今，梦想小镇建设发展已经五年，我们不禁要问，当初制定的三年目标完成情况如何？笔者梳理了小镇历年来的基本成绩，见表3-1。

表3-1　梦想小镇的三年目标及完成情况

项目	三年目标（2015~2018）	完成情况				
		2016.3	2017.3	2017.9	2018.3	2019.3
集聚互联网创业者/名	10000	4550	8700	11000	13200	16200
创业项目/个	2000	521	910	1140	2755	4530
基金及投资机构/家	300	176	620	810	750	1393
资产管理规模/亿元	1000	368	1350	1750	1680	2953

从以上数据可以看出，梦想小镇交出了一份完美的成绩单。基金及投资机构数量、资产管理规模两大目标在2017年3月就已完成。集聚互联网创业者的目标，在2017年9月便已完成。创业项目的数量目标在2018年3月也已完成。截至2018年3月，即3年计划截止期，“集聚互联网创业者、创业项目、基金及投资机构、资产管理规模”四大目标的计划完成率分别为：132%、138%、250%、168%，各项目的目标均已超额完成。此外，2018年小镇企业整体税收2亿元，整体营收额高达42.6亿元。截至2019

年3月，梦想小镇建设4年来，已经引进孵化平台55家，其中国际孵化器2家（500 Startups以及Plug&Play），国家级孵化器10家，省级孵化器14家，市级孵化器20家。截至2019年3月，在小镇内共注册创业企业4530家，其中育成企业1561家，育成率高达34.46%。对初创企业而言，这样的育成率在业内是非常出众的。在梦想小镇入驻的项目中，有166个项目获得百万元以上融资，所有的项目融资总额高达110多亿元。梦想小镇形成了一支以“阿里系、浙大系、海归系、浙商系”人才为代表的创业“新四军”队伍。梦想小镇里涌现的“互联网+农业、+商贸、+制造、+生活服务、+智能硬件”等新产品、新业态、新模式层出不穷。小镇为浙江省数字经济发展注入了全新动力，为互联网助推传统产业转型升级和新兴产业的诞生做出了贡献。

（五）小镇大事记

2014年10月，梦想小镇一期正式启动建设。

2015年3月28日，梦想小镇一期建成并投入使用，时任省长李强为小镇揭牌。

2015年6月5日，梦想小镇入围浙江省首批37个省级特色小镇创建名单。

2015年12月14日，梦想小镇第一个孵化成功的手游项目“遥望网络”在新三板挂牌上市。

2016年3月28日，梦想小镇开园一周年，小镇亮出漂亮的成绩单。

2017年7月28日，浙江大学校友企业总部经济园项目签约仪式在余杭举行。

2017年8月2日，梦想小镇成为浙江省首批正式命名的两个省级特色小镇之一。

2017年10月28日，梦想小镇的二期——创业大街正式启用。

2018年5月24日，梦想小镇入选全国最美特色小镇50强。

2018年12月29日，梦想小镇被授予国家4A级旅游景区。

2019年6月13~19日，梦想小镇作为主会场，承办全国大众创业万众创新活动周。

2019 年 11 月 4 日，梦想小镇“进驻”上海，沪杭创新中心正式揭牌。

2019 年 12 月 26 日，杭州市余杭区与合肥市包河区签订协议，合作共建合杭梦想小镇。

二 梦想小镇缘何换新颜

梦想小镇为什么能在短时间内取得这么多超出预期的好成绩？其成功的奥秘是什么？通过这几年的跟踪观察，笔者认为其奥秘可以概括为一句话“以分工促进分工”。以下从两个方面进行分析。

（一）在小镇内部打造有机分工的创业创新生态小系统

为了使创业创新更容易成功，梦想小镇在建设和发展过程中，既充分发挥市场的决定性作用，又更好地发挥政府的作用。通过政府搭台、市场唱戏，政府与多种市场主体实现了优势互补。以创业创新为主线，政府、运营方、孵化器、中介服务商、创业创新者形成了有机的创业创新生态系统。在这一有机体中，一方面，有机体的每一部分作为一个专业化的主体，其职能与其他部分都是不同的，不同部分的职责有明确的分工。另一方面，有机体的各部分之间又以互补的关系密切地共生在一起。这是梦想小镇成功的重要原因之一。

1. 政府甘当“店小二”提供完善的服务

政府负责梦想小镇的规划、物理空间的提供和打造、基础设施的配套、各种配套政策的提供、服务机构的筛选、孵化运营主体的筛选和引入等。具体而言如下。

一是给予资金补助。主要对办公场所租金、物业能耗费、贷款利息、宽带费、住房租金等进行补助。对于从事 App 开发的，还依据 DAU（日活跃用户量）对企业进行奖励。

二是政府购买服务。政府给每家企业每年发放 2 万元的创新券。创新券是梦想小镇的一种虚拟货币，用创新券可以在梦想小镇内部购买一些中介服务，比如找财务公司做代理记账、找专利事务所申请专利等，这些业务的服务费都可以用创新券去结算。企业还可用创新券来支付租用的公共会议室、云服务、技术服务等费用。

三是提供融资支持。浙江省政府出资5000万元在此设立浙江省天使梦想基金，采取“资助+期权+激励”的模式发挥对创业创新的引导激励作用。在梦想小镇还可以享受的融资支持有：1亿元的天使引导基金、2亿元的创业引导基金、2亿元的创业贷风险池、20亿元的信息产业基金。通过五个基金的“杠杆”撬动社会资本，加大了对初创企业的投资支持力度。

四是转变商事流程。在浙江省工商管理部门的大力支持下，梦想小镇作为市场监管领域改革创新的试验田，推出了一系列改革举措，努力通过政府权力的减法换取市场活力的乘法。如：推行“三证联办”，即一次性收取注册登记相关资料，在两个工作日内一次性发放营业执照、税务登记证、组织机构代码，真正简化企业办事流程。放宽住所要求，针对创业企业特点，允许“一址多照”和“一照多址”，即允许同一地址作为两个以上企业住所，也允许企业在营业执照副本上加注经营场所地址，免办分支机构营业执照。放开冠名限制，针对年轻人在企业名称选择上追求新颖的特点，明确下放冠名审批权限，并开通企业名称自助查询系统，进一步提高冠名的灵活度和核准速度。实行远程办理，对于申办外商投资企业和股份有限责任公司的企业，实行“就地受理、网络审核、就地发照”。

五是转变服务方式。政府为适应互联网创业的需求，转变以往“面对面、点对点”式的传统服务方式，积极探索“O2O”（线上+线下）的服务方式，当好服务创客的“店小二”。在线下，组建创业服务中心，工商、税务、物业等相关人员集中办公，同时引进专业财务、税务、法务、人事等服务机构，以“政务大厅+服务超市”的形式提供一站式服务。在线上，开发云服务平台，为创客提供全链条的创业服务，主要包括五个模块：第一是梦想办事大厅。提供政府事务、办公事务、生活配套事务等全方位服务。第二是梦想工作坊。提供云主机、云储存、云协同、云视频会议、云应用商城、云实验室等服务，配备开源软件，提供基础技术支撑。第三是梦想学院。定期发布各种大赛、论坛、投融资路演、中介培训、企业沙龙等活动。第四是梦想集市。提供线上的创业服务，支持创客开展众筹和众包活动。第五是梦想驿站。提供食、住、行、乐等线上服务。

2. 运营方提供专业精准的小镇运营

如果让政府亲自抓运营服务，存在人员编制不足、激励不足、能力不足等多重问题。梦想小镇的运营机构——浙江菜根科技产业发展有限公司，是政府购买市场服务的结果。运营机构负责企业入驻服务、政策服务、媒体宣传、创业创新服务、金融服务等。在梦想小镇的企业，可以享受全天候的 5×8（即每周 5 个工作日，每天 8 小时）一站式管家服务。企业可以拥有 1 对 1 的服务，运营公司的“企业管家”为企业提供包含入驻服务、一卡通服务、政策服务、第三方服务、人才服务项目问诊等一系列服务，服务内容涵盖企业生命周期各阶段的发展需求。

以下简单介绍运营机构提供的一揽子服务。入驻服务方面：运营商会协助企业通过多种方式入驻。接待服务对接方面：如果参观者有考察梦想小镇的需求，并需要专业讲解人员讲解接待，可以在梦想小镇官方网站上申请接待服务。政策服务方面：运营公司可以协助企业了解梦想小镇的相关政策，协助企业申请租金减免、创新券、租房补贴、云服务补助、创业创新活动补助、天使梦想基金、创业信贷等政策优惠。创新创业服务方面：小镇经常举办经验交流、资本对接、人才服务、政策解读、项目对接、心理辅导等活动。金融服务方面：小镇为满足企业的投融资需求，致力于为企业提供全面的全生命周期金融服务，同时结合成熟的线上服务平台，努力解决不同阶段、不同状态的企业真实需求。媒体宣传方面：如果企业有品牌、产品、人物、活动举办等方面的宣传需求，可以联系其“专属的”企业服务经理，来对接采访或咨询关于资讯、新闻、活动等宣传方面的业务。

3. 孵化器一心只为项目的成功雪中送炭

前已述及，截至目前梦想小镇引进了 55 家孵化器。孵化器是全球创新网络中的重要节点，它们可以在全球范围内，通过线上和线下结合的方式，进行优质项目的筛选、引入和孵化、加速。在梦想小镇，通过严格筛选的孵化器，可以在 3 年内免费从政府获得一定面积的孵化空间。当然，这一免费也是有条件的。

政府根据梦想小镇的功能定位，对引进的孵化器和加速器，有系列的考核。由于梦想小镇的主要功能是孵化，因此考核的重点不是产值，而是紧紧围绕创业孵化这一核心定位，从以下方面进行考核：一是孵化器每年所孵化的项目中，符合小镇产业导向的项目要达到一定的比例；二是孵化器孵化的新项目的数量；三是孵化的成功率以及孵化项目获得的融资情况；四是引进的人才数量情况等。

孵化器对项目的孵化，一般不收取租金，而是以服务换股权作为主要的盈利模式。孵化器在项目引进初期，有专业化、严格的筛选。在项目经过路演环节被引入孵化器之后，孵化器一般不会与这些项目贸然签订长时间的孵化协议。通常孵化器一般会与创业主体先签短期的合同，例如三个月，以便于对项目进行预孵观察。孵化器根据创业项目的期间综合表现，决定是否续签孵化服务协议。这一做法保证了孵化器空间的高效循环利用。对于孵化器而言，孵化空间 100% 的入驻率不一定是其理想化的选择。一般而言，总有一些孵化空间空在那里，那些空间属于未来可能引进的更优质项目。在项目孵化过程中，孵化器运营方给孵化项目提供一揽子服务，以弥补孵化团队的短板，并强化其长板。孵化器不仅为创业团队提供创业场地等硬件服务，还会直接或间接地提供工商注册、税务登记、创业辅导、政策申报、管理咨询、人才招聘、资金融通、技术攻关、企业诊断、媒体宣传、市场推广、产品咨询、商业咨询等一系列软性基础服务。

4. 中介服务商积极承接创业团体的非核心功能外包

梦想小镇内的企业都是初创企业，平均规模很小。截至 2020 年 7 月，5029 家注册的企业中有 19800 名创业者，平均每个企业只有不到 4 人。这样的企业规模，是不可能在企业内部配备专门的法务、财务等人员的，而如果让创业者自己去申请各种政策补贴，处理法务、财务等繁杂的事务，则容易分散创业者的精力，不利于创业者专务一业，从而不利于创业的成功。

为解决这一困难，满足初创企业的这类共性需求，政府积极整合市场资源，经过严格的动态筛选，引进财务、法务、人力资源、知识产权、商标代理等各类中介服务机构，组成“服务超市”。这些小镇的第三方服务主体，旨在帮助企业解决非核心的业务需求。梦想小镇拥有大量的深度合作的第三方服务机构，它们能提供全方位的创业服务，让创业者专注于核心业务。大多数第三方服务都支持使用创新券支付，创业者可以在梦想小镇官方网站采购相应的服务，也可以前往服务大厅咨询。第三方服务的范围涵盖：财务服务、法务服务、人力资源服务、知识产权服务、税务服务、标准化服务、品牌传播服务、展厅展架服务、办公用品采购、图文印刷、书籍采购等。企业只需使用政府免费发放的每年 2 万元的创新券，就可以找专业的中介服务机构购买所需要的服务。为保证服务的质量，政府每年会根据这些中介的服务质量，动态地进行择优筛选，以保证创业者获得更优质的服务。

5. 创业者心无旁骛专务一业

创业项目入驻梦想小镇有多种方式。一种方式是通过大赛入驻。政府每月都会组织创业先锋的入驻选拔赛，每次会有 30 个项目参加。如果在这个选拔中拿到前四名，就会获得入驻的金钥匙，入驻梦想小镇。另一种方式是通过孵化器、加速器入驻。创业创新的项目获得孵化器、加速器运营商的青睐，就会被引入小镇内的某个空间中。新项目不论通过什么方式入驻，都可以在小镇获得一系列优惠政策：一是办公空间的免租政策。二是每家企业每年 2 万元的创新券政策。三是房租补贴政策。在小镇工作的本科毕业生、硕士毕业生、博士毕业生可以获得最长不超过 3 年，分别为每月 300 元、400 元、500 元的租房补贴。四是可以申请 20 万元的天使梦想基金。这 20 万元的天使梦想资金具有引导作用，一开始是无偿资助的，在取得阶段性进展以后才会占一定的股份，在未来退出的时候会把大部分的收益再返还给企业。五是低息贷款，企业可以申请最高 100 万元的低息贷款。

人们一般认为，对于大学生的初创项目来说，失败是常态，成功是非常态的小概率事件。从梦想小镇的实践来看，初创项目失败的概率确实比较高，但对创业者、创业团队的成长而言，短期的“失败”不是定局，往往伴随新的成长。小镇内的多次创业者非常多。假如某个初创项目失败了，项目虽然消失了，但其创业者、管理团队和技术团队却增加了宝贵的经验，反而变得更加理性和稳健。更重要的是，小镇内部的信息交流、要素流动非常高效，失败的项目虽然消失了，但曾经的参与者会很快融入其他公司。这种优化组合的过程，在小镇是常态。正是在数次的竞争洗牌过程中，一批批的寻梦者才得以诞生、茁壮成长、圆梦。

总之，在小镇的创业创新生态系统内，政府、运营方、孵化器、中介服务商、创业者这些主体，各司其职，各自专务一业，同时又与其他主体形成了较强的有机互补关系。政府放低身态当好“店小二”，成就了创业者这个“大掌柜”。正是因为有生态系统内其他部分的支撑，创业创新者才得以专注于深耕自己的比较优势或核心竞争力，从而增强了应对外部竞争并获得成功的能力。这些做法较好地诠释了小镇所倡导的“让专业的人做专业的事”“我负责阳光雨露，你负责茁壮成长”等口号。

（二）小镇与周边形成有机分工的产业生态大系统

理解梦想小镇还需跳出小镇看小镇。梦想小镇是“有核无边”的，它与其周围构成一个有机的整体，形成了强互补关系。

1. 小镇是更大平台的有机组成部分

梦想小镇不是孤立的区域，而是镶嵌在杭州未来科技城、杭州城西科创大走廊之中的璀璨之星，是科技城和大走廊这些更大的创业创新和高端产业平台重要的有机组成部分。

杭州未来科技城（海创园）于 2011 年挂牌成立，是 2011 年底由中组部、国资委确定的全国 4 个未来科技城之一（分别坐落在北京、天津、武汉、杭州四市）。它是全国首批双创示范基地和第三批国家级海外高层次人才创新创业基地。杭州未来科技城规划面积 123.1 平方公里，重点建设区面积 49.5 平方公里，位于杭州市中心西侧，毗邻杭州西溪国家湿地公园和浙江大学，区位优越、环境优美、资源丰富、空间广阔，是浙江省“十二五”期间重点打造的杭州城西科创产业集聚区的创新极核。2016 年 5

月，未来科技城成功入选浙江省唯一的首批国家级“区域性双创示范基地”，阿里巴巴入选“企业双创示范基地”。截至 2020 年 7 月，未来科技城累计引进“两院”院士 14 名、海外院士 5 名、海外高层次人才 3820 名、国家级海外高层次人才 156 名、省级海外高层次人才 220 名、市“521”人才 82 名、国家万人计划人才 2 名、省领军型创新创业团队 15 支，是浙江省海外高层次人才最为密集、增长最快的人才特区；信息经济、健康医疗、智能制造、科技金融等产业集群快速壮大，主要指标实现了超常规、超预期的增长。从 2011 年到 2019 年，未来科技城营收从 203 亿元上升到 6242 亿元，税收从 11.7 亿元上升到 303.2 亿元，年均增幅分别达到了 53.4% 和 50.2%，新兴产业的发展势头可见一斑。

杭州城西科创大走廊是 2016 年 8 月浙江省委、省政府致力于打造全球领先的信息经济科创中心做出的重大决策部署，是“面向未来、决胜未来”的重大战略平台。多年来，在省区市三级联动共同努力下，“一廊三区三城”初具规模（一廊即城西科创大走廊；三区即西湖区、余杭区、临安区；三城即紫金港科技城、未来科技城、青山湖科技城）。杭州城西科创大走廊坚持新发展理念，各项重大基础设施加快配建，各类高端要素快速汇聚，科技创新引擎动力不断增强，创新生态持续改善，经济效益显著提升，呈现高质量高速度的良好发展态势，连续多年在全省 15 个集聚区综合考评中位列第一。以下数据指标是杭州城西科创大走廊坚持高质量高速度发展的生动写照：2016～2018 年，实现产业增加值 4212.5 亿元，年均增长 26.9%；其中服务业增加值 3734.6 亿元，年均增长 28.4%；规上服务业营业收入 9745 亿元，年均增长 40.4%；高新技术产业增加值 3944 亿元，年均增长 26.5%；财政税收 896.2 亿元，年均增长 31.3%；发明专利申请量年均增长 30.8%、发明专利授权量年均增长 25.5%。人才方面，截至 2019 年 5 月，城西科创大走廊已引进海外高层次人才近 6000 名，其中国家级、省级海外高层次人才 400 余名。国内中高端人才职业发展平台发布的《杭州城西科创大走廊人才吸引力报告》显示，近两年来，杭州城西科创大走廊人才净流入率达 25.1%，远高于同期杭州、深圳的人才净流入率，初步形成区域性人才高地和人才生态示范区。此外，大走廊已拥有科研院所 61 家，院士工作站 18 家、博士后工作站 22 家，发明专利授权数累计达 13159 件。

梦想小镇的飞速发展与这些大平台的辐射带动密不可分。当然，反过来说也成立，即这些大平台的飞速发展也有梦想小镇的一份功劳。

2. 以产业发展的全链条为维度布局区域空间分工

任何一个新产业的发展都要经过“种子仓－孵化器－加速器－产业化”几个阶段。理解梦想小镇与周边的关系，要从产业成长的阶段来分析。政府对梦想小镇的产业和产业链定位是互联网、人工智能等领域的孵化。因此，梦想小镇入驻的企业以苗圃孵化阶段为主。当项目孵化成功，具有一定的自生能力，或者说能够自负盈亏之后，必须搬出小镇，在周围更大空间内的拓展区进行发展。正是这一要求，使得梦想小镇总是源源不断地输出新的初创项目，并不断腾挪出新的空间给未来的新项目。可见，小镇的孵化功能和周边的产业化拓展功能构成一个完整的闭环。小镇利用已有的高端要素集聚优势，积极探索着从“点状发展”向“辐射带动”转变，形成了“种子仓－孵化器－加速器－产业化”产业配套紧密的辐射带，从而构成“滚动开发、产业延伸、辐射带动”的良性循环。梦想小镇在杭州城西科创大走廊扮演的是“种子仓”的角色，向外源源不断输送优质项目和人才，具有极强的周边，甚至全省辐射性。目前，在未来科技城范围内，梦想小镇的周边有 15 个产业园正在申报小镇拓展区。这些拓展区期望在小镇的品牌和政策支撑下，向新型孵化器、加速器转型。目前，手游村、电商村、健康产业村、物联网村等拓展区已初步成型。

3. 小镇源源不断地向腹地输送根植性极强的项目

小镇所孵化毕业的项目，很多都优先选择在拓展区发展。这些本地孵化的初创项目，根植性非常强，原因在于：这些项目往往是在本地从无到有产生的，团队的核心员工以及上下游的产业链、企业所需要的产业公共服务和政策，往往都在本地，这使得这些初创的企业已经完全融入当地的社会网络中。从以下数据可以看出梦想小镇的周边辐射效应。截至 2018 年 3 月，从小镇共迁出项目 762 个，其中从小镇的一期迁出项目 357 个，从二期创业大街迁出项目 193 个，从小镇的拓展区迁出项目 212 个。截至

2020年7月，小镇共溢出企业1861家。这些迁出的企业，大部分在杭州未来科技城、城西科创大走廊落地，有些则离开杭州在全省甚至全国各地进行产业化。从项目的区域辐射范围和影响力来说，作为一个开放性的互联网、人工智能等行业的孵化平台，梦想小镇不仅仅属于余杭区，它正在为全国承接新一轮科技革命成果的产业化落地做出贡献，因此它没有区域边界，是有核无边的。梦想小镇的物理空间是有限的，但其辐射带动范围则是极具张力的。目前，梦想小镇模式正在一些符合条件的地区进行推广探索。以下两个案例生动地说明了梦想小镇与周边的有机互补关系。

遥望网络——梦想小镇第一家孵化成功并上市的企业。杭州遥望网络科技有限公司成立于2010年11月，是国内领先的综合性数字营销服务提供商之一。公司起家于互联网广告分发业务，建立自有互联网营销平台。目前的业务包括手游、互联网营销、互联网广告投放和广告代理业务等。遥望网络是在梦想小镇孵化5个月后，第一家被孵化成功，搬入未来科技城内的拓展区进行产业化的企业。目前遥望中国手游基地一期1.8万平方米已投入使用，30余家手游合作伙伴已入驻，初步形成了手游产业集聚中心。2015年12月14日，“遥望网络”（股票代码：834448）在全国中小企业股份转让系统正式挂牌。2017年3月从新三板摘牌后，遥望网络（834448.OC）开始积极谋求A股上市。2014～2018年，遥望网络实现的净利润分别为1200万元、2512.67万元、3509.77万元、5918.78万元以及16836万元，业绩呈现不断上升的趋势。

青团社——“梦想小镇为我们永远的娘家”。青团社成立于2013年7月，是一家高校学生兼职和企业灵活用工的招聘平台，致力于为用户提供安全、丰富、高效的兼职服务，为更多企业提供专业的兼职招聘服务。青团社是全国第一个为大学生提供免费兼职服务的平台。目前，青团社已为1.2亿$^+$人次提供兼职机会，平台注册用户超1500万，单日报名人次超60万，服务范围覆盖全国300多个城市和全国96%的高校，位居行业第一，并入选《2019杭州准独角兽企业榜单》。如此光鲜亮丽的成绩背后，蕴含着青团社的娘家——梦想小镇的无数助力。在生死存亡的关键时期，公司抱着试试看的态度入驻梦想小镇。初至梦想小镇，青团社享受到免费的办公场地、每年2万元的创新券、方方面面的合作对接、几十家媒体的报道，以及涌泉华旦资本的“救命稻草”——100万元天使投资等全方位的服务和助力。公司入驻小镇后，不但顺利渡过难关，而且进入飞速发展的时期，获得了很多资本的倾心：如华旦资本100万天使轮投资、1000万的pre－A轮投资、5500万A轮融资、6000万B轮融资，以及蚂蚁金服领投的B＋轮数亿元融资。2017年5月18日，青团社从梦想小镇“毕业”到更广阔的空间发展。毕业之时，青团社的创始人怀着感激和依依不舍的心情称“梦想小镇为我们永远的娘家”。

三　“引进来＋走出去”寻更大的梦想

梦想小镇的发展，不仅有内部完善的分工，以及周边的配套支撑，它还在积极探索实现对更大的外部优质资源，尤其是创新资源的整合。借助整个创新网络，小镇一方面正在积极将全球的优质项目引进来，同时为了利用国内外研发高地的研发资源，小镇也在积极走出去，以更好地整合资源，实现高质量发展。梦想小镇的“法国村”和“浙江大学校友企业总部经济园”，可以说是“引进来”的探索实践，在上海设立“梦想小镇沪杭创新中心”则是小镇“走出去”的初步尝试。展望未来，小镇卓越的孵化能力将使其成为创新网络中的重要节点，梦想小镇将更好地成就更多的人更大的梦想。

（一）以梦想小镇法国村为载体，打造中法先进技术和高端人才的汇聚地

2016年，杭州未来科技城管委会引进了中法科创平台。在过去的几年里，未来科技城管委会与法国欧铂达纳通过设立中法创新产业基金、加速器等方式，投资和引进法国高端人才和项目，促成中法资本和产业的双向合作，目前已经可以看到中法科技创新基地的雏形。

在此基础上，2019年建立的梦想小镇法国村项目，今后将被正式打造

为一个集建筑美学、科技创新、生活休闲与工作为一体的中法先进技术和高端人才的汇聚地，成为未来科技城与法国创新科技合作的大本营。法国村项目是梦想小镇走向法国、欧洲的窗口。它对促进中法创新科技双向合作、高端人才引进、金融和产业合作、文化交流等具有重要的示范作用。这一项目位于梦想小镇创业大街西端，是一个与创新基地和原居民生活有机结合的区块。

该项目由中法双方共同设计，杭州未来科技城管委会的下属国有公司建设，并由法国欧珀达纳负责运营管理。项目建成后将引进数十家法国科创企业，并配备中法科创企业路演中心、中法创新企业家俱乐部、高科技体验式酒店、创意运动研发中心、米其林创新体验餐厅等。创新中心的一楼不仅陈列“梦想小镇法国村”的设计理念，还用于各种展览、研讨会、培训和文化创意活动。二楼为“法国城市大脑集成中心”，这是中法的共同创业项目，由巴黎大区竞争力产业集群的 8 家公司、法国梦想小镇创新加速器的 3 家公司、特鲁瓦市科技园区（法国奥布省）的几个合作伙伴、杭州余杭区的 4 家创新公司共同打造。在 2019 年 4 月 11 日的“梦想小镇法国村”首届开放日活动中，一批法国创新项目正式落户小镇。

（二）依托浙江大学校友资源，打造企业总部集群

2017 年 7 月 28 日，浙江大学校友企业总部经济园项目签约仪式在余杭举行。这一全新的创业创新高地，将积极吸引浙大校友企业和以校友企业为纽带的社会企业投资入驻，建立全球性、全国性或区域性的企业总部，形成以企业总部集群为特征的新型经济业态，打造以高新技术为核心的研发、孵化、产业化高地。

浙江大学在全球各地有 60 万浙大校友和 140 多个浙大校友会，浙大校友担任近 400 家上市公司的控股股东（含 A 股、海外、新三板），校友掌控的公司市值超 8 万亿元。浙大校友企业总部经济园缘起于浙大校友对母校的拳拳之心和对浙江发展的无限期待。未来，在浙大校友企业总部经济园中将落地三类主体。第一类是全球各地的浙大校友会，主要将以平台运作的方式，通过校友资源对接，完成将世界各地的技术和项目转移落地浙

江。第二类是全球校友企业，园区将致力于吸引校友企业的企业总部或者功能性、区域性总部落地。第三类是创业创新主体。

浙大校友企业总部经济园的短期目标是：力争到2020年前后，引进50家以上综合性、功能性或区域性企业总部，30所以上国际著名高校技术转化机构，规划建设10个以上高端产业孵化和科技成果转化基地；力争到2023年，实现重要科技成果转化达1000项以上。目前，法国校友会、深圳校友会等平台已经陆续落地浙大校友企业总部经济园一期过渡办公空间。项目一期位于杭州未来科技城梦想小镇板块，占地335亩，已于2018年全面开工，项目二期、三期则分别定位为五常国际科技金融岛和以成为世界著名大学技术转移中心为目标的国际高技术产业园。

（三）打造沪杭创新中心，积极接轨上海整合全球科创资源

小镇除通过引进来，在浙江整合创新资源外，还探索走出去战略，尝试打造梦想小镇“飞地”。上海作为长三角的龙头，是我国的国家中心城市、超大城市和世界一线城市，既集聚了大量优质科创资源，又是我国走向世界的窗口。为积极接轨上海，2019年11月4日，杭州未来科技城梦想小镇沪杭创新中心正式揭牌。该创新中心将成为杭州余杭区打造桥头堡、更深层次接入这个长三角最重要平台的重要支点，发挥异地研发、资本互动、协同聚才、国际合作的纽带作用，推动项目“在上海孵化，在杭州未来科技城加速与产业化”。通过打造梦想小镇乃至未来科技城的企业在沪研发的新基地，该中心将成为推动长三角一体化的创新创业驱动引擎。

该中心地处张江核心区的腾飞科技园，共5层，总面积约3700平方米。张江是上海的创新高地，集聚了数量众多的创新载体。微软、IBM、惠普、诺华、陶氏化学等跨国巨头、张江人工智能岛均在1公里范围内，周边更是环绕复旦大学张江校区、上海科技大学、中科院上海高等研究院、上海中医药大学、上海飞机设计院等知名大学及科研院所。未来科技城与张江的产业定位相近，在跨国公司合作、人才交流、创新要素供给等方面具有巨大的合作空间。创新中心将积极打造在沪大学生创新创业的新

平台、杭企在沪研发的新基地。目前，创新中心将主要为两类项目或企业服务。一类是针对现阶段还无法在杭州未来科技城办公的落地项目和企业，中心将会为其提供办公空间；另一类是杭州未来科技城的企业，出于发展需要可以在上海的创新中心设立办公点。当然，入驻的企业，必须符合未来科技城的产业导向，比如从事人工智能等新一代信息技术、医疗器械、以芯片为主的智能制造等。

2015 年，当浙江省提出建设特色小镇时，无论是地方政府还是市场主体，可谓一头雾水。特色小镇到底是什么？特色小镇该如何发展？浙江省为了更好地推进特色小镇建设，选择了基础好的两个地方，先行打造两个特色小镇的样板，其中就包括本章所说的梦想小镇。梦想小镇被各界给予了非常高的期望。梦想小镇虽然不是完美的，存在很多的问题有待解决，不过小镇 5 年来取得的这些成就说明了其有很多值得总结借鉴的地方。这些经验，简单来说就是一句话，“以分工促进分工”。244 年前，经济学的鼻祖亚当·斯密（Adam Smith）在探求国民财富增长的奥秘时，发现了“分工”独一无二的重要作用。今天，梦想小镇在建设和发展过程中，正通过各种创新，以小镇为中心，在小镇内部和外部，以多主体间的专业化分工合作，促进产业分工的深化，进而实现经济的高质量发展。梦想小镇提出的“让专业的人做专业的事”，“我负责阳光雨露，你负责茁壮成长”的口号无疑是对斯密观点的现代阐释。我们认为：小镇打造了一个有效利用分工神威的创业创新生态大系统，这个大系统又分为两个子系统。一是在小镇内部打造的有机创业创新生态系统。在小镇内部，以创业创新为主线，政府、运营方、孵化器、中介服务商、创业创新者形成了有机的创业创新生态系统。二是通过加强小镇与周边的有机互补关系，小镇与外围的杭州未来科技城和杭州城西科创大走廊等，形成了一个创业创新生态系统。在这一系统中，梦想小镇是“有核无边”，有辐射带动功能，与其周围构成一个有机的整体，形成了强互补关系。展望未来，梦想小镇在巩固完善以上两个生态系的基础上，正通过“引进来 + 走出去”，融入更大的国际性生态分工系统。无论是“引进来”还是“走出去”，都为梦想小镇整合外部的优质资源，尤其是创新资源，提供了更大的舞台。在这里创业创新的人，正在遇见未来，实现梦想。

参考文献

杨永青：《2019 年全国“双创周”举办地：余杭区梦想小镇》，https：//www. sohu. com/a/320068155_ 119038，最后检索时间：2020 年 8 月 27 日。

孙晨：《当好服务创客的“店小二”》，http：//yhcb. eyh. cn/html/2016 - 06/28/content_ 1_ 1. htm，最后检索时间：2020 年 8 月 21 日。

《杭州未来科技城梦想小镇——一个托起大众创新创业之梦的特色小镇》，http：//jjsb. cet. com. cn/show_ 349374. html，最后检索时间：2020 年 8 月 16 日。

第四章
云栖小镇：与未来同行

云栖小镇位于杭州市西湖区之江新城中部，地处全国 12 个国家级旅游度假区之一的杭州之江国家旅游度假区核心区块。

2018 年云栖小镇被浙江省政府正式命名为省级特色小镇。从 2015 年创建至今，云栖小镇已经走过 5 个年头。在这五年里，云栖小镇充分发挥“政府主导、名企引领、创业者为主体”的发展模式优势，实现了从传统工业园区到以云计算产业为核心的高端新兴产业社区的巨大转变。

一　云栖小镇蝶变

（一）云栖小镇的过往

“路绕定山转，塘连花浦横”，这句唐诗就是描绘云栖小镇所在的转塘镇。因诗闻名的转塘镇位于之江核心，四面环山，碧水中流，生态环境优越。1986 年，转塘镇获批建制镇。1990 年，转塘镇辖区内的浮山村因为生态农业模式而被联合国誉为“亚太生态第一村”。这也是转塘镇第一次扬名四方。转塘镇没有凭借生态农业带来的名誉和人气走上生态农业之路，而是走农工贸一体化发展的道路，此后转塘镇农工贸一体化企业迅速发展。1991 年，转塘“八五”规划中提出，沿公路 10 公里两侧开发工业商业街。1992 年，市场管理委员会在转塘建设之江国家旅游度假区。1995 年，转塘镇组建了浮山集团公司、汽车板簧厂等 10 余家企业。1995 ~ 1998 年，转塘镇先后获得浙江省绿色小城镇、浙江省经济百强乡镇、杭州市小康镇等荣誉称号。2002 年，政府基于浮山乡镇企业的发展，于距离杭州市中心 12 公里处，建立了转塘工业园。2002 ~ 2005 年，转塘工业园定位为传统产业园区。

转塘工业园初期面向服装厂、箱包厂、磨具厂等制造业企业，园区建筑虽然脱离了生产厂房的基础式样，但依然呈现低、小、散的集聚形态，只是一个名不见经传的城乡接合部工业园。

（二）小镇建设探索

2005 年，转塘工业园由杭州市政府批复建设为转塘科技经济园区，其发展定位是高科技产业和企业总部型产业，主要产业导向为生物医药、电子信息、机电一体化、新能源等。受到 2008 年金融危机影响，浙商利润下滑严重。西湖区政府此时提出建议，将转塘科技经济园区建设成为现代企业总部基地和高科技产业基地。西湖区政府成立转塘科技经济园区管委会，清退了转塘工业园 30 余家企业，在工业园区基础上，重点发展电子信息、生物医疗、机电一体化、环保与精细化工等高新技术产业及相应的企业总部产业。2008 ~2010 年，转塘科技经济园区累计引进区外资金 13.44 亿元，注册企业 45 家，累计实现工业销售产值 16.4 亿元，累计完成工业性投资 17.68 亿元，财政总收入突破亿元大关。2010 年，转塘科技经济园区被认定为杭州信息产业国家高技术产业基地拓展区。2011 年 10 月，浙江省首个云计算产业园——杭州云计算产业园在转塘科技经济园区挂牌。2013 年 10 月，阿里云计算公司与西湖区合作共建阿里云计算创业创新基地，阿里云与华通数据中心联合开发的“飞天 5k”数据机房落户转塘科技经济园区。同年，首届阿里云开发者大会召开，其间由阿里云、中软国际、短趣、博客园等 30 多家企业发起成立了全国首个云产业生态联盟——云栖小镇联盟。伴随云计算产业在园区的发展壮大，先期入驻的制造类科技企业或退出，或转型，转塘科技经济园区升级成为云计算产业的专业性园区。2014 年 8 月，时任浙江省省长李强来此视察，高度认可云栖小镇的产业发展思路。

2014 年，小镇实现财政总收入 1.52 亿元，地方财政收入 7311.1 万元，工业销售产值 19.23 亿元。西湖区委、区政府提出，通过 5 年时间建设云栖小镇，集聚上千家涉云的创新型企业，形成完整的云产业生态，打造富有科技人文特色的中国首个云计算产业生态小镇、全国互联网经济第一镇、创业创新第一镇，实现产值200亿元、税收10亿元以上的目标。

现阶段，云栖小镇以阿里云平台为基础，全力扶持云上创业创新企业和团队，集聚包括游戏、移动互联网、App开发、电子商务、互联网金融、数据挖掘等细分领域上千家优秀的创新型科技类企业，引进十家以上创投机构，打造完整的云计算产业链。云栖小镇着力打造阿里云生态、OS生态、智能硬件生态、卫星云生态4个产业技术生态。四个产业生态之间的协同发展，将为云栖小镇发展提供内生动力。

截至2017年8月，云栖小镇引进了阿里云、富士康科技、数梦工场、政采云、商圈网络等650余家企业，其中涉及云产业企业425家。

云栖小镇空间格局划分为“一个中心，三个功能区，八个功能组团”。其中，一个中心是指集吃、住、娱、购等功能为一体的综合服务街区；三个功能区分别为美吉、宏迪、中大三个产业功能区，主要承接产业入驻的配套设施；八个功能组团由创业孵化区、创业服务区、云存储云计算产业区、工程师社区、成功发展区、国际化生活区、生活配套区和创业创新拓展区构成。未来，一个中心、三个功能区和八个功能组团之间将进一步加强合作，实现真正意义上的协同发展、共同进步。

从云栖小镇出发，经杭州绕城高速至萧山国际机场，全程只需要50分钟。云栖小镇距离长深高速袁富互通入口最近距离仅4.6公里，行车预计10分钟。云栖小镇范围内，拥有在建的杭州地铁线路6号线。6号线预计2020年12月开通使用。云栖小镇至杭州火车东站，行车只需要55分钟，当6号线地铁开通使用后，可以乘坐6号线地铁直达杭州火车东站。因此，小镇的区位优势比较明显，交通非常方便。

（三）云栖小镇大事记

2005年，转塘科技园区成立。

2011年10月，浙江省首个云计算产业园杭州云计算产业园在转塘科技经济园区挂牌。

2014年8月，阿里云创始人王坚提出将云栖小镇联盟打造为云计算产业生态小镇的构想。

2015 年 6 月，云栖小镇被列入浙江省首批省级特色小镇创建名单。

2015 年 9 月，云栖小镇发起“淘富成真”项目。

2015 年 10 月，云栖大会永久落户于云栖小镇。

2016 年 12 月，西湖高等研究院在云栖小镇成立。

2017 年 9 月，云栖小镇管委会成立，成为全国首个特色小镇管理机构。

2017 年 11 月，云栖小镇入围浙江省首批建设类高新技术特色小镇。

2018 年 9 月，云栖小镇列入浙江省省级特色小镇命名名单。

二　开发区的华丽变身

云栖小镇在发展中探索，找到了一条适合云栖小镇发展的“以政府主导，民企引领，创者业为主体”的模式。在这种独特的发展模式下，以“服务型政府、人才、新资本、云产业”为核心的新供给机制在云栖小镇得以产生。

（一）政府篇

云栖小镇充分发挥政府主导作用，抓住时代机遇，选择适合的发展模式，深化管理体系改革，创新土地供给模式，为云栖小镇的健康发展保驾护航。

抓住时代机遇是云栖小镇成功的关键一步。2009 年，马云断言，人类正在从 IT 时代走向 DT 时代，接下来的五年一定是云计算的时代。同年，作为阿里巴巴重要战略布局的一环，阿里云计算公司正式成立。2011 年 10 月，浙江省首个云计算产业园——杭州云计算产业园在转塘科技经济园区挂牌。西湖区政府提前布局云计算产业，为之后云栖小镇的腾飞埋下了种子。云栖小镇正是抓住云计算产业的战略机遇期，提前布局云计算相关产业，为未来借助云产业实现腾飞奠定基础。

选择适合的发展模式是云栖小镇走向未来的重要保证。在云栖小镇发展过程中，西湖区政府以“政府主导、名企引领、创业者为主体”的创新发展模式，推动云产业生态的快速集聚，以“创业者为主体”加速创新创业产业布局，围绕“创新、科技、人文、生态”发展理念，以云计算为科技核心，以阿里云计算为龙头，以集聚和帮助在云上创业创新的企业为长期目标，打造完整的云计算产业生态。

政府支持是云栖小镇发展的助推力。2014 年 8 月，时任浙江省省长李强赴转塘科技经济园区调研园区云计算、大数据产业发展情况。调研过程中，王坚博士详细介绍了关于云计算生态联盟打造云计算产业生态小镇的构想，得到李强的高度肯定并首次提出“产业特色小镇”的概念。随后，园区启动了“杭州市云栖小镇概念规划”计划。2015 年 4 月，时任西湖区委书记王立华指出，大力发展信息经济，是省委、省政府和市委、市政府做出的重大战略决策，也是西湖区推动高起点、新发展的一次重大战略机遇。西湖区要按照省、市要求，把发展信息经济作为“一号工程”“一把手工程”，以发展西湖区特色的信息经济为着力点和突破口，全力打造杭州智慧产业新兴区。2015 年 4 月，浙江省政府发布《关于加快特色小镇规划建设的指导意见》。2015 年 6 月，云栖小镇入选浙江省第一批特色小镇创建名单，小镇范围从转塘科技经济园区的 2.27 平方公里，扩大为 3.5 平方公里，管理机构仍然为转塘科技经济园区管委会。2015 年 6 月，西湖区人民政府办公室发布了《关于加快推进云栖小镇建设的政策意见（试行）》。该意见对鼓励企业入户、鼓励企业发展（追加投资奖励、云服务补助、金融奖励）、鼓励人才引进、鼓励企业创新、鼓励企业贡献、鼓励配套服务做出了明确说明。

政府主导为云栖小镇发展定方向。西湖区政府立足现实，展望未来，提出合理的建设构想。2015 年，时任西湖区委书记王立华为云栖小镇打造成为未来“云端小镇”提出以下四点建议：一是云栖小镇要体现智慧小镇的概念。在云栖小镇的建设管理过程中，要充分体现云计算大数据的概念，融入智慧管理、智慧教育、智慧养老等应用。二是要打造好区域环境。结合区域的整体配套需求与企业的个性化需求，发挥可利用地块等资源优势，打造一流环境。三是要用好政策。要运用好工业用地等资源要素，以有利政策“招强引优”，加速产业集聚。四是要加快建设。要科学谋划园区的道路建设，加快打通中轴廊道、编织交通环道，提升对外衔接的便捷度；要尽快完善教育、卫生等配套建设，提升区域整体环境，加速打造未来“云端小镇”。

在建设过程中，云栖小镇树立服务理念，提高服务意识，实现管理型政府向服务型政府转变。

西湖区政府树立服务理念，创新服务方式，找准服务切入点，助力云栖小镇发展。西湖区政府从证照办理、品牌建设、招商引资等方面入手提供全程跟踪指导服务，为把云栖小镇打造成具有产业特色的云生态小镇发挥更大作用。2015 年，西湖区市场监督局走访调研云栖小镇。在了解小镇招商引资情况后，西湖区市场监督局为云栖小镇今后的健康发展提出若干服务性举措。一是缩短办事等待时间，提高办事效率。西湖区政府在之江办事大厅设立云栖小镇专窗和绿色通道，建立专项联络员制度。二是提升招商工作效率。西湖区政府主动对接云栖小镇招商工作，并对招商人员、第三方进行业务培训。三是提高审批效率。西湖区政府对“云栖小镇”招商引资企业的名称预审提供全力支持和指导，进一步压缩审批时限。四是缩短企业从注册到运营所需时间。西湖区政府帮助在云栖小镇内注册的企业，尽快获得营业资格。五是帮助云栖小镇建立区域品牌意识，提升区域整体知名度。西湖区政府建议对“云栖小镇”进行商标注册，大力推动区域品牌建设。此外，西湖区政府通过成立云栖小镇质量综合服务体，也是西湖区第一个质量服务综合体，推动上下联动、资源共享、运行高效的服务体系建设，有助于进一步推动新兴产业培育和传统产业优化升级。在云栖小镇质量综合服务体揭牌仪式现场，有服务专员展示一站式网络服务流程图、服务清单和电子滚动屏等服务设施。

云栖小镇以服务为导向，深化管理体系改革。云栖小镇管理者将服务创业团队作为云栖小镇未来的首要任务。这包括，云栖小镇为企业提供一站式服务和上门服务。企业入驻园区、办理各种手续不需要前往办事大厅，准备好资料，云栖小镇会派人上门服务。此外，云栖小镇还引入银行、金融、中介等服务行业，解决企业运营过程中出现的资金不足、信息不对称等问题。

云栖小镇优化土地利用模式，实现土地集约化供给。云栖小镇通过制定总体空间利用规划，确定哪些用地需要置换、哪些用地需要优化改造。根据不同的产业类型，整合现状较为零散的工业用地，紧凑化布局，集约化利用土地资源。同时云栖小镇针对置换出来的用地，根据规划发展需要，重新确定用途。通过多次“腾笼换鸟”计划，置换、整合、优化等过程，使得截至2017年，云栖小镇有了20万平方米供优质企业拎包入驻的创业空间、近2万平方米的众创空间、逾万平方米的工程师社区、近千套房源的国际青年社区和多个可满足人才办公住宿需求的公寓项目，满足小镇企业和居民的办公与生活环境需求。

（二）新资本篇

云栖小镇建设发展过程中所利用的资本是一种新资本。不同于以往工业园区发展所使用的资本，云栖小镇建设不只是由单一的政府部门提供发展所需资本，同时还引进社会资本投资。

云栖小镇创新融资模式，扩宽融资渠道，减少初创企业成本，降低创业者门槛，为企业发展增添动力。

云栖小镇引入云栖基金、云锋基金等风险投资基金，满足创业者对长期资本的需求。云栖小镇引入中国建设银行杭州分行、杭州联合银行等银行机构，方便为小镇内的企业办理银行业务。云栖小镇计划成立云栖银行，设立一定规模的资金池，专注于服务创新型企业，为企业解决资金问题。

为降低初创企业开支，云栖小镇从以下三个方面入手。

一是给予税收减免。云栖小镇内新设立（或新引进）的涉云企业，按照注册资金金额，自注册之日起三年内按其对区地方财政贡献可享受一定比例的资助。二是减少涉云企业日常运营费用。这主要涉及租房费用、网络费用和服务器费用。对于云栖小镇内新设立（或新引进）的涉云企业租用园区用房，予以租房补贴；对于云栖小镇内新入驻的涉云企业，三年内给予网络实际宽带费用补贴；对首次租用云栖小镇数据中心资源（服务器）的涉云企业，三年内按经审核的实际服务器租用数量进行补贴。三是减少融资费用。根据园区内涉云企业融资担保的不同情况，云栖小镇为园区内涉云企业给予担保费用补助或贴息补助。

不只是云栖小镇的政府扶持政策，入驻云栖小镇的企业——阿里云也出台了专项扶持政策，以帮助园区企业更好发展。云栖小镇内的企业购买阿里云官网产品一律享受9折优惠，其中企信宝服务可达8折优惠；云栖小镇入驻企业在阿里云官网云市场内推广、售卖的云产品和服务，阿里免收三年佣金；云栖小镇入驻企业基于阿里云平台，进行有助于云计算生态圈的开发工作所产生的相关费用，可以向阿里云申请云示范补贴。

在政府和阿里云的政策支持下，云栖小镇内的大部分企业都能获得补贴，减少开支。

银杏谷资本作为云栖小镇不可或缺的伙伴，锚定数字经济领域，注重以资本联结各方资源，将资本的作用发挥到了极致。

银杏谷资本的产业背景，决定了其独特的投资视角。银杏谷资本成立于2013年，是一家由华立集团、华日实业、精功集团、万丰奥特、士兰控股等实业公司发起设立的大型投资平台。当银杏谷资本看到传统制造业和数字经济融合的时候，不仅意识到数字经济将对传统制造业产生深刻变革，还看到数字经济将给传统制造业打开一扇通往新世界的大门。银杏谷资本结合自己从事实体行业的经验，以实业家的耐心与投资者的眼光，逐步将传统产业资本引入新经济领域，从而实现传统产业转型升级与新兴产业繁荣发展。

银杏谷资本专注数字经济领域，严守自己设定的选择投资项目的规定。与其他投资赛道的海投型资本不同，投资数字经济、投资城市大脑，是银杏谷资本唯一的选择。在投资实践过程中，银杏谷资本致力于研究、培育和投资新兴行业，实时关注新产品、新技术、新服务、新需求的早期投资机会，形成了重在培育项目、构建生态的投资风格。银杏谷资本近年着力于打造云生态的投资，也鼓励投资项目融入阿里云的生态。

银杏谷资本在投资实践过程中形成了一套独到的投资理论——“村姑

理论”。也正是这套“村姑理论”使得银杏谷资本化作云栖小镇在云上飞翔的双翼，使得云栖小镇飞得更高、飞得更远。根据银杏谷资本创始人陈向明的解释，投资就是一个不断寻找村姑，然后教给她琴棋书画、文化知识，将其培养成大家闺秀的过程。

银杏谷资本传授“村姑”琴棋书画、文化知识的方式，就是银杏谷资本所制订的创业计划。创业计划为创业者提供资金以外的支持。

2013 年，在首届阿里云大会上，银杏谷资本提出专为帮助早期创业者的 1024 创业计划，配套专项 1024 天使基金、1024 创业孵化器以及 1024 计划导师团等一系列创业服务和资源。

在成功合作阿里云、淘富成真、高德地图等优质行业资源后，银杏谷资本与全球领先的半导体知识产权提供商 ARM，以及目前市面上第一家以技术服务为核心、以丰富 ARM 生态系统资源为特色的智能硬件及物联网领域加速同孵化平台“安创空间”达成合作，在云栖小镇落地第一个基于 ARM 生态的硬件创业孵化器。这个新的平台将通过“资本 + 资源”合力，挖掘和培养创业独角兽。

银杏谷资本已经逐渐形成由 1024 创业计划、1024 线上线下孵化器、阿里云创业生态圈、1024 天使基金、银杏云基金和银杏股权基金形成的生态型投资、创业闭环。

（三）产业篇

云栖小镇的迅速发展得益于良好的产业基础、市场的内生动力、重视人才的发展战略，还有外部企业的选择。

良好的发展基础是云栖小镇成功的内在基因，这主要表现在四个方面。

一是区位优势。云栖小镇所在的转塘科技经济园区与阿里巴巴集团相隔不远。

二是产业基础。2010 年，转塘科技经济园区被认定为杭州信息产业国家高技术产业基地拓展区，间接具备了发展战略新兴产业的基因。

三是环境优美。转塘科技经济园区是之江国家旅游度假区的核心区块，景色优美，空气清新，拥有吸引高端就业人群的生态环境。

四是建设基础。转塘科技经济园区规划面积 2.27 平方公里，截至 2010 年，征地拆迁和土地整理工作基本完成，园区主干道路通车，多家企业实现了土体工程结顶，累计在建面积 79.9 万平方米。在日新月异的市场环境下，转塘科技经济园区为云计算产业提供了即刻入园、迅速落地的物质基础。

市场自发性是云栖小镇发展的基本动力。2013 年，在已有 4 年历史的阿里云开发者大会上，大会宣布云栖小镇联盟成立，以及大会会址永久落户云栖小镇的消息。大会组织者希望通过云栖小镇联盟这样的组织，让云生态链中的企业互相交流，共同解决云计算发展过程中遇到的问题，推动云计算的发展。

云栖小镇联盟还提出，将园区打造成中国首个富有科技人文特色的云计算产业生态小镇，这也是云栖小镇最初筹划的雏形。

云栖小镇联盟采用轮值召集人形式为企业提供会员制服务，而集会地点常常就在转塘科技经济园区。久而久之，云栖小镇也由最初的组织代号，转变为转塘科技经济园区的代名词。

云栖小镇以云栖小镇建设为依托，营造培养科技人才的政策环境，构建创新创业人才交流空间，完善人才培育体系，提供优质的生活服务，打造人才创新基地。

西湖区政府出台《大力推进大众创业万众创新的意见（20 条政策）》，给予创新创业人员政策支持。20 条政策内容涵盖大学生、科技人员、海归人才创业及搭建创业创新平台等方面。云栖小镇对在云栖小镇创新创业且入选杭州市西湖区“325”计划的海内外高层次人才，给予政策支持，以满足创新创业者在工作、生活上的需要。

云栖小镇通过举办“2050”大会、创业沙龙等活动，加深创业人才之间的了解，为以后创业人才之间的合作打下良好基础。

云栖小镇正在筹备成立云栖学院，通过云栖学院为入驻云栖小镇的企业提供云计算技术支持、云技术学习交流平台和人才支撑，进而将云栖小镇打造成为培养云计算专业人才的中心。

云栖小镇大力引入餐饮住宿服务业，满足创新创业人才生活需要。截至2019年10月，云栖小镇内已入驻餐饮业20余家，包括Lavazza咖啡简餐等知名品牌。除了便捷的餐饮服务设施外，云栖小镇内还有酒店、长租公寓等住宿设施以满足创新创业工作者生活需要。截至2019年10月，云栖小镇内已有桔子水晶酒店、安母酒店、云栖客栈、云栖小镇国际青年公寓、龙湖冠寓等住宿配套设施。

云栖小镇不仅大力引入餐饮住宿服务业，还修建休闲服务配套设施，提供休闲空间。在云栖小镇会展中心附近，建有塑胶体育场和足球场。这些运动设施可以满足在云栖小镇工作、生活的创新创业人才的基本运动需求，提高他们的生活质量。在云栖小镇地标建筑国际会展中心旁边，已初步建设一个鸟语花香、生态宜人的云栖公园。未来，这里将真正成为一个依山傍水的湖边小镇。这些休闲配套设施将服务于创新创业人才，为他们的生活添色彩。

云栖小镇从政策、交流空间、培育人才、生活休闲配套设施等方面入手，为创新创业人才提供优质服务。

截至2017年底，小镇引进国千人才12人，获评省千人才9人，获评杭州市521人才7人，2017年云栖小镇成功创建为浙江省高新特色小镇（建设类），拥有国家高新技术企业15家，省级研发中心或研究院5家，高中级职称人才247人，科技从业人员4200余人，其中国家高新科技企业科技从业人员1740人。

云栖小镇以优势吸引企业战略布局，搭建云产业生态合作平台，为构建云产业生态构建坚实基础。

云栖小镇专注于吸引大企业开放核心能力，搭建服务平台，为广大的中小微企业提供创新创业服务。云栖小镇以云计算产业为核心，依托杭州云计算产业园、阿里云计算创业创新基地两个涉“云”平台，借助淘富成真、数梦工场、银杏谷资本等平台，并通过云栖小镇联盟和世界云栖大会为小镇企业提供全新的创新创业资源，构建完整的云计算产业生态圈。

三 云栖小镇的科技创新生态

云栖小镇的成功在于它的生态建设，可以说没有生态建设就没有云栖小镇。2014 年，王坚博士详细介绍了关于云计算生态联盟关于打造云计算产业生态小镇的构想。在这个构想下，云栖小镇形成了一个全新的产业生态，构建了“创新牧场 - 产业黑土 - 科技蓝天”的创新生态圈；创造了以大企业作为中小企业创新平台的促进生态协同的新方式；塑造了以云产业为骨架，以阿里云生态、OS 生态、智能硬件生态和卫星云生态为血肉的产业技术生态。

（一）创新牧场

创新牧场是指以大企业为引领者，以大企业作为小企业的发展平台的一种创新发展模式。云栖小镇通过整合阿里巴巴集团的云服务能力和互联网营销资源、富士康科技集团的工业 4.0 制造能力，英特尔、中航工业、洛可可等大企业的核心能力以及银杏谷资本的投资能力等搭建创新服务基础设施，为创业创新提供必需的全链路资源与服务，以此形成智能硬件生态。

在 2015 年的云栖大会上，由阿里云计算总裁胡晓明和富士康科技集团副总裁陈振国共同发布“淘富成真”项目。“淘富成真”项目开放富士康世界级的设计、研发、专利、供应链、智造等能力，阿里云的云计算平台和大数据处理能力，阿里电商天猫淘宝的平台能力，同时引入银杏谷资本、云锋基金、猪八戒网、洛可可等企业为创业者提供全链路创新创业服务。“淘富成真”将帮助中小智能硬件的创业者迅速对标国际一流品质，做出优秀的智能产品。其中，富士康旗下九大次集团和八大智造平台，以及数千名富士康工程师已于 2015 年全面入驻云栖小镇，与创业者无缝对接，为创业者提供知识产权保护、检验检测、工业设计、生产制造等全链条服务。2017 年云栖大会分会启动了“云栖 · 硬创”淘富成真硬件创新大赛，项目领域涵盖AI（人工智能）、IOT（物联网）、智能出行、智能穿戴等创业项目，打造了史上智能硬件领域最大规模的大赛。同时阿里巴巴联手富士康科技集团、银杏谷资本、微链、洛客等推出“硬件一站式创新赋能平台”，将大型企业的核心能力和生态开放出来赋能给中小初创企业，使它们站在大企业的肩膀上，实现从制造到“质造”和“智造”的转变。截至2017年10月，该平台已赋能过544个企业、1400多位国内外创客，涌现出多款众筹金额过千万、销售金额过千万、融资金额过千万的明星产品，一个“硬件+智能的产业小集群”初具规模。

在云栖小镇，资本项目也参与生态搭建。银杏谷总裁陈向明认为他现在的工作重点是建一个无形的云栖小镇，不是简单的招商引资，而是用资本的力量尽可能实现产业链接。银杏谷资本从五个方面助力云栖小镇搭建创新牧场。一是银杏谷资本全面协助制造业、零售业等传统产业与大数据、云计算、人工智能等新技术链接，积极推动产业数字化升级；二是银杏谷资本从产业出发，坚定支持阿里云和钉钉的企业服务业务拓展，与一线业务部门建立合作关系，与阿里云共同发布“阿里云创客+基金”，与钉钉发起资本的“春雨计划”，培育优质创业项目，共同赋能企业服务生态；三是银杏谷资本秉承“小镇有形，产业无边”的理念，参与云栖小镇建设，以资本的力量来吸引和团结各方资源建设无形的产业生态，并设立相应基金来培育和支持各种创新企业；四是银杏谷资本汇集云计算、大数据领域的杰出专家，为产业升级、企业发展出谋划策；五是银杏谷资本作为2050大会的志愿者和筹办方，以2050大会为平台，汇聚年轻人与科技的力量，创造一个面向未来的孵化生态，帮助创业型企业走向成熟。

（二）产业黑土

“产业黑土”为传统企业和互联网企业提供对接的黏质养分。云栖小镇通过互联网工程中心，依托阿里云、数梦工场等公司提供云计算大数据核心技术支持，帮助传统产业对接互联网平台，让“互联网+”国家行动战略真正助推传统企业加快实现产业转型升级。云栖小镇运用大数据，以“互联网+”思维推动传统企业实现转型，孕育出阿里云生态、OS生态、卫星云生态。

1. 阿里云生态

云栖小镇和阿里云共同构建的阿里云生态是指使得根植于阿里云的企业，在阿里云上发展、壮大，最后能实现大于阿里云所创造的价值的一种生态环境。阿里云生态的实现依赖于企业对云产业的信任、云栖小镇对云计算的信心和云上企业的成长。

解决企业对云产业的信任问题，是构建阿里云生态最重要的一个环节。首先，政府部门对云计算产业的信心是对企业最好的引导，建立产业背后的信用是对产业最好的支持。阿里云创始人王坚博士认为，阿里云当初的很多客户从亚马逊搬到阿里云上，是受到政府2011“云计算服务创新示范点”项目的影响。其次，做生态链需要的是信任，但是最难的也是信任。中国企业彼此之间缺乏信任导致中国企业进行生态竞争。阿里云创始人王坚博士认为，中国最难的就是让中国的开发者或者企业用一个中国企业的平台。这也是一个信任问题。在最近的几年里，企业之间信任关系的发展，使得中国可能第一次有一些很大的企业，可以在另一个企业的平台上发展。由这两者所建立的信任环境，使得阿里云有机会推动中国云计算的落地，在阿里云上发展出云生态。

阿里云生态的发展壮大，离不开云栖小镇联盟对云计算的信心。云栖小镇联盟一直致力于推动云计算在中国的发展。云栖小镇联盟是由一群有想法，并打算发展好中国下一个二十年计算产业的人联合发起成立的。云栖小镇联盟中既有三万人的大公司，也有只有三个人的创业团队，但他们都笃信云计算将改变世界，志同道合地推动云计算产业在中国发展。

阿里云生态是互相帮助，而不是施舍的一种生态环境。相互信赖、相互帮助的结果是，根植于阿里云的企业能创造的价值可能远远超过阿里云所创造的价值。阿里巴巴创始人马云认为，云计算平台的价值在于云上的企业能够给社会带来更大的机会。

2013年6月，由于业务量暴增，天弘基金搭建的基于传统IT框架的系统遇到了瓶颈。系统扩容势在必行。但是传统系统的升级所带来的成本是天弘基金不能承受的。经过天弘基金、阿里云、支付宝、金证科技的联合讨论，天弘基金决定采用阿里云框架。当时天弘基金还是采用云计算支撑当时国内最大的基金直销和清算系统的第一人。在经历系统水平拆分、去 oracle、数据迁移、直销系统和 TA 系统分离、扩容性保证等多个技术难题攻关之后，天弘基金成功上云。在未来，天弘基金计划通过分析处理每天产生的沉淀在 50 个数据库里的海量用户和交易数据，可以实现精准提供理财服务。

2. OS 生态

依托于强大的云计算平台和阿里巴巴在电子商务领域积累的经验开发的阿里 OS，是将数据存储、云计算服务和云操作系统融为一体的新一代操作系统。阿里 OS 以驱动万物智能为目标，可应用于智联网汽车、智能家居、手机、Pad 等智能终端，为行业提供一站式 IoT 解决方案，构建 IoT 云端一体化生态，使物联网终端更加智能。阿里 OS 覆盖互联网汽车、共享出行、智能会议、智能手机四个方面。从汽车开始，阿里 OS 正在定义一个不同于 PC 和移动时代的物联网操作系统。

阿里 OS 生态利用阿里巴巴在云计算方面的强大能力，赋能云栖小镇创新创业。2017 年 7 月，阿里巴巴和上汽集团在云栖小镇联合发布的世界首款互联网汽车荣威 RX5 就是 OS 生态的一个典型案例。荣威 RX5 拥有负责在路上行驶的动力引擎和在互联网上生产、消费数据的计算引擎两部引擎。它的功能和电脑、手机一样，能够独立在互联网上生产和消费数据。在云端，互联网汽车可以通过大数据来思考；在路上，互联网汽车可以不断学习和记忆驾驶员的驾驶路线以及习惯。

3. 卫星云生态

卫星通信系统和云计算相辅相成，和谐共生。卫星通信系统可以提升云计算服务系统的数据处理能力。云计算服务系统需要处理大量的用户数据，而卫星通信系统也可以作为一种数据处理资源，辅助云计算服务系统，有效提升系统整体的数据处理能力。卫星通信系统还可以为云计算服务系统提供通信服务支撑，为云计算资源之间的数据传输提供稳定的通信。卫星通信系统和云计算相结合，将实现最大化卫星资源利用，提高卫星系统综合服务能力。

云栖小镇作为云计算大数据产业的高地，瞄准推进云计算产业与空天信息产业融合发展的重大机遇，坚持技术融合、产业融合、推动北斗应用自主创新，支持浙江制造走向世界。

云栖小镇积极筹建中国卫星产业创新中心。2017 年 6 月，云栖小镇管委会党委书记吕钢锋去北京拜访了北斗卫星之父孙家栋老先生，希望将北斗卫星的研究团队引入云栖小镇，签协议前后花了 19 天时间。2017 年 11 月项目产业化落地。这将使杭州成为继北京、上海之后的中国卫星产业的第三极。同时，云栖小镇与北斗卫星应用的创新中心达成战略合作，拟在云栖小镇建成卫星研发、制造、应用的全产业链生态体系。

2018 年 7 月，北京零重空间技术有限公司入驻云栖小镇。零重力实验室是我国商业航天微纳卫星系统领域的核心供应及服务商，在微纳卫星总体设计、组部件、系统集成领域具有深厚基础和技术积累。云栖小镇除了引进零重空间卫星产业基地项目外，还引进了无人机、卫星商用、航天航空等项目，牵头发起了总投资超 200 亿元天基信息系统工程建设项目，全力打造中国商业航天航空第三极。

截至 2018 年 11 月，云栖小镇已经聚集了 20 余家空天信息产业企业及研究机构。其中，既有像零重空间这样的民企，也有像北斗时空研究院这样具有国际领先水平的尖端科研机构。

2019 年 7 月，杭州与中国空间技术研究院签下战略合作框架协议。协议包括中国空间技术研究院在云栖小镇建设中国空间技术研究院杭州中心。中国空间技术研究院要在云栖小镇建设的杭州中心，是中国空间技术研究院全国三大重点区域战略布局之一，也是云栖小镇完善卫星云生态布局的重要一环。根据战略合作框架协议，杭州中心首期拟建设空间人工智能控制研究中心、空间新材料和新结构研究中心、空间先进动力技术研究中心、空间生物实验服务中心、天地一体化国家重点实验杭州研究中心、空天信息融合与应用研究中心和智慧城市技术研究中心共 7 个研发机构以及 1 个智能装备研发与集成基地。杭州中心的目标是打造长三角地区乃至全国的前沿技术创新平台、重点产业孵化中心及智能装备研发与集成基地，建设成国内领先的空天信息融合应用与服务平台。

这些国际一流空间技术创新载体、航天技术成果转化与产业化平台的打造，将促进云栖小镇卫星云生态的建设，也将加快杭州战略新兴产业发展，加大杭州在国家重大专项工程和重点科研项目上的影响力，实现航天技术与杭州科技产业的合作共赢。

经过近几年的发展，云栖小镇推动了互联网、大数据、人工智能和实体经济进行深度融合，形成了多元立体、互利协同的卫星云生态。

（三）科技蓝天

科技蓝天是由云栖小镇内的科研机构、教育机构、公益机构和云栖大会构成的开放式环境。在这种环境下，创新牧场与产业黑土协同发展，为云栖小镇争做未来发展的领头人提供坚实基础。

云栖小镇内的科研机构主要有西湖大学、中国空间技术研究院、中科院微小卫星创新研究院和北京大学数字视频解码国家工程实验室云栖中心等。其中西湖大学是云栖小镇主要的科研技术支撑。

西湖大学是一所社会力量举办、国家重点支持的新型高等学校，前身为浙江西湖高等研究院。西湖大学由施一公、陈十一、潘建伟、饶毅、钱颖一等发起创办，于 2018 年 2 月 14 日正式获教育部批准设立。举办方是杭州市西湖教育基金会。首任校长由施一公教授担任。西湖大学按照“高起点、小而精、研究型”的办学定位，致力于集聚一流师资、打造一流学科、培育一流人才、产出一流成果，努力为国家科教兴国和创新驱动发展战略做出突出贡献。

西湖大学设有云栖和云谷两个校区。其中云栖校区在浙江西湖高等研究院的基础上建立，位于云栖小镇西面，距离云栖小镇管委会 1 公里左右。云栖校区对面就是阿里云飞天园区。在云谷校区建设完成后，云栖校区将作为西湖大学的技术创新基地和成果转化基地。截至 2019 年 10 月，西湖大学共有 104 位一流科学家和 334 名博士生。

云栖小镇的科研力量，为云栖小镇内的企业提供了直接的技术支撑。同时，企业也为云栖小镇内的科研机构提供了成果转化平台。科研机构和企业相互促进，协同发展。

如果将科研机构为云栖小镇提供的新技术比作养料，那么云栖大会则是负责将这些养料精准分发，使得企业发展得更好，带动云栖小镇发展。

云栖大会可追溯到2009年的地方网站峰会，2013年首次在现在的云栖小镇举办大会，并树立了云栖小镇的第一块纪念标志——飞天5K。飞天5K，一是代表了阿里云部署了5K的机房，二是标志着云计算由开源走向开放。云栖小镇也正如飞天5K一样，充满着开放的气息。在这开放的气息中，弥漫着时代味道，充满着青春活力，享受着思想盛宴，蕴藏着国际基因。

云栖大会的内容体现时代味道。云栖大会上往往会发布新的产品。例如，2016年发布的城市大脑，2017年发布的首款互联网汽车荣威RX5，2018年发布的智联网相关产品，2019年发布的平头哥芯片。云栖大会所展示的产品透露出当代的黑科技。参会人员可以感受到未来科技所带来的对生产、工作、生活的变革。云栖大会为云栖小镇内的企业提供展示产品的空间，也可以让杭州、中国乃至世界了解小镇内的企业。

云栖大会参与人员彰显青春活力。2016年云栖大会的参与者80%以上为“80后”“90后”。大会参与者的年龄显示出云栖大会是一个充满着生机活力的大会。大会带领年轻人了解云栖小镇，为云栖小镇的后续发展提供青年人才。

云栖大会是一场思想盛宴。一般而言，展会是为了促进商品的成交而举办的。云栖大会也是为了促进交易而举办，只不过与其他一般展会不同的是，云栖大会是促进思想上的交易。在云栖大会上，各参会者一起交流技术、共同畅想市场、寻找合作团队。云栖大会提供了一个让天南地北、志同道合的技术人员、投资人员交流的平台，促进由创业团队走向创业公司。

云栖大会从三个方面体现出其所蕴含着的国际基因。一是云栖大会邀请海外嘉宾；二是云栖大会有海外企业参加展览；三是有国际友人参会。云栖大会提供了云栖小镇与国际接轨的现实条件，使得云栖小镇走在世界前列。

参考文献

唐骏垚：《从无人知晓到名扬世界云栖小镇打造四大产业生态》，http：//china. zjol. com. cn/201710/t20171012_ 5334994. shtml，最后检索时间：2020 年 9 月 2 日。

祁雯佳：《杭州之江国家旅游度假区转塘科技经济园区稳步发展》，http：//www. hangzhou. gov. cn/art/2016/8/5/art_ 1224767_ 2017477. html，最后检索时间：2020 年 9 月 2 日。

李娜、白小虎：《特色小镇产业生态圈构建的实践研究——以浙江省云栖小镇为例》，《长春市委党校学报》2018 年第 6 期。

吕子平、邓中亮：《物联网及云计算时代的卫星通信》，《国际太空》2013 年第 1 期。

秦岭：《人工智能对人类社会的影响研究》，东北师范大学硕士学位论文，2018。

汤华杰：《提升杭州新兴产业培育机制》，《浙江经济》2016 年第 3 期。

詹雪龙：《西湖区云栖小镇打造创业创新第一镇》，http：//www. hangzhou. gov. cn/art/2016/10/13/art_ 812262_ 2334352. html，最后检索时间：2020 年 9 月 2 日。

张雪：《从郊区小镇到全球焦点——西湖云栖小镇的嬗变》，《小城镇建设》2016 年第 3 期。

第五章
昆山智谷小镇：阳澄湖畔的创新极核

阳澄湖科技园、昆山国家高新技术产业开发区及苏南国家自主创新示范区昆山核心区的建立，使得各类科创主体在昆山加速集聚。从中科可控、深时数字地球、国家超算昆山中心，到丘钛科技等一批企业研发总部落户扎根，使得昆山正以一种强劲的发展态势汲取创新力量。伴随着昆山全力打造科创之城战略的实施，高新区迅速启动智谷小镇建设。小镇东邻上海国际科创中心，西接苏州新加坡工业园区，坐拥昆山杜克大学等国内外知名高校，昆山工研院、清华科技园等重要科创平台，集聚国内外知名研究机构和企业，可谓“智慧的硅谷、科创的乐土”，这一阳澄湖畔的创新极核正在快速崛起。

一　昆山智谷小镇前世今生

（一）昆山智谷小镇发展历程

20 世纪 80 年代初，昆山的经济总量在当时苏州地区所辖八县中排名末位，是一个典型的农业县。2019 年，昆山已发展成为全国首个经济突破 4000 亿元、财政收入突破 400 亿元的县级市，连续 15 年位居全国百强县市之首，是中国县域经济社会发展的标杆城市，成为全国十八个改革开放典型地区之一。在经济社会快速发展的同时，昆山一直在苦苦地思索，仅仅靠传统的土地、劳动力等成本优势和地理、区位优势等都将难以长期为继，开发强度、环境容量等都倒逼我们必须探索出一条由低到高、从量的增长到质的飞跃的全面转型升级、可持续的高质量发展之路。面对全球新一轮科技革命深刻演进，一些重大颠覆性技术创新正在塑造催生新产业新业态，昆山在认真核算土地、人口、生态、公共服务、与先进地区差距“五本账”的基础上，制订实施转型升级创新发展行动计划，加快打造科创之城，促进经济社会全面转型。

2002 年，昆山在城西盛产驰名全国清水大闸蟹的阳澄湖畔，成立了科技教育园。阳澄湖科技教育园的发展经历了四个阶段：2002～2005 年为大学园区阶段，规划面积约 8 平方公里，采取政府主导下的公司运营模式，主要推动集聚教育资源；2005～2010 年为科技教育园区阶段，在沿袭大学园区运营模式的同时，向聚集科技教育资源转型；2010～2015 年为阳澄湖科技园实现运行阶段，设立阳澄湖科技园管委会，与阳澄湖科技园有限公司合署办公，将科教园建设成全市科技创新和经济可持续发展的示范区；2015 年至今，探索实行昆山高新区管委会、阳澄湖科教园管委会、“三校两所”研发机构三级管理体制。

昆山高新区的前身是 1994 年国家科委批准设立的昆山国家级星火技术密集区。2000 年，先后设立昆山高科技工业园、昆山吴淞江工业园、昆山民营科技工业园。2006 年 4 月，经江苏省政府批准，昆山吴淞江工业园与昆山高科技工业园合并，建立江苏昆山高新技术产业园区，6 月经国家发改委核准为省级高新技术开发区。2010 年 9 月，经国务院批准成为全国首个设在县级市的国家级高新技术产业开发区，面积为 7.86 平方公里，其中阳澄湖科技园是其“1＋3＋N”创新体系中“3 园”（阳澄湖科技园、新城北产业园、吴淞江产业园）的重要组成部分。

2010 年是昆山发展里程碑式的一年。这一年，除了高新区获批成为国家级之外，美国杜克大学、武汉大学与昆山市政府三方签署合作协议拟创办昆山杜克大学，并于 2012 年 8 月获教育部正式批准。昆山杜克大学将融合中西方文化元素，并打破院系独立模式，成为一所教育与科研并重的综合性大学。为什么昆山必须要花大力气去引进一所高水平的世界名校呢？因为昆山在消化了二十多年的人口红利之后，面临着如何将昆山制造向昆山创造转变，如何从外向经济发达的城市向国际化都市转变，如何进一步将招商引资向招才引智转变。一流的产业必须有一流的人才作为支撑，一流的人才仅靠引进是不够的，更需一所高水平的大学，作为“育才园”

“蓄水池”。昆山较早认识到作为县级城市在高等教育领域的先天不足，十多年来邀请清华大学、南京大学、浙江大学等知名高校和中科院等国家级研究机构联合在昆山创办各类科技创新研究院（所），推动产学研融合，提升制造业整体水平。杜克大学所在的美国北卡地区，是世界著名的创新活跃带，而昆山杜克大学所在的高新区，同样也将成为大院大所的汇聚地、创新地。昆山杜克大学的成立，寄托着昆山用杜克大学这座科创、人才的“富矿”，带动整个城市持续转型和高质量发展的期望。

2014 年 10 月，国务院正式批准江苏苏南成为第五批国家自主创新示范区，昆山高新区位列其中。其目的是共同建成创新驱动发展引领区、深化科技体制改革试验区、区域创新一体化先行区和具有国际竞争力的创新型经济发展高地，这也成为推进昆山全面转型升级、从“昆山制造”转向“昆山创造”的又一重要的国家级平台。2018 年昆山制定出台了《苏南国家自主创新示范区建设三年提升工程实施方案（2018－2020 年）》，力求大幅提高科技创新在经济发展质效提升中的作用，建立全市统一的苏南自创区协同创新顶层机制，加强核心区对全市科技园区和产业升级的辐射带动作用，实现主要经济、科技指标跨越发展。

2016 年，江苏省启动了省级特色小镇创建工作。2017 年，昆山高新区就以科创为核心，以杜克大学为品牌，以吸引全世界优秀人才团队、打造一流的创新创业平台为目标进行申报。最初小镇的名称是“昆山杜克小镇”，但由于产业特征不够明确，不能体现小镇的科创概念，所以后来确定为“昆山智谷小镇”。小镇总面积约 3.84 平方公里，建设用地约 1100 亩。小镇的发展理念是以服务创新为要旨，以要素集聚、功能合理、土地集约、增长持续为原则，以创新生态构建为目标，通过整体化、协调化、特色化、生态化建设，全力打造宜居、宜业、宜创、宜交流的特色小镇。总体定位是建设具有全球影响力的科技创新小镇，为此提出了“三步走”发展战略，第一阶段：3～5 年，整合自身资源，加大投入力度，优化创新环境，完善功能，成为昆山创新驱动和转型发展的核心引擎；第二阶段：5～8 年，依托邻接上海、对接台湾的地缘优势，借力上海国家科创中心基础科研资源优势和台湾工程应用技术优势，在部分重点产业形成助推发展之势，成为长三角核心区融汇对台的创新合作基地；第三阶段：8～10年，进一步与杜克大学合作，借助杜克的科研创新平台资源和国际影响力，推动本地的科技创新“走出去”，开展国际创新交流，在全球创新网络中占据一席之地，成为全球科创体系中特色化创新节点。2018年昆山在深圳向全球发布昆山智谷小镇规划，此次发布小镇突出“大学校区、科技园区、城市社区”三大主题，以昆山杜克大学为龙头，以科创载体建设为抓手，以高品质生活休闲街区为配套，以极具创意和震撼力的艺术活动为引爆，探索出了高起点建设、产学研一体的特色小镇之路。小镇彰显绿色园区、智慧园区、复合园区三大特色，建成产业科创最佳的载体空间、标杆企业最佳的培育土壤、产城融合最佳的生活区域。

（二）昆山智谷小镇发展大事记

2002年4月，昆山阳澄湖科技园成立。

2006年4月，昆山高新技术产业开发区经省政府批准、国家发改委核准，成为省级开发区。

2008年7月，昆山市工业技术研究院成立。

2010年9月，经国务院批准，昆山高新技术产业开发区升级成为全国首家县级市国家高新技术产业开发区。

2011年4月，南京大学昆山创新研究院注册成立。

2011年10月，成立中科院微电子研究所昆山分所。

2012年7月，浙江大学昆山创新中心设立。

2012年8月，教育部正式批准昆山杜克大学筹建。

2014年10月，昆山高新区入围苏南国家自主创新示范区。

2017年2月，昆山智谷小镇正式申报江苏省级特色小镇。

2017年5月，昆山智谷小镇入选江苏省第一批特色小镇创建名单。

2017年10月，昆山智谷小镇聘请昆山杜克大学副校长常晓林为小镇镇长。

2017年12月，入选苏州市级第一批特色小镇创建名单。

2018年5月，入选“全国最美特色小（城）镇”50强，位列第

16 名。

2018 年 10 月，昆山在深圳向全球发布昆山智谷小镇规划。

2019 年 3 月，深时数字地球国际大科学计划在昆山智谷小镇启动实施。

2019 年 10 月，昆山智谷小镇在江苏省级特色小镇考核中获得第二名。

二　昆山智谷小镇奏响创新“协作曲”

昆山智谷小镇突出“大学校区、科技园区、城市社区”三大主题，以昆山杜克大学为龙头，以科创载体建设为抓手，以高品质生活休闲街区为配套，探索出了高起点建设、产学研一体的特色小镇之路。尤其值得称道的是，昆山智谷小镇集中了国际大学、科研办公、商务休闲等“头部资源”，用最小的空间实现了生产力的最优布局。

（一）打造科技园区，搭建创新创业载体平台——阳澄湖科技园

昆山阳澄湖科技园占地面积 64 平方公里，涵盖昆山科教园区、昆山市工业技术研究院、清华科技园昆山分园、昆山高新技术创业服务中心及小核酸、机器人、软件园、装备制造等产业基地，在人才集聚、成果集聚、产业集聚等方面取得了一系列成效。

1. 集聚高端创新要素

对接大院大所，提高创新浓度。与大院大所合作成立中科院微电子所昆山分所、南大昆山创新研究院、浙大昆山创新中心、西电昆山创新研究院、沈自所（昆山）智能装备研究院等重大新型研发机构，与南京大学、陕西延长石油签约共建氢能与燃料电池产业创新中心，与中科院微电子所、协鑫集团合作建设功率射频半导体产业创新基地，建成昆山离岸（西安）产业科技创新中心，启用浙大昆山智能装备产业园等。强化校地合作，引育高端人才。建起 1 个国家级重点实验室和 2 个国家级博士后工作

站，引进培育国家级创新创业领军人才27位、省双创人才（团队）29个。园内从业人员超万名，研究生以上学历占比超20%。2018年底，与全国工程教指委共建全国工程类专业学位研究生昆山产教融合联合培养开放基地。2019年联合西安电子科技大学、河海大学和11家重点企业联合培养37名计算机、电子工程硕士研究生。坚持科技导向，各类企业百花齐放。拥有1个国家火炬特色产业基地、2个国家工程实验室、3个国家级众创空间、1个国家双创示范基地、1个海峡两岸青年创业基地等。通过载体平台建设，优质项目实现孵化加速成长，先后设立各类企业330余家，其中高新技术企业28家、上市挂牌企业5家，承担国家级科技项目超70项，专利申请超3万件，授权超1.5万件。

2. 加快科技成果转化

围绕小核酸及生物医药、新一代电子信息、机器人及智能制造三大产业，做好"引种子、建苗圃、育森林"工作，打通科技成果转化"最后一公里"。"做核酸到昆山"已成为业内共识，小核酸及生物医药产业从无到有，目前其已从技术创新全面进入产业化阶段。全球领先、国内首创的高质量蛋白质新药——重组人凝血酶处于Ⅲ期临床研究，建成省药监局批准核发的化学药物片剂和胶囊剂以及治疗用生物制品生产线，与美国Band公司合作推进治疗脑卒中小核酸药物在中国的临床试验，新一代电子信息产业焕发勃勃生机。昆山杜克大学计算图像技术研究中心成功发布两款超高清相机，成为全球阵列式多尺度超高清计算成像技术的领导者。新型平板显示中心整体转移到国显光电，具有完全自主知识产权的新一代显示面板成功量产。智能制造抢占产业制高点。成立昆山杜克大学人工智能研究中心，加快以多模态虹膜技术为核心的人工智能和工业大数据研发应用。博力迈三维，打印研制出国内首款利用3D打印成型方法批量生产定制式氧化锆义齿，获得二类医疗器械注册证及生产许可证。沈自所（昆山）智能装备研究院完成"双臂机器人+压力机、分拣线、服务"项目开发，成立中科中创产业化公司，参与双臂机器人国家标准制定。

3. 优化创新创业环境

一是坚持规划先行。完成阳澄湖科技园战略规划和绿道慢行系统规划及海绵化改造项目，启用海创大厦和财富广场，苏南国家自主创新示范区和省生产力促进中心的服务中心、广东独联体联盟昆山技转中心、市知识产权维权中心等平台入驻“一站式”科技创新服务中心。二是坚持服务一流。为企业提供科技计划项目申报、科技金融政策宣讲、企业科学技术指导等优质服务。累计引进弘信创业工场、蓝源资本等10家投融资机构，基金规模达到10亿元。协助瑞博、协助泽璟完成近20亿元融资，促成50余家企业获得近4亿元贷款。三是坚持人才培养。昆山杜克大学、战略支援部队信息工程大学、登云科技职业学院、江苏省昆山中学、加拿大国际学校、阳澄湖中小学幼儿园构成园区完善的人才教育培训体系。通过举办小核酸技术与应用学术会议、“智汇阳澄湖”创新创业大赛等，形成虹吸现象，吸引雾联医疗、快乐岛运动、格物智能等一大批优质人才科创项目落户发展。

（二）打造大学校区，构建产学研合作机制——昆山杜克大学

昆山智谷小镇最大的特色是拥有中外合作办学的典范——昆山杜克大学，这在省内乃至全国特色小镇中都是绝无仅有的。昆山杜克大学的设立，为中美优质高等教育的合作开了先河，不断推动一流高校科技创新和区域经济社会发展同频共振，探索产学研深度融合、促进高质量发展的新路径。

1. 成果转化激活产业链

昆山杜克大学通过美国杜克大学派遣、武汉大学推荐及全球招聘的形式集聚了一支由国际一流科学家、学科领军人才、校友学友组成的教学与研究团队，参与全球性创新研究活动，推动相关上下游技术改造升级，“串起”一条全新产业链，激活“一池春水”。昆山杜克大学与通用、富士康等国际公司及阿里巴巴、华为、腾讯等多家大型企业在5G通讯、大数据应用和语音识别等多方位多领域开展合作，与昆山本土公司签订《关于苏州市河道治理项目产学研合作备忘录》。成立昆山杜克大学计算机图像技术研究中心和昆山杜克人工智能技术研究中心，成功孵化安科迪智能、

伊沃人工智能等高科技创新型公司，其中安科迪智能目前市场估值4亿元，并发布了全球首款超亿级像素阵列式安防相机。

布雷迪（Brady）教授数年前就在美国杜克大学开发了这款相机的原型，却因为成本和体积问题没能让这款产品走向市场。杜克大学落户昆山后，布雷迪教授凭借昆山在制造业积累的优势，使成果转化成为可能。这款相机发布后被《华尔街日报》报道。

2. 博雅通识建好“蓄水池”

“我们的原则是，不追求当下的热门专业，而要5～10年后的热门专业。”昆山杜克大学首任校长刘经南院士说。昆山杜克大学设置的学术项目，面向社会的未来需求，以通识博雅教育传统为基础，注重锻炼学生解决问题的能力。学校世界级的教师团队秉持知识服务社会的宗旨，将学生培养与创新科研相结合。昆山杜克大学一期主要开展硕士学位教育。首批硕士生于2014年入学，共设有环境政策、医学物理学、电子与计算机工程等5项跨学科硕士项目。二期本科项目于2018年秋季正式启动，设有材料科学与工程、环境科学等17个专业。学校还设有非学位短期教育项目，包括第二校园国际化学习项目、杜克大学英才发掘项目和杜克大学－清华大学机器学习暑期夏令营等。通过这座连通世界的人才科创之桥，昆山将在未来继续上演“一个人才带来一项顶尖技术，一项技术造就一个新产业”的故事。

3. 科技创新点燃“强引擎”

“人工智能技术应用发展，是制造业未来发展的大趋势，也是对传统生产方式的一种挑战”，昆山杜克大学大数据研究中心主任李昕教授说。从科研成果到产业化，往往有一条漫长的路要走。教育部批准昆山杜克大学开设包括“数据科学与大数据技术”在内的15个本科交叉学科专业，将人工智能顶尖技术在昆山快速产业化，这是顺应当下人工智能、大数据等前沿技术发展的内在需求。近年来昆山杜克大学借助国际高端人才优势，发挥全球智库功能，加速人工智能技术的应用及产业化进程，与昆山工研院合作设立的人工智能技术研究中心，与中科曙光、澜起科技联合共建的大数据分析与应用联合实验室，正是推动人工智能技术应用发展的加速器。通过产学研协同创新，集聚全球一流资源，助推昆山人工智能及芯片领域相关应用产业高质量发展。

（三）打造创意社区，营造品质生活空间——大渔湾风情社区

近些年，昆山提出建设国际有影响、国内一流的产业科创中心，打造全市覆盖、全域协同、生态宜居、生活美好的科创之城。大渔湾依湖而建，毗邻昆山杜克大学，位于智谷小镇中央活力板块的核心区域，致力于打造人才精英交流互动的共享空间和小镇全体居民共享的美丽后花园，在生态环境、生活环境等方面提供更有品质的“舒适气候”。

1. 中西合璧的视野

大渔湾湖滨风情商业街依托中韵西筑的建筑风格，以欧洲小镇作为设计原型，融入昆山传统文化元素进行再创作，将昆山“三宝”、昆曲等意象通过马赛克装饰、墙面彩绘等形式融入红砖彩瓦的欧式风格中，体现出中西合璧、融古汇今的韵味。街区中有昆曲茶社、玉山书房、啤酒沙龙、蓝色绿洲——昆杜学生活动中心等，带来中西方文化的融合与碰撞，让海内外人才更有认同感和获得感。在景观绿化方面，乔木草坪相互映衬，呈现了“疏林草地”的效果，植入“海绵城市”设计理念，配合主题雕塑、景观小品和爬藤廊架等特色景观，以中西合璧的宽阔视野营造丰富、亲切、舒适的精致空间。

2. 独具匠心的创意

大渔湾不仅是本地最“欧派”的休闲街区，还拥有裸眼 3D 高清激光秀及大型声光水艺秀，这些将大渔湾的时尚都市气息表现得分外独特。激光秀以教堂西侧墙面作为“幕布”，采用先进投影技术，让影像与建筑有机结合，提供全新的视觉体验。水光艺秀综合运用球面数码多维多仪旋转技术、数控气爆等水景技术，将声、光、水有机结合，以昆韵流芳为创意主题，形成长 350 米、喷射 60 米的创意水幕，把昆曲艺术与现代声光技术曼妙结合。步道与廊桥、灯光与倒影，让夜空更璀璨，让幸福感升腾，给

人以无限的遐想。当耳边响起软糯细腻的昆曲，眼前是欧式格调的业态，可以说一个全新的自然融合、愉悦身心的湖滨悠闲生活体验空间就此呈现。

3. 别具一格的生态

湾，即水流弯曲的地方。依水而建的大渔湾创意社区，遵循“城市－人才－产业”的科学逻辑，把最好的资源和最好的服务向人才科创集聚，利用周边公共绿地、沿河腹地、近河空地等水生态资源，丰富湾区的人文精神内涵，可谓是做足了“水文章”。湾的另一个释义是“海岸凹入陆地、便于停船的地方”。大渔湾以“健康·生态·悦活”为理念，丰富文化创意，开展跨界合作，引入艺术展、文艺汇演、时尚走秀、发布会等，创造精彩纷呈的湖畔生活。以发展夜经济为切入点，把夜 show、夜游、夜食、夜购、夜娱等充分结合起来，打造“大渔湾八点半夜创生活”，为昆山杜克大学的师生及昆山工研院、清华科技园的研发人员等提供个性、休闲、创意的港湾。阳澄湖科技园、昆山杜克大学、大渔湾不仅是宜居宜业宜游的优质“生活圈”，更是人才流、科技流、信息流互联互通的“强磁场”，为昆山未来的发展提供源源不断的生机和活力。

三　“智”存高远打造创新“强磁场”

昆山智谷小镇将以建设国家一流产业科创中心核心区为目标，突出优势特色，坚持高起点谋篇布局、高标准建设运营。通过集聚最丰富的创新资源、最高端的创新平台、最优越的创新环境，形成以昆山杜克大学为核心的科研教学区，以大渔湖区域为核心的产城融合区，以工研院、清华科技园等平台为核心的创新要素集成区，形成引领昆山转型发展的“创新之魂”、对外开放和国际合作的“开放之门”、创意创新创业的“活力之源”。

（一）创新之魂：形成要素资源融合的创新新优势

昆山智谷小镇是基于阳澄湖科技教育园区成长起来的特色小镇，所谓

“智谷”，就是技术、资金、人才、政策、环境、服务等创新要素的集聚。昆山智谷小镇自创建以来，入驻创新创业企业近200家、团队370多个，国家昆仑超算中心、深时数字地球大科学项目在这里汇聚，丘钛研发总部投资3亿元，建成摄像头行业内全球最领先的自动化工厂和数字化工厂。下一步，将通过推动智能产业的集中、智慧平台的整合、智慧人才的汇集，为昆山“攀高峰、再突破”提供更强劲的创新动能。

1. 引育重大项目

昆山智谷小镇将聚焦重大产业化项目，瞄准主导产业发展的需求，立足“政产学研金介媒”协同发力，着力引进培育掌握核心技术、投资体量大、牵引力强的重大项目，促进企业、高校、科研机构在产业链、创新链、资金链上深度融合。一方面，推动产业集聚发展。依托中科院安全可控信息技术产业化基地，主攻芯片设计、安全可控设备、超级计算衍生产业，打造千亿级的国家安全可控信息技术产业集群；依托深时数字地球研究中心，加速深时数字产业垂直整合，主攻“1+N”体系应用服务与产业中心，瞄准中石化、中石油、中海油、五矿集团，打造千亿级的国家深时数字产业集群；依托中科新蕴总部，加速铁蛋白纳米酶研发产业化垂直整合，打造一类新药铁蛋白纳米酶药物研发创新平台和国际生物医药产业示范基地，形成全球领先的FDC药物产业化集群。另一方面，加快总部经济发展。昆山智谷小镇将紧盯人工智能、大数据、云计算等先导前沿领域，加快丘钛科技集团研发总部建设，推动创新奇智全国总部等高端项目落地。通过科学布局总部经济，推动资金流、信息流、技术流、人才流的加快集聚，形成总部经济发展集群。

2. 优化载体平台运作

作为昆山高新区的创新核心区，昆山智谷小镇将突出“高精尖缺”导向和“走出去、引进来”思路，不断集聚创新要素，加快孵化载体建设、创新平台搭建，继续依托昆山杜克大学等顶尖院校科研资源及昆山市工业技术研究院等公共服务平台，高效运作江苏－乌克兰装备制造国际创新院、昆山杜克大学计算图像技术研究中心等“一院七中心”及工研院智能机器人工程研究所、小核酸生物技术研究所等五大研究所，为新一代电子信息产业、小核酸生物医药产业、机器人及智能装备制造等战略性新兴产业发展积聚后劲，真正发挥各类创新载体平台的辐射带动作用。

3. 发挥人才科创引领作用

一是深入实施昆山市人才科创“631”计划和“头雁人才”工程。围绕产业提升、企业创新、社会发展，进一步发挥人才工作机制灵活、创新创业生态优越、创业服务体系完善等优势，开展人才的引进、培育、管理，精准布局人才链，带动人才集聚和创新突破，全力打造人才科创新高地，持续放大“一个人才（团队）、一个项目、一家企业、一条产业链”的创新链式效应。二是搭建人才交流平台。加快昆山智谷小镇省级科技企业融资路演服务中心昆山分中心建设，探索人才项目分类指导服务。高规格举办生物医药产业园“三创”大赛、阳澄湖创新论坛、中国小核酸技术与应用学术会议等活动，小镇客厅继续定期组织主题研讨、创客沙龙、创业辅导等特色活动。三是运作人才科创服务中心。通过运维好昆山人才科创发展服务平台，建立服务大数据库，把数据格式、口径、目录、接口等都统一起来，按照“一网、一库、一平台”的框架，将科创人才、科创企业的相关数据统一同步共享到数据库，进一步整合全市人才科创资源、创新人才科创服务体制机制、构建人才科创服务体系。

（二）开放之门：构建开放、共享、合作的创新新格局

昆山因开放而兴，因开放而盛。智谷小镇更是因开放而立，要秉承和弘扬昆山“开放、融合、创新、卓越”的城市精神，学会并善于利用全球创新资源，进一步推动国际交流合作、高端领域合作及产学研合作，以开放合作推动产业创新，以产业创新推动昆山高质量发展。

1. 强化国际交流合作

近年来，昆山杜克大学已建立包括全球健康研究中心、大数据研究中心、祖冲之数学与计算科学中心等在内的11个科创平台，在整合全球创新资源、开展国际化创新研发、助力区域发展等方面取得初步成效。下一步，昆山智谷小镇将以昆山杜克大学为桥梁，引进更多的国际科创资源，与国内高校、科研机构、高新技术企业等实现有效对接。同时，通过昆山

及长三角地区雄厚的产业基础、良好的营商环境及优质的创新环境，吸引一批适应产业发展需要、具有国际竞争力的优秀人才及其团队选择昆山、融入昆山、扎根昆山。

2. 深化高端领域合作

继续抢抓长三角一体化发展战略机遇，发挥国家技术转移东部中心、沪昆创新中心作用，加快引进国内外院士、知名科学家团队科研项目，与复客中国探索建立离岸产业孵化器，有效承接上海科创资源转移，推进科技成果转化。同时，加强与乌克兰、俄罗斯、白俄罗斯等“一带一路”沿线国家国际合作，建设昆山－白俄罗斯技术成果国际转移中心、江苏－乌克兰装备制造国际创新院、中－乌自动化焊接研究院、圣彼得堡彼得大帝理工大学研究院、斯科尔科沃海外创新基地等，以更广视野、更高标准推进国际科技合作，形成更高水平、更宽领域的开放格局。

3. 推进产学研合作

继续强化与大院大所的合作。持续推进昆山杜克大学、清华大学、南京大学与中科院微电子所、沈昆院、浙大创新中心等小镇内外的产学研合作。加快建设运营全国工程类硕士研究生产教融联合培养示范基地，每年针对性培养工程硕士 80～100 名。不断创新产学研合作模式。进一步优化“科学家团队＋专业企业＋社会资本＋政府资本”运营机制，提升产学研协同创新融合度。通过推动校企面对面交流、实打实合作，精准对接企业需求，助推企业在攻克技术难关、破解关键瓶颈、掌握核心技术上持续发力。通过整合“大学校区”、“科技园区”和“生活社区”等优势资源，推动“工作空间＋社交空间＋资源共享空间＋生活空间”有机融合，构建开放、融合、多元的创新生态。

（三）活力之源：构建宜居宜业的创新新天地

昆山智谷小镇高效统筹规划生产、生活、生态三大功能区，不仅在创新创业环境上精心雕琢、“做足文章”，还在相关服务配套上仔细斟酌、“量身定做”，旨在打造集生产智造、创意研发、服务配套、绿色生态于一体的创新综合体，致力于用最小空间资源达到生产、生活、生态的最优化布局，建设城市宜居宜业功能区。

1. 坚持高标准规划布局

紧扣2035版昆山城市总体规划，立足产业特色，彰显优势功能和整体特色，形成“一核两心三轴四带”发展格局：“一核”，以大渔湖为核心，形成大渔湖生态核；“两心”，以昆山杜克大学为主的创意交流中心，以工研院、清华科技园等为主的创新培育中心；“三轴”，沿林荫路形成“宜居生活轴”，沿祖冲之路形成“宜创科技轴”，沿庙泾河形成“宜养健康轴”；“四带”，沿传是路形成“人才培育带”，沿杜克大道形成“核心发展带”，沿萧林路形成“产业协同带”，沿博士路形成“要素集成带”。同时，加快建设庙泾河中央水廊，着力打造沿河开放空间、沿湖休闲空间、绿色生态空间、人才科创空间、居住配套空间，实现资源、产业、高校、人才的深度融合，形成原创成果集中、研发机构集聚的科技创新策源地。

2. 坚持高品质彰显特色

加快建设昆山智谷小镇大渔湾特色功能核心区，高标准引进全新商业业态，精品化设计大渔湖湖东区域。加快核心区三大圈层景观建设，内圈依托大渔湖打造超20万平方米绿色生态运动公园，建设祖冲之科学会堂；中圈利用湖滨空间，建设滨水剧场、商务酒店等11万平方米休闲娱乐场所；外圈74万平方米建筑可形成容纳50个以上人才科创项目的承载空间。通过建立创新“共享空间”、打造创业宜居新样本，助推创业者提出新观点、活跃新思维、点燃新激情。

3. 坚持高水准服务配套

昆山智谷小镇正处于大有可为的关键时期，为进一步增强发展后劲，要继续高标准抓好小镇基础设施建设和服务配套。打造好工业技术研究院四期、财富广场、创智1号、创智2号、海创大厦、南京大学昆山新能源新材料产业园、浙江大学昆山智能装备产业园等产学研合作平台。建设好昆山杜克大学、解放军外国语学院、加拿大国际学校、中共昆山市委党校、登云科技职业学院、昆山职业一中、福纳影视学院等教育配套设施。搭建好蓝源资本港、弘信创业工场、昆山两岸青年创业园、中科院（昆山）众创空间、广东独联体联盟昆山技转中心、“一站式”科技创新服务中心、苏南国家自主创新示范区建设促进服务中心等公共服务平台。以服务创新为要旨，以构建创新生态为目标，从创新环境中要发展动能，为科技创新提供充满活力、富有效率的营商环境。

2017 年习近平总书记在江苏考察时指出："落实党的十九大关于推动经济发展质量变革、效率变革、动力变革的重大决策，实现中国制造向中国创造转变，中国速度向中国质量转变，中国产品向中国品牌转变，必须有信息、有耐心、有定力地抓好自主创新。"2020 年 4 月，习近平总书记在陕西调研时再次强调："要围绕产业链部署创新链，围绕创新链布局产业链，推动经济高质量发展迈出更大步伐。"这对于昆山的发展具有重要的指导意义。经过多年发展，昆山已经在光电、半导体、小核酸及生物医药、智能制造等特色产业中形成了一定的聚集优势。在此基础上，昆山智谷小镇将按照国内领先、国际一流的目标要求，构建高水平的创新体系，营造高品质的创新生态，致力于全球汇聚创新资源、全链条深耕特色产业、全要素搭建创新平台、全方位优化创新服务，通过打造高质效的创新新引擎，彰显创新新极核功能，加速推动昆山制造业转型升级和经济高质量发展。

参考文献

丁宇、叶伟：《昆山高新区：抢抓人才第一资源激活创新第一动力》，https：//www. sohu. com/a/330547097_ 120046935，最后检索时间：2020 年 7 月 2 日。

魏薇、吴星星：《昆山智谷小镇："智"存高远，聚合未来创新力场》，http：//cx. xinhuanet. com/2019 – 01/09/c_ 137730361. htm，最后检索时间：2020 年 7 月 6 日。

金佳绪：《习近平的 2020 · 四月：部署三件大事》，http：www. xinhuanet. com，最后检索时间：2020 年 10 月 5 日。

第六章
石墨烯小镇：西太湖畔的未来碳谷

2010年曼彻斯特大学两位科学家因发现石墨烯而获诺贝尔物理学奖，由此全球掀起了石墨烯研究和产业发展的一轮热潮。在随后的第二年，江苏省常州市和武进区联合出资设立了全球第一家石墨烯产业研究院，石墨烯产业的种子就悄悄地落在了西太湖边。这是从零到一关键的一步，之后，“全球第一条年产100吨石墨烯粉体生产线”“全球第一条年产3万平方米透明导电薄膜生产线”等一个个全球第一的纪录在西太湖科技城石墨烯产业园刷新。2017年西太湖科技城管委会成功申报建设省级石墨烯特色小镇，进一步强化配套服务，加大投入力度，促进石墨烯产业取得新的更大突破。一个“全球一流、全国领先”的未来碳谷在西太湖畔正悄然成型。

一　石墨烯小镇缘起

“常州，武进，西太湖”与“物理学诺贝尔奖，石墨烯”似乎很难联系在一起。在全球角逐石墨烯产业的版图中，长三角的常州武进西太湖为什么会有一席之地？21世纪，新兴产业风起云涌，雄心勃勃的发展战略、产业环境营造、天使投资人、风险投资、留学归国人才，各种因素在此风云际会。十年之间，发展石墨烯产业一直是西太湖畔的创业者们内心中的目标，在西太湖科技城未来产业的主攻方向上石墨烯产业从未缺席过。

（一）石墨烯登临西太湖

常州市武进区从当年的武进县、武进市经多次行政区划调整而来，长期位列全国百强县市的前列，市内遍布商业区、城乡工业园区和科技园区。然而在武进区的西南一隅，是一片水域达 164 平方公里的滆湖（也称西太湖）。从 1971 年起，这里周边建立国营五七农场。1997 年五七农场转型成为武进外向型农业综合开发区。直到 2006 年，西太湖周边地区还未大规模开发。这对武进这样一个经济强区而言，是一片难得的未开发宝地，等待着注入发展动力。是年，这块宝地迎来转机，常州市决定在西太湖周边区域成立武进经济开发区。

长时间未被开发的西太湖，优势在于生态环境。新成立的经开区要以全新的发展定位和发展思路开启西太湖的未来。经开区 2008 年开始启动西太湖生态环境整治工程，西太湖生态环境得到很好的保护。一系列的环境保护措施使得西太湖地区资源要素禀赋优势更加突出，这里拥有 164 平方公里的西太湖水域、14 公里黄金水岸线和超过 40% 的绿化覆盖率。

开发区在成立之初就投入巨资保护生态、整治环境，营造滨湖生态保护与经济发展双赢的一片乐土。在引进产业之前先营造环境，这是一种新思路。优越的环境要与高端的新兴产业相匹配，先栽了梧桐树，后续就等凤凰来栖息。

2011 年是常州石墨烯产业发展历史上极不平凡的一年，时任常州市委书记的范燕青参加清华大学百年校庆时，偶遇深圳清华大学研究院原院长冯冠平先生。主政者正把目光聚焦于全球科技创新大潮，寄希望于抓住未来产业，给常州这个曾经的轻工业明星城市带来再创辉煌的机会。简短有效的会谈中，范燕青书记对石墨烯表现出浓厚的兴趣，双方深入交谈了有关石墨烯的情况。冯冠平表示石墨烯是性能优异的材料，但产业化可能需要 7 ~ 8 年甚至更长的时间。范燕青书记凭借敏锐的洞察力，提出常州愿意培育石墨烯产业。

石墨烯产业发展专栏

石墨烯材料作为单层二维材料，在基础研究和应用领域均有较大作用。石墨烯材料主要应用范围包括传感器、晶体管、柔性显示屏、新能源电池、海水淡化、储氢材料、航空航天、感光元件、复合材料等领域，其产品性能优良，发展前景也较为广阔。目前石墨烯复合材料的研究，主要集中在石墨烯聚合物复合材料和石墨烯基无机纳米复合材料上，且随着对石墨烯研究的深入，石墨烯增强体在块体金属基复合材料中的应用，也越来越受到人们的重视。

冯冠平既是清华大学的教授，时任清华大学深圳研究院院长，也是一名亲力亲为的天使投资人。不久，他为常州推荐两个石墨烯创业团队——第六元素和二维碳素。这两个创业团队只有头脑和技术，缺乏资金，更没有实验室和工厂，他们却是未来产业难得的创业种子。为了帮助石墨烯创业团队做好应用研发以及产业化，常州市决定要让石墨烯产业的种子在常州生根发芽，通过给予这两个创业团队“龙城英才”计划等政策，提供一系列政府扶持。

主政者的目光选择了西太湖畔的绿色空间，武进经济开发区这片沃土。2011 年 10 月，常州市、武进区两级政府共同出资 5000 万元，在武进经开区成立江南石墨烯研究院，这是全球第一家专业从事石墨烯材料研发和产业化的新型研发机构。江南石墨烯研究院作为公益性科研单位，其目标是构建石墨烯原料研发以及下游应用的科研创新平台、技术转移平台、企业孵化平台、创业投资平台和国际交流合作平台，为石墨烯业内研发团队开展各项研发测试、转化科研成果、孵化科技企业提供服务。

也是在同一年，依托石墨烯研究院，武进经开区成立了常州石墨烯科技产业园。常州市石墨烯科技产业园总占地面积 300 亩，建筑面积 35 万平方米，其中一期总投资 10 亿元。石墨烯科技产业园通过构建“一核三区”总体布局，“一核”即江南石墨烯研究院，“三区”即孵化区、加速区、产业区，这一总体布局期待成为石墨烯产业发展的专业平台，推动石墨烯研发应用和产业化进程。

石墨烯产业发展专栏

石墨烯研究院从设立之初便充分利用社会资源，与江苏银行常州分行、中国建设银行常州分行签订了战略合作协议，以保障研究院资金充足，引入高校科研力量增强研究院科研实力，与东南大学、武汉大学签订了共建联合研发中心协议，与常州大学签订了共建测试中心意向协议。研究院分别和常州二维碳素材料科技有限责任公司、常州第六元素材料科技股份有限公司、常州碳元科技发展有限公司等企业签订了投资合作协议，以保障这些初创科技企业渡过早期发展难关。

时任中共中央政治局委员、中央书记处书记、中组部部长李源潮，在2012年初调研武进经济开发区时，指出西太湖具有良好的生态、交通等条件，不能只靠生态休闲，可以建一座以高科技企业为主的科技新城。市区两级政府经过多轮研讨，成立西太湖科技产业园，重点发展以智能装备制造产业、石墨烯产业为代表的先进碳材料产业，以医疗器械产业为主的健康产业，以影视文化产业为代表的现代服务业。

西太湖科技产业园管委会秉持创新驱动、开放包容、产城融合的发展理念，倾注了更多的资源不断改善石墨烯产业环境。管委会清晰地认识到石墨烯产业作为新兴产业，其发展有自身特有的规律。当下石墨烯产业缺乏行业和国家标准，处于亏损状态下的科技型企业融资难，下游石墨烯应用的市场尚未完全打开。

西太湖科技产业园集聚了石墨烯上下游的企业，各地发展石墨烯产业的力度加大，竞争异常激烈。西太湖石墨烯产业虽然起步早，但是在新一轮产业高速扩张后，无论是规模还是体系的优势，都受到了各地迅速扩张的石墨烯项目投资的冲击。

2016年，江苏省启动了省级特色小镇创建工作，管委会认为西太湖石墨烯产业园必须获得创建资格，以确立非我莫属的竞争优势。西太湖石墨烯产业要成为江苏石墨烯产业的标杆，西太湖科技产业园要成为区域当之无愧的中心，就必须抢抓石墨烯小镇创建的机遇，争取更大的主导权。

西太湖科技产业园管委会抓住江苏省建设特色小镇的机遇，在原有的石墨烯产业基础上对产业、社区建设以及公共环境进行重新规划，打造一个面积3.3平方公里的石墨烯“园中镇”，为园区的石墨烯产业发展注入了新的动力。

（二）石墨烯小镇发展大事记

2011 年 10 月 18 日，西太湖经济开发区成立全球首家以石墨烯为主题的研究院——江南石墨烯研究院。

2011 年 11 月，常州第六元素材料科技股份有限公司成立；同年 12 月，常州二维碳素科技股份有限公司成立。

2012 年 12 月，西太湖科技产业园成立。

2013 年 9 月 28 日，江苏省石墨烯产业技术创新战略联盟正式揭牌成立。

2013 年，全球首条年产 3 万平方米石墨烯透明导电薄膜生产线和年产 100 吨石墨烯粉体生产线建成投产。

2014 年 10 月 15 日，第六元素成功登陆新三板，成为国内第一家真正以石墨烯产品为主营业务的上市公司。

2014 年 12 月，习近平总书记在江苏调研了解石墨烯产业发展状况。常州国家石墨烯新材料高新技术产业化基地正式获批并落户西太湖，成为全国首个国字头的石墨烯产业化基地。

2015 年 5 月 18 日，中国首个石墨烯科技产业展示馆开馆。

2015 年 10 月，全球首条单层石墨烯吨级生产线正式投产。

2015 年 11 月，全球首款应用石墨烯应变原理的 3D 触控解决方案 Z－TOUCH 发布，技术先进性堪比苹果公司。

2015 年 12 月 17 日，江苏江南石墨烯科技有限公司成立。

2017 年 5 月 3 日，常州石墨烯小镇正式成为江苏省首批 25 家省级特色小镇之一。

2017 年 7 月 6 日，世界石墨烯创新大会在常州举行。

2017 年 7 月 17 日，江苏省石墨烯标准化技术委员会成立。

2017 年 9 月 1 日，石墨烯小镇官网、官方微信公众号正式上线，多渠道展示小镇建设发展新动态。

2017 年 12 月，江南石墨烯研究院改制，并组建常州石墨烯产业发展平台公司。

2018 年 3 月，石墨烯小镇建设领导小组办公室和常州烯望建设发展有限公司成立，确立“小镇办 + 公司”的运营模式。

2018 年 4 月 11 日，江苏省委书记娄勤俭到常州调研，寄语小镇：在石墨烯领域勇于争先领跑。

2019 年 3 月 23 日，江苏省石墨烯创新中心成立。

2019 年 8 月 18 日，江苏新奥碳纳米材料应用技术研究院成立。

2019 年 11 月 7 日，常州石墨烯小镇获评省级优秀特色小镇。

2019 年 12 月 14 日，长三角双创示范基地联盟石墨烯专业委员会成立。

二　石墨烯产业生态进化

自 2011 年开始，在政府、市场、人才和资本的共同作用下，常州石墨烯产业从无到有，一步步发展壮大。西太湖科技城管委会近十年来持续搭建技术创新平台，培育孵化石墨烯研发团队和龙头企业，形成了覆盖装备制造、原材料制备和下游应用于一体的较为完善的产业链。紧抓机遇，夺得省级特色小镇创建资格，能在更高的平台、更广的空间为常州石墨烯产业营造集聚创新资源的创新创业生态。

（一）孵化培育石墨烯产业

石墨烯科技产业园最早孵化了两家公司，第六元素和二维碳素。常州第六元素材料股份有限公司成立于 2011 年 11 月，由瞿研博士团队创立，是专业从事粉体石墨烯研发生产的国家级高新技术企业。2013 年，该公司建成了全球首条年产 100 吨石墨烯粉体生产线。目前，第六元素是江苏省石墨烯产业技术创新战略联盟理事长单位、中国石墨烯产业技术创新战略联盟常务理事单位。常州二维碳素科技股份有限公司成立于 2011 年 12 月，是一家专业从事大面积石墨烯薄膜及石墨烯触控模组的研发、制造的高科技上市企业。该公司 2013 年建成了年产 3 万平方米的石墨烯透明导电薄膜生产线。

1. 搭建创业创新平台

2013 年 9 月，经由江苏省科技厅提议，由江南石墨烯研究院、常州二维碳素有限公司、无锡格菲电子薄膜科技有限公司、泰州巨纳新能源有限公司等江苏石墨烯骨干企业，南京大学、东南大学、常州大学等院校联合发起的江苏省石墨烯产业技术创新战略联盟作为非营利性创新组织，架起了政府与企业间沟通的桥梁，也进一步集聚了产业链、创新链与服务链，为石墨烯应用研发及产业发展做出更大的贡献。2013 年底，由上海交通大学国家大学科技园和江苏武进开发区管委会合作共建的上海交大科技园成立，作为省级孵化器和省级众创空间，依托上海交通大学雄厚的科教资源，致力于打造集孵化、加速、产业化为一体的功能完备的创新、创业、创意三创载体。

石墨烯产业发展专栏

截至 2018 年底，上海交通大学科技园累积引进企业 67 家，在孵化企业 51 家，营业收入超过 3 亿元，申请专利 210 项，促成交大和地方企事业单位签订各类产学研合同 10 余项，合同金额高达 1500 多万元。

2014 年 7 月，由常州大学和江苏武进开发区管委会合作共建的常州大学科技园成立，作为省级孵化器，依托常州大学科教资源，围绕着“新材料、新能源、健康产业和石墨烯产业”四大主导产业，开展创新成果转化、人才培养以及高新技术企业孵化等工作。2014 年 10 月，江南石墨烯研究院成立“烯望无限”众创空间，为石墨烯及先进碳材料领域“苗圃”提供创新创业的平台。

截至 2018 年底，常州大学科技园在孵企业 47 家，营业收入 6000 余万元。

2. 推动石墨烯下游应用

2014 年，石墨烯产业迎来发展热潮，全国各地争相上马石墨烯项目，资本市场也对石墨烯产业抱有很大的热情。常州作为石墨烯最早进行产业化的地区，进一步加强了对石墨烯产业的支持。在石墨烯产业如火如荼的发展中，常州重点瞄准下游应用领域，在电子触摸屏、储能材料、传感器、加热散热材料等领域率先完成布局，生产出石墨烯电容触屏手机、石墨烯发热地板、石墨烯智能发热服、石墨烯复合屏蔽浆料、石墨烯超级电容器等一系列创新产品。

要保持上游原材料制备获得的产业优势，必须快速打开下游应用市场，上下游产业链同步推进。2013～2014 年，管委会引进了碳世纪、墨之萃、国成科技和瑞丰特科技等 6 家原材料制备企业，进一步围绕石墨烯应用引进项目，涉及涂料、电缆、加热、散热、环保、生物、能源等领域，产品种类多达上百种，形成了一个十分丰富的石墨烯应用圈，也给石墨烯带来了令人期待的市场空间。常州市武进区出台了三年 2 亿元的专项扶持计划，重点支持江南石墨烯研究院建设、石墨烯人才团队落户，同时集聚了总规模 20 亿元的各类风投、创投基金拓展石墨烯下游应用。

2015 年底，由江南石墨烯研究院、常州第六元素材料科技股份有限公司、常州二维碳素科技股份有限公司、常州江南石墨烯科技有限公司和镇江市迪博新材料科技有限公司共同出资成立的江苏江南石墨烯科技有限公司，为石墨烯技术成果转化和石墨烯企业融资提供多元化渠道，同时也为常州石墨烯企业提供宣传和交流合作的窗口。

江南石墨烯科技有限公司以企业化运作、市场化提供产业公共服务，加大了资本运作与项目投资力度，扶持推动上游企业参股组建下游应用企业。在石墨烯产业园和研究院平台上，上游原材料研发、应用研发和下游产业化已然形成石墨烯产业链。随着产业链延伸和应用市场的拓展，第六元素、二维碳素、碳元科技等 6 家领军企业陆续登陆资本市场。

3. 打造以江南石墨烯研究院为锚机构的创业创新生态系统

江南石墨烯研究院是为研发人才团队、技术研发、产业孵化而设立，设立这一研究院是石墨烯产业实现“从 0 到 1”突破的关键一步。研究院有效配置了政府的引导基金，吸引了天使投资基金，提供了研发场所和设备。政府的战略引导与市场化的激励机制交会于研究院，建成了我国第一批石墨烯规模化生产线，孵化了第六元素和二维碳素两大核心石墨烯原材料企业。截至2018年底研究院通过资本运作有效集聚了国资、民间资本，投资了27家企业，打通了设备、原材料和应用全产业链，集合了对外合作基金，推动了石墨烯产业链区域分工。在特色小镇创建之前，江南石墨烯研究院是各类研究院、众创空间、孵化器、加速器和园区背后的关键“锚机构”，引导各类人才、企业、资本积聚形成石墨烯创业创新生态。

石墨烯产业发展专栏

江南石墨烯研究院作为常州最早设立的石墨烯应用研发机构，先后引进了15个国际一流人才团队，现有科研人员90人。围绕石墨烯薄膜制备、粉体制备、生物试剂、装备、复合材料、储能材料等领域，建有12个专业实验室、1个外籍院士工作站和分析测试中心，拥有总价值2000多万元的仪器设备160多台（套），已建成1.4万平方米的综合性研发基地，另有2万平方米正在建设中。江南石墨烯研究院累计申请专利68件，孵化培育企业26家。

4. 石墨烯产业链成果累累

第六元素与四川大学、江南石墨烯研究院、中国科学技术大学等多家科研院所建立了长期稳定的应用技术研发合作关系。截至2020年2月，共有在职的博士9名，硕士30多名，共申请发明专利100多项，其中40多项已获授权，专利数量在石墨烯粉体行业位居前列。

二维碳素2013年建成世界首条年产3万平方米石墨烯薄膜生产线，2014年石墨烯薄膜的生产能力达到20万平方米。二维碳素成立石墨烯下游应用企业——常州二维光电科技有限公司，专注于石墨烯触控产品的研发生产。2015年石墨烯触控产品在智能穿戴、车载触控、工业控制、家电等领域，已实现千万元规模的主营业务收入；2015年11月，基于石墨烯的优异性能，常州二维碳素发布了世界首款石墨烯压力触控传感器。2015年9月，二维碳素成功登陆新三板，成为国内首家挂牌的石墨烯薄膜生产企业。

2015年10月，碳世纪科技有限公司宣布全球首条石墨烯（单层碳原子）吨级示范生产线建成。这条生产线与以往不同之处，就在于其生产的是单层碳原子材料，且年产量能够达到吨级，这在全世界范围内尚属首次。

经过短短几年的产业培育，西太湖科技产业园的石墨烯产业集群从无到有，形成了区域性石墨烯产业集群，产业环境发生了巨大的变化。园区涌现出一批包括第六元素、二维碳素、碳元科技以及富烯科技等科技公司在内的石墨烯领域的先行者。石墨烯产业的蓬勃发展离不开政府的引导、产业资本的支持和创新要素的不断投入。伴随着石墨烯产业的不断发展，整体产业环境也在一步步改善。但是，石墨烯作为新兴产业，其发展规律和传统产业发展规律有所不同，市场的开拓、产品的应用研发、产业化等均需要独特的产业环境。

（二）石墨烯小镇创建关键举措

西太湖碧波万顷，揽月湾风景如画，孟津河、场北河蜿蜒穿过，位于常州西太湖科技产业园中部片区的石墨烯小镇拥有着天然宜居的生态环境。2016 年，西太湖科技产业园管委会敏锐察觉到，特色小镇建设的契机，将对石墨烯产业发展起到巨大的推动作用。依托国家石墨烯新材料高新技术产业化基地中雄厚的石墨烯产业基础和优越的创业创新环境，石墨烯小镇的研发、孵化、加速、智慧生活配套以及国际交流合作共同构建了一个功能完备的创客空间。石墨烯相关初创企业在这里成长，创新创业人才在这里集聚，各类创新要素向这里流入。这也体现了小镇坚持特色小镇建设中“三生融合”的发展理念。

2017 年 5 月 3 日，石墨烯小镇成为江苏省首批 25 家省级创建类特色小镇之一。石墨烯小镇从已开发的实际情况出发，突出功能叠加，着力打造产业特色、文化特色、生态特色和交往空间。小镇规划构建“一轴、一港、两廊、五区”总体布局框架：一轴指的是创智发展轴；一港指的是创智发展轴与场北河景观廊道交汇点，周边还建有产学研基地、小镇客厅以及智慧酒店；两廊分别指孟津河、场北河两条生态廊道；五区分别指创智孵化区、研发服务创新区、国际交流合作区、产业融合区、智慧生活配套区。

自2016年石墨烯小镇创建以来，小镇着力于治理模式创新、完善创业创新生态系统以及建立资本、检测等配套服务，使得石墨烯产业环境迎来一次不同以往的升级。

石墨烯小镇强化服务，吸引资本集聚。在石墨烯产业先导阶段，小镇充分发挥政府产业引导基金的引导作用，已经成功孵化了六家上市公司。小镇所在的西太湖科技园区内的国有公司参股，发起成立了区域对外合作基金，以投资设立石墨烯产业上下游子公司，并投资于承接石墨烯应用产品规模化生产的区域合作园区。君联资本、金沙江、力合创投等一大批知名风创投前来投资合作，参与了六家上市公司的多轮融资。至2018年，园区集聚了有限合伙投资企业共61家，注册资本50亿元，有限合伙投资管理企业共36家，注册资本45亿元，投资公司共81家，注册资本55亿元。

从产业引导基金、风险补偿基金到区域对外合作基金、外部创投基金，政府对石墨烯产业的引导和扶持逐步让位于市场主体，上下游企业间、区域政府间、企业与投资方之间的利益逐步转向了资本的逻辑。创新链产业链协同、上下游产业链协同，有效解决了石墨烯商用规模量产、降低成本的痛点，推出了高铁抗冲击部件、船舶重防腐涂料、手机散热膜等石墨烯应用产品，开始走上了商业闭环盈利的良性循环。

2017年底，常州市委、市政府启动了江南石墨烯研究院改制工作，通过构建“政府引导、市场主导和企业主体”的全新研发体系，期待激发创业创新人员的活力。为了完成这一要求，常州构建了石墨烯产业“三位一体”的全新发展模式。江南石墨烯研究院作为公共服务平台，为石墨烯产业提供基础条件，江苏省石墨烯创新中心则重点用市场化的方式解决石墨烯行业关键共性技术难题，江苏江南石墨烯科技有限公司则为石墨烯技术成果转化提供资本支撑。常州希望通过改革现有体制，并构建新的研发体系，将最大的利益给予创业创新团队，政府则集中精力优化产业生态。同时，石墨烯小镇通过市场化运作，多方吸引社会资本以及创投资本投入，进一步增强创新研发实力。未来3~5年，常州希望打造一种由政府平台做支撑、社会资本做资金投入、市场机制做创新动力的常州新模式。

2018 年 3 月，小镇成立烯望公司作为小镇总体运营商，确立“小镇办＋公司”的运营模式。政府为小镇建设提供引导作用，构建有效的政企合作模式。政府对小镇的建设进行总体设计、协同推进、高效运行、系统集成以及任务调度、落实督察。在常州石墨烯小镇领导小组以及小镇办公室的指导下，公司按照市场化运作，以项目投资和招商引资为主线，实行科学决策、规范经营和高效经营，建立现代化企业制度，进一步推进石墨烯小镇建设。烯望公司注册资本 10 亿元人民币，由伟驰控股集团有限公司于 2018 年 3 月独资设立（伟驰控股集团有限公司由常州市武进区国有资产管理办公室全资设立）。公司主要职责是小镇片区的运营及开发，采用市场主导方式，充分调动社会力量参与小镇建设。公司作为石墨烯小镇的总体运营商负责园区基础设施建设，包括小镇内部土地整理开发、房地产开发、自有房屋租赁、物业管理、建材销售，也负责企业相关服务，如孵化服务、创业投资、实业投资等。

为促进石墨烯产业更好发展，石墨烯小镇先后建设了 50 多万平方米的创新创业载体，包括常州石墨烯科技产业园、江南石墨烯研究院、江苏省产业技术研究院石墨烯材料研究所、江苏新奥碳纳米材料应用技术研究院、常州石墨烯众创社区、上海交大（常州）科技园、常州大学科技园等重量级的创新创业平台。

石墨烯研究院企业化改制，成立小镇运营公司、石墨烯创新中心等，促使江南石墨烯研究院功能分化、迭代进化，构筑跨区域协同的创业创新生态。石墨烯小镇建设过程中积极探索的双载体模式，是在江南石墨烯研究院基础上搭建企业化、社会化的产业基础设施建设和创新发展差异化分工的一次尝试，也是小镇治理模式的一次创新。随着小镇双载体治理模式的确立，创业创新平台的建设也进入一个新阶段。

石墨烯小镇建设运营以来，常州石墨烯产业朝着更好、更快的方向持续发展。截至 2018 年，累计完成投资 36.7 亿元，其中产业类投资占比超过 80%。入驻小镇的石墨烯相关企业达 160 家，形成了涵盖设备制造、原材料生产、下游应用、科技服务的完整产业链。石墨烯相关产业年营业收入超 30 亿元，年缴纳税收 1.7 亿元。石墨烯产业产值占全国石墨烯产业总产值的1/3，石墨烯企业数量则占全国石墨烯企业总数的50%。

（三）创业创新生态演进

石墨烯小镇依托良好的石墨烯产业基础和优越的产业发展环境，形成了集“研究院－众创空间－孵化器－加速器－科技园”于一体的创业创新生态系统，该系统主要包含五大创业创新平台和两个提供创新创业服务的创新中心、测试中心。五大创业创新平台包括江南石墨烯研究院、江苏省产业技术研究院石墨烯材料研究所、江苏新奥碳纳米材料应用技术研究院、常州大学科技园以及上海交大科技园。

2018年12月，江苏新奥碳纳米材料应用技术研究院注册成立，注册资本5000万元。研究院将建设应用研发平台、材料产品性能测试平台、工程技术转化平台、标准建设以及检测平台。研究院主要围绕着石墨烯和碳纳米管为原料基础，打造高导热材料系列产品，集中开展以导热管和导热板材为主的管式换热模块和板式换热模块应用开发，并进一步拓展太阳能取热器、低温余热利用、耐腐蚀换热器应用、地源热泵、节能节水冷却塔等领域的应用。

石墨烯小镇建立了两个石墨烯产业创业创新服务平台。其中之一是江苏省石墨烯创新中心，创新中心以产业发展需求为服务导向，协调产业链各环节的技术和体制机制障碍，开展前瞻性技术研发，抢占产业发展制高点。小镇的另一个创业创新服务平台是先进碳材料分析测试中心（以下简称中心）。中心是为研究院和在孵企业提供检验检测的公益检测平台，集分析、测试、科研和技术成果鉴定于一身的综合检测平台。中心的目标是为石墨烯等国际先进碳材料领域的相关产品提供检测服务。中心的分析测试能力和质量管理体系将接受国家认证认可监督管理委员会的资质认定和计量认证。中心在完成研究院的科研分析测试任务同时，面向社会开放资源，承接相关能源、材料、环保、化工以及未知物质的分析测试任务。中心未来依托研究院平台，以期成为能对外出具第三方数据的质检机构，成为国家级石墨烯行业分析测试中心。

石墨烯产业发展专栏

先进碳材料分析测试中心拥有750平方米现代化洁净室，拥有场发射电镜、原子力显微镜、拉曼光谱仪、傅立叶红外光谱仪、全自动氮吸附比表面积测试仪、元素分析仪、四探针测试仪、热导仪、电化学工作站等碳材料领域分析测试设备，可用于物质成分定性及定量分析、结构分析、表面分析、生物化学分析、微区形貌分析、热分析等。

石墨烯小镇以江南石墨烯研究院等创业创新平台为依托，建成了健全的公共服务体系。小镇公共服务体系主要包含八大服务内容，分别是创新创业服务、人才培养服务、标准服务、检测服务、知识产权服务、信息资源服务、产学研合作服务以及投融资服务。

小镇为保护创新积极性，建设了常州市石墨烯产业专利数据库，联合常州知识产权维权援助中心开展先进碳材料专利预警分析，为企业发展提供一定的参考。小镇为加强企业对市场、技术的敏感性，与江苏省科学技术信息情报所等单位共同搭建先进碳材料数字图书馆，与常州市科技信息中心联合每月提供石墨烯译文速报，与新华社、中经社编印《石墨烯产业动态》，发布石墨烯指数，积极举办各类高层论坛、专业讲座和学术报告，尽最大力量保障企业掌握石墨烯产业的各类信息。

石墨烯小镇的创建推动了常州石墨烯创新生态系统的进化。目前，石墨烯小镇率先在全国形成了集石墨烯设备研发、原料制备与应用研究、产品生产、下游应用为一体的完整上下游产业链，应用门类全国最多，涵盖了制造、环保、生活应用等多个行业领域，在石墨烯领域已取得11个“全球第一”。

三　领创烯时代共创碳未来

石墨烯是一个新兴事物，走出实验室的时间还不长，虽然石墨烯小镇的企业能够规模化生产石墨烯粉体和石墨烯薄膜，但是，这些产品在大众的生产生活中的存在感还很不强。石墨烯的优异性能预示着广阔的应用空间，但是，这个未来空间还需要很多企业家率领技术开发团队去开拓、去耕耘。开拓石墨烯未来广阔的应用市场，是一项极具挑战性的事业，需要石墨烯创业创新生态系统越来越完善，规模越来越大，以使“政、产、学、研、金”各种资源融合聚焦，学术研究、技术创新、应用创新、市场推广的链条更加通畅，区域内外、海内外的合作更加便利，各种高端石墨烯创新资源向西太湖畔的小镇集聚。

（一）石墨烯创新中心赋能创新链、产业链协同

石墨烯小镇自创建以来，产业环境完成了一次进化。但随着各地投资石墨烯产业发展热潮兴起，区域产业竞争日趋激烈。常州石墨烯要在长三角、珠三角、京津冀三大产业基地中立足阵脚，要在长三角石墨烯产业中继续发挥中坚力量，这对石墨烯创业创新生态功能提出了更高的要求，石墨烯小镇要更加凸显出在长三角区域内创新链产业链的双链协同。

江苏省石墨烯创新中心作为石墨烯小镇探索双链协同主要抓手，起到了至关重要的作用。江苏省石墨烯创新中心是由江南石墨烯研究院、常州第六元素科技股份有限公司、常州二维碳素科技有限公司等18家股东共同出资组建，以江苏江南烯元石墨烯科技有限公司为载体的石墨烯创新中心。中国电子科技集团55所、中科院苏州纳米所、常州大学等知名高校、院所和上下游企业共同参与创新中心建设。江苏省石墨烯创新中心以国家重点发展领域和石墨烯行业发展需求为导向，突破制约产业链各环节协调发展的技术和体制机制障碍，开展国家必争的新材料领域前瞻性技术研发，抢占全球未来制造业制高点。

石墨烯产业发展专栏

江苏省石墨烯创新中心依托薄层石墨材料工作组、国标委石墨烯标准化推进工作组、江苏省石墨烯标准化技术委员会等单位，推进国家、地方和行业标准的制定，努力建设我国石墨烯标准体系。创新中心参与石墨烯

标准建设的主要工作包括4项国家标准制定和6项检测方法的标准草案，其中1项国标已经发布（《纳米科技术语第13部分：石墨烯及相关二维材料》），另1项国标《纳米技术氧化石墨烯厚度测量原子力显微镜法》在报批中；1项省标《石墨烯薄膜微区覆盖度测试扫描电子显微镜法》已经发布，《石墨烯薄膜透光率测试透光率仪法》等3项企标已经备案。

创新中心采用“3 + X”架构，其中3是指政府、龙头企业、科研院所三方，X是指其他社会力量（包括金融投资机构、企业、个人等），标志着小镇平台建设取得历史性突破。石墨烯创新中心积极和科研院所、石墨烯上下游企业建立合作，实现资源共享、优势互补。创新中心以江苏省石墨烯产业技术创新战略联盟为基础，进一步联合江苏省新材料产业协会，组建江苏省石墨烯产业联盟，确保有效覆盖全省50%以上本领域的国家重点实验室、国家工程实验室、国家工程技术中心、国家工程研究中心等国家级创新平台。创新中心重点发展合作的单位包括：国家石墨烯产品质量监督检验中心、南京大学江苏省光电信息功能材料重点实验室、东南大学MEMS教育部重点实验室、南京工业大学材料化学工程国家重点实验室、南京航空航天大学面向苛刻环境的材料制备与防护技术工信部重点实验室、中国科学技术大学先进功能材料实验室等国家和省级创新平台。

创新中心通过运用市场化的方式解决石墨烯行业关键共性技术难题，为小镇发展注入强劲活力，坚持“立足江苏、覆盖全国、放眼全球”的定位，以下游应用为研发导向，推动石墨烯高端装备的应用研发和制备等共性关键技术研究。创新中心积极引领石墨烯技术创新取得突破，实现石墨烯产业的标准化、系列化、绿色化和低成本。创新中心积极协调创新链和产业链融合取得新突破，即成果转化和应用产业化。此外，创新中心作为石墨烯产业的服务机构将成为连接基础研发和产业发展的桥梁，致力于填补基础应用到应用研发之间的空白，解决中试问题。

以创新中心为新载体，将引领江苏石墨烯产业持续奔跑，在石墨烯产业“高原”上形成“高峰”。江苏省石墨烯创新中心负责人、烯元科技总经理瞿研说：创新中心正向具有全球影响力和国际竞争力的国家级制造业创新中心迈进，充分发挥辐射作用，带动全国石墨烯产业高水平创新发展，推动我国在全球制造业领域占据制高点。

（二）区域协同、国际合作

石墨烯小镇自创建以来，石墨烯产业环境的不断进化，促使创业创新生态系统得到不断完善。作为石墨烯小镇产业发展的核心动力，创业创新生态系统对产业链上下游企业的孵化支持，为产业链的延伸注入强劲动力。截至 2019 年底，产业累计完成投资 36.7 亿元，全国占有率约为 1/3，企业数量则占全国的 1/2。石墨烯产业已从最初的原材料制备发展到集石墨烯设备研发、原料制备与应用研究、产品生产、下游应用为一体的完整上下游产业链。

石墨烯小镇作为一个企业协同创新、合作共赢的企业社区，要积极构建以企业为主体、市场化运作、空间边界清晰的创新创业空间。在这一思路的指导下，二维碳素总裁金虎也提出石墨烯小镇建设可以向硅谷学习，建成一个总部经济和研发中心，而不是石墨烯制造中心。

石墨烯小镇依托西太湖科技产业园的石墨烯集群和产业链优势，通过构建创业创新生态系统打造“六个一”小镇目标，更高效地集聚政策、资本、人才以及科研院所等创新要素。小镇通过提高原材料研发制备水平，提高下游石墨烯应用产品研发和技术转化能力，引领石墨烯产业走向新阶段。

石墨烯产业发展专栏

未来三年，石墨烯小镇将实现打造“六个一”的小镇目标，即打造一个具有全球竞争力的石墨烯产业集群、一个具有全球影响力的石墨烯创新中心、一个具有全球知名度的石墨烯大会、一个具有全球号召力的石墨烯创业大赛、一个具有全球一流水平的石墨烯生态体系、一个具有独特魅力的石墨烯国际化社区。

据中国经济信息社发布的《2018～2019 中国石墨烯发展年度报告》，

随着全球各主要国家持续资助石墨烯项目，石墨烯高质量制备工艺有望取得重要突破，高性能石墨烯应用技术持续创新，2025 年有望迎来石墨烯市场拐点。而随着石墨烯小镇创业创新生态系统的不断完善，在未来区域竞争日趋激烈的环境中要确立自身的定位，即掌握产业发展主导权，集聚区域产业上下游应用研发，明确自身在石墨烯产业中的技术分工。

石墨烯产业作为新兴产业，构建相互关联、相互依存的产业生态对其发展尤为重要。而作为常州石墨烯产业发展区域背景的长三角地区是我国石墨烯产业三大集聚区之一，拥有较完整的产业链。“三省一市”的石墨烯产业在创新平台、企业集聚、创新成果人力资本方面均体现出各自的特色。上海拥有人才优势、发达的资本市场以及实力强劲的大型企业；江苏石墨烯产业基础深厚、应用成果丰富；浙江以宁波石墨烯产业园为依托，建设了完善的创新平台，搭建了石墨烯产业链；安徽依托中国科技大学等科研院所的科教资源，取得了大量原始创新的科技成果。2019 年底，长三角石墨烯相关企业数量已超过 1500 家，上市企业数量占全国同类上市企业比重达到 52.6%，诞生了包括常州第六元素材料科技股份有限公司、常州富烯科技股份有限公司、上海烯望材料科技有限公司、宁波墨西科技有限公司等一批石墨烯行业的领军企业。长三角双创示范基地联盟以及下属的石墨烯专委会的成立，促进了“三省一市”依托各自优势组建长三角石墨烯联合创新中心，以争取创建国家石墨烯制造业创新中心。在石墨烯专委会的制度框架下，“三省一市”围绕着产业链促进上下游融合发展，推进石墨烯下游应用发展，共同组织长三角石墨烯产业高端峰会，推动技术、资本、人才等各类创新资源的交流，营造石墨烯产业的良好发展环境。

石墨烯走出实验室，不过十多年时间，是一个全球性的新兴事物。中国石墨烯研究和产业化赶上了国际前沿，为世界所瞩目，但是也不能故步自封。要看到石墨烯技术创新、应用创新的国际竞争越来越激烈，中国石墨烯的创新者必须打开国门，主动与国际上顶级的研究力量合作。早在 2015 年 12 月 23 日，习近平总书记在参观曼彻斯特大学国家石墨烯研究院时就提出，中英在石墨烯研究领域完全可以实现“强强联合”。国家领导人对石墨烯产业发展的良好愿景，成为石墨烯人奋斗的强大动力。

石墨烯小镇积极与海外有实力的研发机构、大学等展开合作。2019 年石墨烯小镇建设的重点项目——国际合作区项目正式启动。项目占地 94 亩，规划了一幢综合服务楼、四幢研发孵化楼、十幢研发办公楼以及相关配套附属设施，总建筑面积约 13 万平方米，项目总投资 5 亿元。其中综合服务楼由两栋 12 层的主楼和 2 层的裙楼组成。研发办公楼以城市功能综合体的建筑形态，以实现工业、商业、生活空间之间的融合。研发孵化楼配备了四栋 3 ~4 层的小型办公研发楼、两栋 3 层孵化车间。该项目作为一个集孵化加速、产业化、投融资服务等功能于一体的创新综合体，是小镇的开放创新经济发展试验区。国际合作区作为一个全要素开放式的服务平台，是一个培育现代企业 4.0 的高效引擎。在这里，资本、创意以及研发完美邂逅；在这里，一次绿色智慧低碳的探索实践正在进行中。

2011 年，在清华大学深圳研究院创始院长冯冠平教授的建议和指导下，常州石墨烯产业走出了“从 0 到 1”的关键一步。在短短三年时间内，常州抢占了石墨烯产业上游原材料工厂化制备这一环节，占得了石墨烯产业发展的先机。管委会进一步围绕石墨烯应用引进项目，保持上游原材料制备获得的产业优势，快速打开下游应用市场，上下游产业链同步推进。在石墨烯产业园和研究院平台上，上游原材料研发、应用研发和下游产业化已然形成石墨烯产业链。特色小镇建设、研究院改制、创新中心设立、长三角专委会设立等举措，为常州石墨烯产业注入了研发创新动力，推动常州石墨烯企业更加专注于技术研发。

常州市、武进区两级政府始终将战略重点定位于石墨烯的应用研发，以研发带动企业孵化、带动企业集聚，以创新链为先导带动产业链，牢牢掌握区域石墨烯产业的主动权。小镇打造了以江南石墨烯研究院为锚机构的创业创新生态系统。研究院有效配置了政府的引导基金，吸引了天使投资基金，提供了研发场所和设备。江南石墨烯研究院是各类研究院、众创空间、孵化器、加速器和园区背后的关键“锚机构”，引导各类人才、企业、资本积聚形成石墨烯创业创新生态。小镇的资本纽带强化了创新链、产业链、上下游产业链的协同。政府对石墨烯产业的引导和扶持逐步让位于市场主体，上下游企业间、区域政府间、企业与投资方之间的利益逐步转向了资本的逻辑。石墨烯小镇建设是一次治理创新，也是一次创业创新生态的进化。常州西太湖科技城探索出了一套由江南石墨烯研究院与烯望公司合作搭建企业化、社会化产业创新发展平台的双载体模式。

参考文献

陈希希：《2018－2019 中国石墨烯发展年度报告》，中国经济信息社，2018。

黄芳芳：《常州石墨烯产业八年取经路》，《经济》2019 年第 5 期。

研究咨询部：《我国石墨烯产业园发展现状和建议》，http：//www.cdxcl.org/news_details.html? id＝4162，最后检索时间：2020 年 5 月 30 日。

朱程：《优势新兴产业如何持续领跑？——解码石墨烯产业创新的江苏样本》，https：//finance.sina.com.cn/roll/2019－03－19/doc－ihsxncvh3599795.shtml，最后检索时间：2020 年 6 月 18 日。

第七章

山南基金小镇：山中飞出金凤凰

这里曾经一度辉煌，因系南宋皇城所在地而著称。这里也曾经一度荒芜，因产业衰落后留存的废旧仓库和“脏乱差”的城中村而被人诟病。这里正在重新崛起，因成为一个能飞出金凤凰的“招财进宝”福地而再次扬名，这就是全国首个“金融+旅游”的4A级景区小镇——杭州玉皇山南基金小镇。目前此地已成为除上海、北京和深圳之外，中国最大的对冲基金聚集地。玉皇山南基金小镇的发展历程，是在特色小镇发展理念的指引下，地方积极探索产业转型升级和老城区边缘低效存量用地有效盘活的生动实践。

一　山南基金小镇的发展历程

在杭州市上城区玉皇山南的山脚下，一排排错落有致、别有一番江南园林风味的小院落镶嵌在层层叠叠的绿树中，这就是有“中国第一基金小镇”之称的杭州玉皇山南基金小镇。小镇所在地曾经是南宋皇城遗址的核心区。这里风景优美，闹中取静，北依玉皇山，南临钱塘江，东靠杭州的新CBD钱江新城，西望群山。谁能想到，此地20年前曾是以“脏乱差”著称的城中村和城郊接合部，昔日遍布此地的是废弃旧厂房、仓库、层次不高的农贸商贸专业市场。如今的玉皇山南正成为“招财进宝”的福地。山南基金小镇能有今天的样貌，是经过多次产业升级的探索蝶变后的结果。这一过程大致分为四个发展阶段。

本章是国家社科基金项目“基于外部性和专业化的区域一体化促进经济发展的机理研究”（编号：20BJL067）的阶段性成果。

（一）1993～2006年的杭州陶瓷品市场阶段

玉皇山南地区具有文化遗存密集、历史内涵深厚的先天优势，是杭城吴越文化和南宋文化的交汇地。改革开放后，这里曾是一个叫玉皇村的城中村，是以杭州陶瓷品市场为核心的石材初加工和仓储业区，辖区内有铁路机务段，还有大量的民居。杭州陶瓷品市场自1993年3月28日开业以来，辉煌时期曾有500多家著名陶瓷企业入驻，其中省市总代理、专卖店有200余家。陶瓷品市场曾是一个以杭州为中心、辐射全国的销售网络，是浙江省陶瓷卫浴界的源头市场，是全国最大的陶瓷集散地之一，在国内外有较高的知名度。不过，随着时代的变迁，在市场竞争的压力下，伴随着这里传统产业的衰落，建筑陈旧、布局散乱和基础设施残破等一系列现象渐渐成为突出的问题。

（二）2007～2009年的文化创意产业发展阶段

如何改变玉皇山南地区杂乱落后的局面，赋予地区经济以持久的发展动力，是一个迫切需要解决的难题。2007年，杭州市委、市政府做出了打造全国文化创意产业中心的重大决策。政府经过多次对比分析研究后认为：玉皇山南地区历史文化内涵深厚，环境优美，具备发展文化创意产业的先天条件，发展文化创意产业是促进当地经济转型发展的正确选择，因此提出了建设“杭州山南国际设计创意产业园”的规划，以发展文化创意产业全面带动城市有机更新，加快地区经济发展方式的转型步伐。玉皇山南被定位为一流的国家级建筑创意产业园区。经过两年多的规划建设，园区的发展真正实现了“以产业发展带动城市有机更新”的目标，原有废旧仓库被改建成为文化创意产业园区。在这一规划下，创意园区有非常高端的定位：中国建筑工程设计的优秀品牌基地；杭州设计的品牌基地；产业与城市更新结合的示范基地；建筑博览会；完整的公共服务区；复合型创意社区，配备建筑设计机构、雕塑工作室、艺术家工作室、建筑学校、大师楼等。为实现上述高端定位，杭州出台了多套揽才计划，吸引国内外顶级人才入驻。为了完善各方面的配套，当地对玉皇山南地区进行了全面的配套性整治，引入更多的商业和休闲场所。由此，玉皇山南顺利实现了第一次产业的转型升级。2009 年，园区产值近 10 亿元，实现税收 4000 多万元。与之形成鲜明对比的是，在之前的陶瓷品市场阶段，每年收取的仓库租金年产值仅为 800 万元，上缴税额仅为 40 万元。由以上的喜人数据可知，当地发展文化创意产业，较之以往发展陶瓷品市场，已经顺利实现了产业的升级，有明显的经济社会效益，转型升级让政府和百姓尝到了甜头。

（三）2010～2014年的文化创意 + 金融产业发展阶段

为何玉皇山南在短短的几年之后就进入了“文化创意 + 金融产业发展阶段”，而不是专注于发展文化创意产业？这里有一个过渡阶段。在文化创意产业的起步阶段，资金短缺是一个突出问题。2010 年，杭州市政府制定了《关于鼓励为文化创意企业提供融资服务的实施意见》等政策文件，创新性地推出无形资产担保贷款风险补偿基金、文创产业转贷基金等文创金融产品。为给园中的文创企业找到融资渠道，政府有意识地在园区引进了一批投资基金公司。浙江赛伯乐基金就是在这样的背景下入驻的。2010 年浙江赛伯乐基金成为首家进驻此地的金融企业。它的入驻一定程度上缓解了文化创意产业融资困难的问题。此后，一些私募机构、银行及券商，陆陆续续在这里建分支机构，从而促进了金融业在小镇的飞速发展。政府不仅体会到了“无心插柳柳成荫”的神奇，还开始思考园区金融业在这里究竟应该处于什么样的地位，政府慢慢地意识到金融业不仅可为文创产业提供附属配套功能，更有可能成为该区域的支柱性产业。于是玉皇山南地区正式启动金融企业招商，园区的第二次产业转型升级成为必然。2012 年 6 月，政府顺势而为，确立了把这里打造成以文化创意产业、现代金融服务业为主体的现代服务业集聚区。产业园的名称也相应地改为“杭州山南国际创意（金融）产业园”。

（四）2015年之后依托基金特色小镇的发展阶段

自 2015 年开始，玉皇山南基金小镇成功入选浙江省第一批特色小镇。借助浙江省特色小镇建设和浙江基金行业爆发式增长的东风，玉皇山南的发展驶入了快车道。从某种程度上讲，浙江基金产业的迅猛发展，是浙江民营经济发展到一定阶段后水到渠成的结果。小镇秉承了浙江省特色小镇的“四宜”特征（即宜居、宜业、宜文、宜游），在产业、生态、文化、社区、建筑方面特色明显。2017 年小镇成为浙江省首批 2 个命名的特色小镇之一。小镇通过整合山水、生态、文化、产业等资源，打造了全国首个“金融 + 旅游”主题的 4A 级景区小镇。区域内有四大公园、七处国家级文物遗址环绕，文化底蕴深厚，生态环境优美，兼具湖光山色、南宋风韵。未来，基金小镇将推出特色公园休闲游和金融文化体验游两条游线，呈现“一个小镇、三大街巷、三大公园、八大遗迹、九大展馆”的旅游格局。小镇规划面积 5 平方公里，其中产业核心区占地 3 平方公里，办公面积有 70 多万平方米。

（五）玉皇山南基金小镇发展大事记

2007 年，杭州市上城区启动“杭州山南国际设计创意产业园”的规划。

2008 年底，玉皇山南国际设计创意产业园启动建设。

2010 年 10 月，杭州玉皇山南国际设计创意产业园一期开园，30 多家企业入驻。

2010 年 11 月，赛伯乐（中国）投资入驻。

2011 年 10 月，产业园被列入杭州市“十二五”金融业发展规划。

2012 年 6 月，“杭州玉皇山南国际设计创意产业园”更名为“杭州山南国际创意（金融）产业园”。

2012 年 8 月，产业园获评浙江省现代服务业集聚示范区。

2014 年 1 月，诺贝尔文学奖得主莫言入驻园区。

2015 年 5 月 17 日，在杭州举行 2015 全球对冲基金峰会期间，玉皇山南基金小镇正式揭牌。

2015 年 6 月 5 日，玉皇山南基金小镇入围首批 37 个浙江省级特色小镇创建名单。

2016 年 6 月，小镇在浙江省特色小镇考核中获得优秀，同时被评为示范小镇。

2016 年 7 月 25 日，杭州金融人才管理改革试验区正式在小镇揭牌。

2017 年 5 月，与美国格林威治小镇签订友好合作备忘录。

2017 年 8 月 2 日，玉皇山南基金小镇成为浙江省首批正式命名的两个省级特色小镇之一。

2018 年 5 月，小镇正式被批准为国家 4A 级旅游景区，成为全国首个特色小镇类 4A 级旅游景区。

2019 年 5 月 25 日，深交所杭州基地正式落户玉皇山南基金小镇。

二　山南基金小镇发挥的作用日益凸显

五年来，山南基金小镇的作用越来越突出，小镇在集聚资源、带动实体经济发展、品牌影响力等方面的作用日益凸显。

（一）小镇形成了较强的资源集聚效应

改革开放以来，浙江省的民营企业大多分布在劳动密集型的、传统的、利润微薄的产业领域。随着时间的推移，民营企业出现的最大问题之一就是创新能力不足。这一方面是因为改革开放后的老一代企业家的创新能力不足，而新一代接班人出于数量、兴趣、能力等原因，在企业传承和创新等方面存在很多困难。与此同时，经过 40 余年的发展，以一般制造业为主体的传统产业产能已趋饱和。浙江传统产业中有大量的闲置资本，急需寻找好的增长点。新一轮科技革命的巨大机遇，为民营企业利用前期积累的资本、实现对传统产业的转型升级或者转向新兴产业提供了可能。在新兴行业中，处于初创期、成长期的创新型企业和高成长性企业需要大量的资金支持。实现传统产业资本和新兴产业中创业创新主体的匹配对接，就成为迫切的现实问题。传统产业的资本转向新兴产业，需要优质的项目、良好的通道、好的制度设计、好的平台。在这样的背景下，山南基金小镇的诞生可谓既有偶然性，也有时代必然性。小镇在合理实现社会闲置资本的集聚、升值、与实体经济对接等方面，能够发挥重要的作用。

山南基金小镇在发展的各阶段，都有明确的目标。2015 年底，在小镇建设之初，小镇制订了未来三年的计划，即集约化引进和培育 100 家以上并辐射带动周边 1000 家以上各类私募（对冲）基金、私募证券期货基金、量化投资基金及相关财富管理中介机构，管理资产规模超过 10000 亿元人民币。2015 年底的未来 5～10 年目标是，推动杭州市私募（对冲）基金机构数和管理资产额在全国省会城市占据榜首，推动浙江省私募基金机构数和管理资产额在全国省域经济居前列，将杭州打造成与上海协同错位发展、民间资本活跃的财富管理高地。

目前，小镇内形成了较强的资源集聚效应。在加速产业要素集聚方面，小镇内的股权投资类、期货证券交易类、资产管理类企业，已经逐步集聚并产生集聚效益。在加速高端人才集聚方面，围绕省区市三级关于推进小镇人才工作的指导精神，以杭州金融人才管理改革试验区为契机，通过出台金融人才系列扶持政策，以吸引国内外大量高端金融人才。在加速各类资本集聚方面，金融产业链上下游各类金融机构的入驻，加快了金融资本的集聚。集聚的资金来源，主要包括政府引导基金、各类母基金、银行保险等金融机构的资金，国企、民企、上市公司的闲置资金，民间个人的闲置资金等。

从表 7－1 数据可以看出，在 2018 年 8 月，小镇就基本完成了三年目标。另外，税收方面，截至 2019 年 6 月，小镇的税收已经累计高达 70 亿元。小镇能取得如此突出的成绩，离不开人才的作用。在吸引人才方面，小镇在不到一年的时间内就吸引了 2000 多名金融领域的高端人才。截至 2018 年 4 月，小镇已集聚 5000 多名金融人才。其中研究生及以上高学历人才 1736 人，海归人才 400 余人，2 人入选“浙江省千人计划”。源源不断入驻的优秀人才资源，已然成为小镇的核心竞争力来源之一。

表 7－1　山南基金小镇的三年目标及完成情况

到 2018 年底目标	历年的目标累计完成情况		
	2016. 10	2017. 5	2018. 8
入驻金融机构 2000 个	1010 家	1556 家	2722 家
总资产管理规模 1 万亿元以上，力争 2 万亿元	5800 亿元	8350 亿元	11200 亿

续表

到 2018 年底目标	历年的目标累计完成情况		
	2016. 10	2017. 5	2018. 8
投向实体经济 3500 亿元，力争新培育上市企业 180 家	1600 亿元，项目 759 个，扶持 79 家公司上市	3060 亿元，项目 930 个，其中投向省内 806 亿元，成功扶持培育 98 家公司上市	3800 亿元，项目 1418 个，支持 112 家企业上市

在完成三年目标的基础上，小镇有了更高的目标。2019 年，小镇管委会负责人表示，小镇计划未来五年内形成自我有机更新能力，并围绕“募投管退”产业链，打造私募产业良好的生态圈，让大家寻入驻、找项目、投资本，都首选玉皇山南基金小镇。

（二）小镇有力地支持了实体经济的发展

促进实体经济发展是金融的核心功能。私募基金在服务实体经济发展的过程中，有不可替代的功能价值。私募基金对未上市、未挂牌企业的股权投资，已成为私募基金支持实体经济的主要方式。私募基金服务实体经济，有直接投资于实体企业和间接投资于实体企业两类投资方式。直接投资于实体企业的活动，包括境内未上市和未挂牌公司股权投资、上市公司定向增发投资、新三板投资、新股发行投资、债券发行与债权投资，以及资产支持证券投资等，直接对接实体企业融资需求。间接投资于实体企业的活动主要指通过其他资产管理产品最终进入实体企业的活动，包括投资于公募基金、其他私募基金、未在协会备案的合伙企业份额、证券期货机构资产管理计划、银行理财、信托计划、保险资产管理计划等。

中国证券基金业协会发布的《私募基金管理人登记及私募基金产品备案月报（2019 年第 11 期）》显示，截至 2019 年 11 月底，协会存续登记私募基金管理人 24494 家，存续备案私募基金 81299 只，管理基金规模 13. 74 万亿元。正是这些数量庞大的机构和基金，共同构成了助推实体经济发展的一个重要引擎。2019 年上交所科创板及试点注册制的推出，极大地缓解了私募股权基金的“退出难”问题，为私募基金更好地服务科技创新和经济高质量发展带来了更大的发展机遇。玉皇山南基金小镇正是这一趋势中的弄潮儿。小镇重点引进和培育的是五大类私募基金，即私募证券基金、私募商品（期货）基金、对冲基金、量化投资基金、私募股权基金。

单纯的机构、资本、人才等要素的集聚只是山南基金小镇功能的一个方面，小镇在发展过程中，在系列政策的引导以及市场效益的激励下，非常注重“虚实结合”，充分发挥了金融对实体经济的促进作用。截至2019年10月末，通过玉皇山南基金小镇入驻的金融机构投向浙江省内的项目有527个，资金1473亿元，成功扶持培育112家公司上市。这些流向实体经济的投资，有1/3左右投向了省内，有1/2左右投向了省外国内，还有部分资金投向了国外的优质项目。

在2016~2018年三年计划的山南基金小镇1.0时期，小镇初步完成了金融机构和企业的规模化集聚。从2019年开始的山南基金小镇2.0时期，小镇试图在质量上下功夫，打造一条完整的“募投管退”产业链，形成私募产业的良好生态圈。在2.0时代，小镇将利用一系列活动，促进入驻小镇的公司在世界范围内，尤其是在省内开展资本产业对接，探索小镇资本与实体经济产业、高新产业集聚区、众创空间的对接机制。另外，通过与浙江省股交中心等平台合作，将探索私募基金LP份额或产品收益权质押转让退出平台。围绕基金退出平台，小镇将探索一套较为成熟的基金评估、交易流程，构建完整产业链服务体系。

（三）小镇树立了广泛的国际认同

山南基金小镇自建立之初就坚持国际品牌化运作。小镇与全球私募基金西湖峰会可谓形影不离。全球对冲基金西湖峰会，致力于打造中国最专业化、最精英化、最国际化的私募证券及对冲基金盛会。在2015年的首届全球对冲基金西湖峰会期间，山南基金小镇闪亮登场。峰会的国际化定位也体现了山南基金小镇的高端定位。目前，玉皇山南基金小镇已成为浙江省乃至全国私募基金人才最为活跃的地方之一，来自美国、英国等地的海外高端金融人才络绎不绝。随着小镇国际化步伐的不断迈出，小镇的品牌效应持续彰显。小镇作为“国际化”的品牌“走出去”，有利于企业在全球整合优势资源。

G20 杭州峰会期间，小镇吸引了部分参加 G20 杭州峰会和 B20 峰会的国外金融机构和中外媒体团的到访参观和好评。在 2017 年举行的第三届全球私募基金西湖峰会上，基金小镇与美国格林威治小镇签订了友好合作备忘录。2018 年，小镇积极拓展海外市场，携手美国格林威治小镇、英国华人金融家协会，设立了纽约、伦敦代表处，这可谓小镇从“名不见经传”到走向国际的华丽转变。2018 年 5 月，小镇成功举办西湖峰会“一带一路”中英投资伦敦论坛。在 2019 年的第五届峰会上，国企改革“双百行动”发展基金进行了签约仪式、深交所杭州基地签约落成、浙江省长三角资本研究院揭牌。

当前的山南基金小镇俨然成为中国最具代表性的世界级基金小镇。借助小镇极强的平台功能，小镇的国际品牌化运作对小镇内企业的国际化起了支撑和促进作用。基金小镇对标国际，促使顶层设计的层次更高了。很多企业表示，在入驻小镇之前，企业在做跨境并购的操作过程中，曾遇到很多波折，需要去当地银监、证监部门协调。小镇作为一个大的公共平台，借助国际化战略，可以为入驻的企业统一处理公共性事务，通过小镇这一强大平台的对外协商，企业的效率提升很多。

三　山南基金小镇的创建做法

山南基金小镇能取得这样好的成绩，是多方面因素共同作用的结果，也是对标国际基金小镇进行积极打造的结果。山南基金小镇从建设之初就对标美国格林威治进行建设，致力于打造中国版的“格林威治”基金小镇。素有全球对冲基金“大本营”之称的美国康涅狄格州格林威治小镇，虽然只占地 174 平方公里，却集中了数百家对冲基金，全美超过一半的对冲基金都选择落户在那里。“格林威治”小镇虽然只有 6 万人口，但人均收入高达 903 万美元，其资产密度位居世界第一。格林威治基金小镇成功的奥秘何在？

“区位好，环境好，配套好，政策好”是格林威治作为世界对冲基金之都成功的重要原因。区位方面，格林威治小镇距离纽约仅60公里，能够有效承接纽约金融核心的产业外溢。小镇周边还有三个机场，距离肯尼迪机场、纽瓦克国际机场有40分钟左右的车程，因此交通十分便利。环境方面，格林威治以水道、蜿蜒的乡村路、森林、草地和峡谷著称，环境优美，风景如画，非常安静。大多数对冲基金的工作人员都能步行上班，满眼尽是绿色。配套方面，小镇周边不但有著名的耶鲁大学、康州大学、费尔菲尔德大学等，还包括许多私立中学、小学等教育资源。此外，还营造了优美的生活配套环境，配置了娱乐设施、健康健身设施、心理诊所等，充分满足高端金融人士的需求。政策方面，政府给予了强有力的税收优惠政策。据了解，与纽约的对冲基金从业者相比，在格林威治的员工可以在个人所得税、房产税等方面有很多优惠。

如果说上述因素是格林威治基金小镇成功的重要原因，那么在玉皇山南基金小镇的打造过程中，在这些方面做了哪些努力？我们认为区位的选择、环境的打造、配套的跟进、政策的支持等是山南基金小镇成功必不可少的关键因素。

（一）区位的选择

山南基金小镇立足中国资本财富集聚高地杭州，距离西湖仅3公里，距离杭州钱江新城CBD仅6公里。从外部联系看，小镇距离杭州萧山国际机场只有半小时车程，坐高铁到国际金融中心上海仅需40多分钟。类似于格林威治与纽约的区位关系，杭州与上海距离上的接近，使得杭州与上海有着显著的同城效应，能享受上海的金融人才辐射效应。同时为避免竞争，小镇与上海重点推进的公募基金错位发展，小镇以私募证券基金、私募商品（期货）基金、对冲基金、量化投资基金、私募股权基金五大类私募基金为核心业态。

另外，对于基金小镇来说，“金融生态圈”很重要，随着众多行业资源的集聚，“私募金融产业链”日益完善。在小镇建设初期，地方政府就十分注重招引有知名度的私募金融机构，以龙头企业的带动作用，促进私募金融企业的快速集聚。随着浙江赛伯乐、敦和资管、杭州联创等纷纷入驻，以及湖畔山南资管、玉皇山南对冲基金资管、永安国富资管、财通资管、中信证券（浙江）等大型资管类公司的成功落地，落户在山南基金小镇的企业总管理规模正实现着快速增长。凭借龙头企业的吸引力，产业链上下游企业也不断充实完善，如永安期货一家企业就先后推荐了15家相关优质机构与小镇对接，部分企业已入驻小镇。完善的产业生态链既使产业更加集聚，又有利于小镇企业形成有效的互动合作。

（二）环境的打造

山南基金小镇内部和周边的大环境是一流的，这样优质的环境符合金融高端人士的需求。自然环境方面，小镇与人们印象中金融业坐落在高端写字楼的场景不同。基金小镇依西湖，俯钱江，实现了人与自然相融一体。在小镇中，亭台楼榭与现代产业实现了完美结合。基金小镇背靠玉皇山，南临钱塘江，坐拥四大生态主题公园，林木水系覆盖率70%以上。"朝闻稻花香，夜听蛙鸣声"是小镇生态的真实写照。人文环境方面，基金小镇承吴越、南宋千年历史文化遗韵，融陶瓷文化、工业文化、艺术文化、金融文化于一体。象征丰收与财富的五福牛成为小镇鲜明的金融文化符号。建筑特色方面，基金小镇保留原有建筑肌理，将建筑、景观、文化有机融合，打造出仿宋建筑、民国建筑、江南民居、新中式等风格迥然、形态各异的建筑群，步入小镇犹如进入了江南建筑博览园。由于具备这样优美的环境，小镇在2018年5月被评为国家4A级旅游景区。

小镇卓越环境的打造是政府持续努力的结果。下城区政府结合杭州市的"三改一拆"工作（即改造旧厂房、旧仓库、旧民居，拆除违法建筑）和棚户区改造工程，实现了拆违后土地空间的有效利用、改善了民生，也有力推动了经济转型升级。玉皇山南基金小镇的蝶变，是拆改红利充分释放的缩影。原来以陶瓷品市场石材加工仓储为主要功能的山南区块，向文创、金融、传媒等产业快速转型，同时提升了城市品位与面貌。政府在环境的打造过程中，多管齐下：在旧厂房改造上，把旧厂房改造成艺术设计展示中心，保持原有的建筑结构体系不变，按照花园式办公的理念，改善厂房周边的庭院环境，尽可能做到“一窗一景”。在旧仓库改造方面，修改建筑外立面，调整建筑内部功能，使得建筑、庭院、空间等具有中式传统建筑的特点，用现代设计从内到外演绎诠释“中式韵味”。在旧民居改造上，对历史地段进行了保护性修缮。对现有居民建筑，进行了综合整治，对农居实施了历史保护更新。

不同的产业对基础设施以及周边配套有不同的要求。当地政府为适应玉皇山南地区产业的转型升级，不断打造着与不同阶段产业相匹配的环境，实现了产业转型升级和城市的有机更新统一。由于私募（对冲）基金的行业特性对办公条件有不一样的需求，政府有针对性地规划一定数量的公共配套空间，为创业者提供开放式的办公环境。大量的违法建筑，都得到了有效的拆除，一个充满现代化艺术气息的基金小镇就此露出了雏形。

（三）配套的跟进

小镇内外良好的配套，是很多企业选择入驻小镇并迅速发展的重要原因。一方面，山南基金小镇位于杭州市区，可以尽享城市的各类公共服务。另一方面，根据国际化、精英型的金融人才的需求特点，政府积极做好“店小二”提供精准服务，小镇内部的软硬件配套设施也不断完善。

硬件配套上，基金小镇立足核心产业，为服务海内外人才，小镇的配套逐步走向国际化，先后打造了创投社区服务中心、行政审批服务中心、国际医疗中心、基金经理人之家等配套设施。具体而言：在网络配套方面，基于杭州的互联网优势，小镇的智能化特色非常明显。基金小镇的智慧化管理水平不断完善，小镇 Pre5G 建设，智能烟感、智能停车、智能抄表、智能路灯、无线 Wi-Fi、双路供网等实现了全覆盖。在医疗配套方面，邵逸夫医院与上城区政府合作成立了“邵逸夫医院杭州玉皇山南基金小镇国际医疗中心”。在这里，小镇员工可以体验到国际化的医疗服务医保结算。不仅如此，医疗中心对小镇外部也是开放的，通过采用“会员制”与“一般诊疗制”相结合的形式，不管是园区的工作人员，还是附近居民，都可以到医疗点来接受服务。在教育配套方面，玉皇山南基金小镇建设了一所国际化幼儿园和一所国际化中小学。通过积极引进合作品牌，小镇的幼儿园正努力建设成为一所高标准的国际化幼儿园。在娃哈哈双语学校，金融大佬们的孩子，在家门口也能享受到国际化的教育。国际化的中小学办学，将在娃哈哈双语学校的基础上，创办山南基金小镇配套的国际学校。另外，小镇配备的人才公寓、便利的公共交通等，满足了入驻金融企业的实际需要。

软件配套上，“一站式”行政审批服务中心的打造和生态圈建设不断完善。基金小镇引入和集聚了一批一流的税务、审计、律师事务所等专业化服务机构，共同助力小镇私募产业发展。此外，小镇还设立包含工商、国税等部门在内的一站式行政审批服务中心，实现了“办事不出镇、最多跑一次”。小镇还搭建了各种投融资信息交流、项目对接和产业母基金引导平台。比如，参照北京中关村“车库咖啡”模式打造升级版基金小镇车库咖啡；借鉴上海虹口的做法，设立相应的财政性扶持基金；借助社会力量筹建母基金，形成多方位、多层次的专项资金扶持体系。通过加强与省市政府产业引导基金的对接，吸引了优质金融企业入驻玉皇山南基金小镇，形成资本集聚效应。

（四）政策的支持

为推进小镇的高质量发展，政府推出了规模发展奖励、投资专项奖励、办公用房补助、税收优惠、专项扶持等一系列激励举措。

规模发展奖励旨在激励各类基金的集聚、形成规模。规模发展的具体奖励标准，按照创业投资基金、私募股权基金、私募证券基金、其他私募基金的类别，根据不同的规模量级进行不同比例的奖励。例如，对规模达到 1 亿元的创业投资基金，可按不超过基金规模 1% 的比例给予奖励；达到 2 亿元的，可按不超过 1.5% 的比例给予奖励；达到 5 亿元的，可按不超过 2% 的比例给予奖励。

投资专项奖励是为了激励创业、股权私募基金投资于杭州企业，尤其是杭州的重点项目或企业。办公用房补助是对管理机构、自营型私募基金购买或租赁自用办公用房的补助。例如，创业、股权私募基金投资杭州重点项目或企业的资金规模达到 1 亿元且投资期限已满 1 年的，可按不超过其投资杭州重点项目或企业资金规模 0.5% 的比例给予奖励；达到 5 亿元的，可按不超过 1% 的比例给予奖励；达到 10 亿元的，可按不超过 1.5% 的比例给予奖励。

税收优惠方面，为激励创投企业采用股权投资方式投资于未上市的中小高新技术企业、鼓励企业工商注册登记和纳税登记在杭州行政区域范围内等，小镇在营业税、企业所得税等方面，给予相应的优惠。例如，对创投企业采用股权投资方式投资于未上市的中小高新技术企业 2 年以上的，可按投资额的 70% 在股权持有满 2 年后抵扣创投企业的应纳税所得额；当年不足抵扣的，可结转至以后纳税年度抵扣。

专项扶持政策方面，根据企业的地方贡献程度、对本地实体经济和主导产业的投资情况，进行相应的项目资助和金融人才生活补助等。例如，对年地方贡献达到 100 万元（含）以上的企业，自形成地方贡献之日起五年内，按形成的地方贡献给予最高可达 100% 的项目资助。对年地方贡献不低于 200 万元的各类投资基金及管理企业中的金融人才，其取得的个人形成的地方贡献，五年内全额给予生活补助等。为鼓励各类投资基金支持上城区实体经济发展，投资财政级次在上城区且符合上城区现代主导产业的企业，按照其投资额度的 1% ~5% 给予项目资助，最高资助金额一般不超过 300 万元。

杭州玉皇山南基金小镇能有今天的样貌，是当地多次产业升级换代的结果。玉皇山南基金小镇不仅是基金行业积极进行国际接轨、实现基金行业高质量发展的重要平台，更是实现金融与实体经济良性互动发展的重要连接点。玉皇山南基金小镇的飞速发展，是顺应经济转型升级规律的结果，是顺应国际基金行业发展趋势的结果，是搭乘浙江省特色小镇政策顺风车及各级政府的配套政策综合作用的结果，也是浙江民营经济转型发展到当前阶段的必然产物。未来，玉皇山南基金小镇必将创造更好的成绩。

参考文献

郎凯行：《冲在金融风口杭州玉皇山南基金小镇巡礼》，http：//biz. zjol. com. cn/

system/2015/05/16/020654191. shtml，最后检索时间：2020 年 8 月 16 日。

余幼婷：《贯彻落实金融工作新要求私募基金积极支持实体经济发展》，http：//www. financialnews. com. cn/zq/jj/201711/t20171109_ 127445. html，最后检索时间：2020 年 8 月 16 日。

张斌等：《聚焦玉皇山南基金小镇：三年崛起写就“财富故事”》，http：//www. chinanews. com/fortune/2018/05 - 30/8526313. shtml，最后检索时间：2020 年 8 月 16 日。

杨慧峰、赵徐州：《山南水北创意天堂——杭州山南国际设计创意产业园以打造一流文化创意产业园为己任》，http：//szbz. hangzhou. com. cn/hzrb/html/2010 - 08/09/content_ 916675. htm，最后检索时间：2020 年 8 月 16 日。

同衡国际情报站：《玉皇山南：中国 NO1 基金小镇的建设运营经验》，https：//www. sohu. com/a/135034047_ 204078，最后检索时间：2020 年 8 月 27 日。

中商产业研究院：《浙江杭州市玉皇山南基金小镇项目案例》，https：//www. askci. com/news/chanye/20190619/1621441147943. shtml，最后检索时间：2020 年 8 月 29 日。

《浙江杭州玉皇山南基金小镇政策》，https：//www. sohu. com/a/290719825 _ 100224925，最后检索时间：2020 年 8 月 21 日。

第八章
艺尚小镇：未来设计之都

艺尚小镇位于杭州主城区东北角——临平新城核心区块，东连桐乡、海宁，北接德清，南与杭州主城、下沙副城相连，处于长三角城市群发展的核心位置，也在沪杭、环太湖、杭宁等发展轴的交会点上。

2004 年，杭州余杭附近形成了家纺行业完整的产业链。2017 年，亚洲时尚联合会中国大会永久会址落户艺尚小镇，标志着艺尚小镇带领杭州服装设计走出国门。2018 年，艺尚小镇被浙江省政府正式命名为省级特色小镇。

一　衣裳到艺尚

（一）发展历史

2000 年前后，“杭派女装”风行全国。位于余杭的临平新城占据了“杭派女装”80% 的产量。作为临平新城腹地的乔司街道更是“杭派女装”的重要加工生产基地。2002 年，余杭被国家认定为首批“中国家纺产业基地”和“中国布艺名城”，其家纺产业规模约占全国的 1/4。2004 年，余杭家纺企业间已经形成了完善的产业链。余杭拥有生产纱线原料企业 20 余家，1000 多家制造类企业，拥有世界顶级印染设备的印染后整理企业 30 余家，生产家纺成品类企业 10 余家。2013 年，余杭有家纺产业数千家，其中规模以上企业 147 家，拥有各类织机 2 万余台，从业人员超过 3.5 万人。2014 年，余杭区规模以上布艺企业 170 家，其中产值超亿元的布艺企业 35 家；全年实现工业产值 118.22 亿元，完成销售 116.67 亿元；新产品产值 31.6 亿元，同比增长 7%；出口 11.92 亿美元，占全区出口总额的 21.37%。

然而，加工制造是整个家纺产业链中附加值最低、用工最密集的环节，具有扩张容易收缩难的特点。近几年，不仅仅是杭州乔司街道，整个浙江乃至中国的家纺产业，无不进入“产能过剩”“库存高企”的状态，家纺产业供给侧改革迫在眉睫。

在经济发展新常态下，围绕产城人融合发展，余杭区委区政府以特色小镇建设为契机，通过产业结构调整、空间资源整合和发展形态引导，在临平新城核心区，以时尚产业为主导，打造一座完美融合高端设计研发、时尚创新人才集聚、时尚艺术文化传播、展示体验消费为一体的时尚名镇，铸就世界级中国时尚产业地标。

明确的规划是艺尚小镇成功的关键一步。艺尚小镇空间规划突出“一中心、三街区”格局。一中心是指东湖·文化艺术中心，三街区指时尚艺术街区、时尚文化街区及时尚历史街区。东湖·文化艺术中心作为艺尚小镇环东湖时尚产业中心，形成小镇时尚文化融合空间，为产业可持续发展提供内生动力。

“三街区”承载时尚展示、教育、传播、交流、发布、交易、金融和休闲等业态功能。时尚艺术街区引进中国·艺尚中心项目为核心引擎，发展世界级时尚产业总部集群，建立国际文化沟通纽带与价值桥梁，以时尚之名为杭州带来国际化动力。艺尚小镇将时尚文化街区打造成为传统格局与现代空间相融合、自然景观与步行街区相融合、文化内涵与功能业态相融合的高端设计师创意街区。时尚文化街区也是设计大师的群落、产业配套的集合、生活休闲的中心。通过建设创意秀场、孵化园区、品牌生活馆、主题街区，零距离服务企业与人才，打造国际化的生活样板区。

时尚历史街区继承杭州丝绸制造文明的优质基因，转型为时尚产业服务平台，从产业链的角度解决时尚产业企业运营的痛点，为企业提供品牌战略、专利战略、创意技术等多门类、全方位、可持续运营解决方案。截至 2017 年 3 月，艺尚小镇“一中心、三街区”空间格局里，已拥有服装企业区域性总部 12 家，设计师平台 11 家，服装行业金顶奖、中国十佳设计师 8 名，新锐设计师 300 多名。同时时尚历史街区也是小微企业成长空间、时尚产业链的有力支撑。传承“白墙黑瓦”建筑风貌，将 29 幢民居改造成众创空间，专注打造专业运营服务体系，百余家专业化企业提供

O2O 营销导流、电商云服务支撑、智能物流仓配、小微金融信贷等服务。

时尚文化街区作为小镇重要的自建部分，将汇聚国际时尚产业研发精英，以时尚全产业链为实战平台，引导时尚精英走向世界舞台。

时尚艺术街区作为企业总部的聚集区、企业转型升级的大舞台，通过引进中国·艺尚中心项目作为核心引擎，整合运营全球资源，以时尚产业为核心集合九大产业集群，融合创意、产业服务、购物、文化、游乐、居住于一体。

为了塑造一个具有国际范的时尚小镇，艺尚小镇采取了从国际化、互联网+金融支持、时尚文化多个方向升级的战略。国际化战略，引进来与走出去相结合，对接国际时尚理念，引入国际时尚元素，接轨国际时尚平台，提升时尚产业的高度。“互联网+”战略，最大限度整合资源，增添时尚产业的厚度和广度，突破小镇的物理空间约束，影响辐射全球。金融支持战略，整合各类金融资源，包括基金、银行及其他金融机构、金融投资机构等，为小镇优质项目提供强大金融支持力。“时尚文化+”战略，将大大扩展小镇时尚产业的内涵，最大限度鼓励跨界创新发展，最终引领消费流行趋势。

（二）艺尚小镇大事记

2004 年，余杭家纺企业已经形成完善的产业链。

2015 年，艺尚小镇进入浙江省第一批省级特色小镇创建名单。

2016 年，艺尚小镇成为浙江省时尚产业行业标杆小镇。

2017 年，艺尚小镇被成功列入全国首批纺织服装创意设计试点园区。

2018 年，艺尚小镇入围浙江省服装产业创新服务综合体。

2018 年，艺尚小镇被命名为浙江省级特色小镇。

二　走向设计之路

艺尚小镇以区域特色产业——时尚服装产业为切入点，依托电子商务

（跨境电子商务）开拓渠道、智能制造定制生产、时尚设计提升品牌实力，实现产品创新性供给过程中渠道、品牌、智造（消费者服务）互融互通，打造时尚服装产业发展创新创业生态系统。

（一）三管齐下聚人才

从 2015 年提出建设艺尚小镇至今，艺尚小镇已经在提高人才供给数量和质量上取得了突破，为今后余杭区的发展，乃至杭州大都市圈的时尚产业发展提供了动力。艺尚小镇从吸引创新型人才、培育创新型人才和留住创新型人才三个方面，提高艺尚小镇内人力资本的质量和数量。

1. 吸引创新型人才

艺尚小镇打造国际时尚人才集聚中心、国际时尚创意交汇中心、国际时尚产品领导中心三大中心。这三大中心承担了艺尚小镇的国际时尚教育功能、人才集聚孵化功能、众创空间交流功能、创意产品研发功能、国际时尚发布功能、时尚文化传播功能等六大功能，从而满足了创新工作者学习新知识、掌握新技能、交流心得体会，将创意构想变为现实，展示新设计作品，传播自己的设计理念的需求。艺尚小镇可以凭借这六大功能吸引创新型人才，同时大量的创新型人才也加强了这六大功能，这二者之间相辅相成，相互促进。

艺尚小镇不仅通过三大中心、六大功能来吸引创新型人才，还通过建设生活配套设施来满足创新型人才需求。2016 年伊始，总占地面积 593 亩的临平新城森林体育公园项目进场开工，网球、篮球、足球、棒球、科技体育等多种运动项目一应俱全，公园内还将建设网球学校和体育特色高中，另外建设配套的餐饮、娱乐等商业街区，提升临平新城宜居品质。按照计划，2016 年临平新城全年实施学校项目达到 14 个，其中包括新建和续建的幼儿园项目 9 个，其中新建项目总投资概算 2.1 亿元；小学项目 4 个，投资 4.5 亿元；为“国际范儿”做配套的北京外国语大学附属杭州外国语学校已经竣工，并于 2017 年 9 月开学。这些生活配套设施在城市功能层面所提供的休闲、教育、娱乐方面的功能，可以满足创新型人才日常生活学习需求。

2. 培育创新型人才

特色小镇的发展离不开技术人才，但是现有的技术人才并不一定就适合特色小镇的这种发展模式。所以不能仅仅依靠引入已经成熟的技术型人才，还需要尝试自己去培养技术人才。依托引入和培养两条途径，艺尚小镇能够满足对某种特定人才的需求。

时尚类技术人才是指从事时尚行业，且具有一定技术水平的工作人员。时尚类技术人员的技术性，使得他们的工作效率区别于一般工人，特别是在从事价值链顶端工作的技术人员，其从事的工作具有一定的门槛，需要长时间的培训才能胜任。时尚类行业的工作要求工作人员紧跟时尚的步伐。越是从事价值链上游工作的工作人员，要求越高，越是需要紧跟时尚前沿。正因如此，技术人才产生了不断学习的需求。

2018 年 7 月，中国服装设计师协会和杭州临平新城开发建设管理委员会，在杭州艺尚小镇设立中国服装设计师协会杭州培训中心，并就携手打造“中国时尚学堂”达成合作共建协议。2019 年 4 月，中国时尚学堂正式投入运营。中国时尚学堂是中国服装设计师协会在长三角地区设立的唯一时尚产业培训机构。中国时尚学堂由中国服装设计师协会培训中心全权运营。它位于艺尚小镇文化街区二期 A 区，总建筑面积近 560 平方米，有多媒体教室、服装工艺教室和多功能会议室等。

中国时尚学堂将提供面向公众的公共课程，还将针对临平新城产业发展的特点和特殊要求，提出针对性的解决方案。同时根据长三角区域内产业特点和市场需求，为企业开展个性化培训，组织开展与市场相对应的培训项目。

作为国内时尚领域第一家并且唯一由国家级行业协会开办、经国管局和教委批准注册的成人教育培训机构，中国服装设计师协会培训中心成立 26 年以来，一直致力于中国服装行业人才的素质培养和技能提升，已成为国内时尚行业专业技术培训、资格标准制定、品牌发展引导的权威组织。

中国时尚学堂的落成，将使得艺尚小镇直接享有中国服装设计师协会培训中心的经验成果和优势资源，通过公开体验课、初级课程、国际高端课程、论坛研讨、成果展览等形式，全面开展服装设计、电子商务、模特师资、品牌管理及营销等涉及产业链上下游的特色课程，最大限度地满足不同领域不同层次的人才需求。

中国时尚学堂还将搭建与中国国际时装周和中国国际大学生时装周等大型时尚专业活动的互通平台，把优秀设计师、品牌、企业和院校的原创成果展示推广，立足余杭临平艺尚小镇，为整个长三角地区的时尚产业发展做好服务工作，构建一个辐射全国、面向世界的时尚产业培训基地。

3. 出谋划策留人才

以余杭区人才新政十条为基础，艺尚小镇提出100多条产业与人才政策汇编要点，为余杭时尚产业专业领域的人才扶持提供政策依据。推出1.1万平方米的人才公寓，实行租房补贴政策，建立知识产权保护平台，为人才办事提供便利。艺尚小镇仅在2017年就推出人才新政十条，并预计每年安排6亿元资金用于人才专项支出。

作为培育创新理念的践行者，艺尚小镇通过空间的合理布局以营造人与自然和谐共处的氛围，并试图以这种氛围激励创新型人才的想象力。

艺尚小镇的时尚文化街区打造了别具一格的出彩·灵感艺术空间。艺尚小镇打造了传统格局与现代空间相融合、自然景观与步行街区相融合、文化内涵与功能业态相融合的高端设计师创意街区。建筑采用围合院落式、错落点条式小尺度布局外加长条式折线布局，从而获得丰富的、多层次、可自由分割的创意展示设计+商务办公体验。艺尚小镇还打造了集高端商务办公、精品酒店为一体的出彩·商务智享空间。温文尔雅的水乡竹韵与时尚因子在此碰撞。极具现代感的商务空间，在清新明快、现代简约的空间中，激发时尚精英超前的想象力与无穷的创作力。这样的设计使得办公空间给人的感觉不再压抑，有利于释放出创新型人才的灵感。同时，国际时尚创意交汇中心提供了创新型人才交流的空间。一个适合创新的环境外加一个便于交流的空间，这两者的结合产生了创新理念培育的摇篮。

截至2017年1月，艺尚小镇已入驻企业263家，其中纺织服装类创意设计企业90家，入驻设计师357人，其中纺织服装设计师269人，加拿大知名设计师ROZE，金顶奖设计师王玉涛，中国十佳设计师刘思聪、肖红、张义超、陆敏超等均在小镇开设工作室。截至2018年9月，艺尚小镇已引进以王玉涛为代表的国内外顶尖设计师 24 名，中国 188 名“十佳设计师”中的 13 名，签约网上设计师 611 人，时尚设计人才总量居中国同类园区首位。

（二）服务支持体系

艺尚小镇打造创新型投融资体系，助力小镇发展。艺尚小镇以引入产业基金、股权众筹、PPP 等融资方式，加大引入社会资本力度，以市场化机制推动小镇建设。例如，环东湖文化艺术中心融资项目是余杭区政府与城建集团和工商银行合作的 PPP 项目。

艺尚小镇引入意大利华夏、上海语境、中国联通、浙江东方集团、日本红木集团等第三方机构，为入驻企业提供专业的融资、市场推广、技术孵化、供应链整合等服务，使小镇成为新型众创平台。

艺尚小镇通过建立产业引导基金，引进银行、金融投资机构及其他金融机构来满足创新工作者在不同阶段的资金需求。其中，艺尚小镇通过产业引导基金来降低创新工作者从事文创类产业的成本，从而引导艺尚小镇的产业发展方向。

截至 2019 年 10 月，艺尚小镇共引进投资管理公司 17 家，入住时尚文化街区的有 12 家，增强了时尚文化街区的软实力。

艺尚小镇带动了政府职能转变，即由管理型政府向服务型政府转变。艺尚小镇在发展过程中始终坚持以企业为主体，市场化运营的观念。政府坚持有所为、有所不为，做好编制规划、保护生态、优化服务、不干预企业运营，摒弃“先拿牌子、政府投资、招商引资”的传统做法，引入有实力的投资建设主体，创新融资方式。艺尚小镇坚持政府做配套、市场做运营的发展观念，营造健康的营商环境，为企业发展增动力。

健康的营商环境是艺尚小镇产业生态链能够迅速构建的重要因素。“我们是最早一批入驻艺尚小镇的企业，感受到小镇和临平新城管委会的服务备至。”作为第一批入驻小镇的企业之一，杰客（杭州）JAC 服饰有限公司总裁李宝宏说：“企业解读政府政策往往不透彻，但只要有时尚产业相关政策出台，管委会人员就会亲自上门解读，助我们享受政策福利。”

以政策普及为例，临平新城管委会逐一与10余个部门反复沟通，按照资格条件、享受权益、文件依据等要素，汇编100多条产业与人才政策要点，并同步编制简版说明书。简版说明书为有意愿入驻艺尚小镇的企业和人才提供了入驻指南，减少了企业和人才因不熟悉相关政策所造成的损失。

截至2018年7月底，临平新城管委会为企业及人才实施服务累计613次，同时为入驻的重点企业提供外国专家证、区内落户、子女就读幼儿园等专业服务便利，第一时间解答企业人才政策需求。

“余杭各级各部门要充分发扬‘店小二’精神，全力做好各项服务工作，真正把余杭打造成为创业创新热土、科技人才高地、项目投资福地”，余杭区主要领导此前表态。

如果说政府“店小二”式服务让小镇在成长路上减少阻力，小镇内市场化团队提供的专业化运营，则为小镇的发展增智增速。

政府做“店小二”，运营公司负责艺尚小镇的市场化运营，是“专业人做专业事”的创新做法。杭州艺尚小镇运营发展有限公司正式成立于2017年，负责艺尚小镇内的人才引进、时尚产业链配套产业引进与税源培育等。

以招商流程为例，以前的艺尚小镇招商是由政府和企业沟通完成，并没有系统的流程体系。在引入杭州艺尚小镇运营发展有限公司之后，公司制定了招商标准化门槛和由调研初评、专业评审、权威终审、签约入驻及考核优化淘汰五个环节构成的系统化流程。

以此流程为指导，截至2018年9月，运营公司已成功组织召开四次专家评审会。由行业协会领导、服装品牌企业掌门人等组成的评审会专家，对预入驻企业及项目从行业影响力、未来前景等多维度进行考量。

截至2018年6月，26家企业参与并通过评审会，其中24个项目被认定为符合小镇的产业定位和发展导向，这些企业将在未来三年内为小镇带来超3亿元税收。截至2018年9月，通过运营公司的市场化运营，艺尚小镇文化街区一期入驻企业已全部开业，二期招商已基本完成；历史街区二期29幢民居近90%开业；艺术街区一期完成招商，二期26幢产业楼宇

2019年完工。

（三）时尚产业的创业创新生态

政府的细致服务、专业化运营增添艺尚小镇的魅力与竞争力。2017年，由浙江在线公布的《浙江省级特色小镇排行榜总榜单》中，致力于打造时尚行业创业创新生态系统的艺尚小镇位居榜首。艺尚小镇时尚创业创新生态系统由产研合作平台、校企合作、战略合作体系、时尚展示平台、电商产业体系五部分构成。

1. 产研合作平台

艺尚小镇通过与时尚服装协会、国际时尚学院、国内时尚学院、服装设计机构等达成合作，构建产研合作平台。产研合作促发展，优势互补促进步。科研机构所提供的研发、教育、检测等功能能够服务艺尚小镇内的企业主体，艺尚小镇内的企业主体也能够将科研机构所提出的创意产品化，两者通过其独特的功能相互补足，相互促进对方的发展，形成良性循环。

2015年艺尚小镇与中国服装协会、中国服装设计师协会、法国时尚学院、美国纽约大学时尚学院、英国圣马丁艺术学院等多个国际时尚学院结盟。艺尚小镇还与上海同济大学、北京服装学院、浙江理工大学合作，建立全国高校合作联盟，共同推进小镇的公共服务平台建设。2016年3月，浙江东方集团把下属时装打样设计中心、国家级服装检测中心分中心等服装设计机构引到艺尚小镇。

艺尚小镇通过与国际、国内时尚学院的合作，使其能够紧紧抓住国际、国内最新时尚潮流，根据最新的时尚动态推出合适的产品。艺尚小镇还能通过国际时尚学院来为小镇内的创新工作者提供优质的教育服务，提高创新工作者的创新效率。国际时尚学院也能借助艺尚小镇来检验其学生和研究人员的创意设计成果。艺尚小镇通过引入时装打样设计中心、服装检测中心分中心等服装设计检测机构，来提高小镇内服装企业的生产效率和产品的良品率，进而提高企业的竞争优势。

2. 校企合作带动艺尚后续发展

艺尚小镇搭建校企合作平台，通过校企双方合作实现资源共享、优势互补，进而推进杭州唯一一个以时尚产业为定位的特色小镇“艺尚小镇”的后续发展。

2017 年 3 月，入驻艺尚小镇的合集置和（杭州）文化创意有限公司与浙江理工大学服装学院、武汉纺织大学服装学院签约成立“时尚创新人才孵化基地”“教学实践基地”。在未来，校企合作双方将围绕企业用人需求、校企合作项目、创新人才基础建设等方面进行深入合作，促进服装专业应用型人才培养，为服装专业学生提供更多的实践、实习机会和创业机遇，补齐产业链短板、规避风险、彰显自我商业价值，进而实现社会层面上的创业带动就业，开创时尚企业与高校教学实践基地合作的新篇章。

3. 战略合作体系迎未来

2016 年 3 月余杭区政府与中国服装协会、中国服装设计师协会签署《战略合作协议》，共同推动艺尚小镇建设。

中国服装协会、中国服装设计师协会计划在小镇打造创新型示范基地、建立创新型公共服务平台、新锐设计师众创空间、中国时尚创意人才教育高地。品牌模式创新化发展等方面，中国服装协会、中国服装设计师协会通过整合相关资源，在艺尚小镇建立与主导产业相关的公共服务平台体系，构筑“云经济”时代下创新型的产业链生态系统，同时也将推进新锐设计师的产业化聚集，为国内的新锐设计师提供包括研发设计、供应链管理、品牌传播和宣传推广等全方位的支持与服务。在时尚创意人才培育方面，艺尚中心作为时尚学院项目发起方之一，将与两大行业协会一起联合国内优秀的服装企业与国际时尚学院参与，在小镇启动时尚学院的筹备工作，通过国际学历教育和短期培训的模式促进时尚创意人才的培养，为中国时尚产业的发展提供人才支撑。

2019 年 3 月，艺尚小镇还与韩国釜山设计中心签订战略合作协议，加快导入韩国时尚人才、企业。双方打通设计人才和时尚企业互通渠道，同时也促进中外时尚文化交流、产业共融。2019 年 5 月，艺尚小镇举行 2019 意大利设计师艺尚小镇推介会，中意双方围绕“一带一路”倡议，深入交流、洽谈合作、达成共识，搭建起共同推进时尚产业发展的重要桥梁。2019中意时尚峰会的举办，打开了通往意大利这个时尚大国的一扇窗，不仅让艺尚小镇看到了意大利时尚精神的魅力所在，也让意大利品牌代表、设计师看到了艺尚小镇推动世界时尚产业发展的决心和力度。意大利时尚工业联合会主席、意大利国家皮具制造商协会主席 Riccardo Braccialini 到访艺尚小镇时提到，希望与余杭区、临平新城、艺尚小镇探索更进一步的合作，引进更多优秀的意大利中小时尚企业，推动中意双方在时尚领域的合作交流。而今大步迈向国际舞台的艺尚小镇，兼具大格局、大情怀、大视野，国际化气质愈发凸显，为时尚产业国际化发展创造全新价值。人才、产业和城市互为内生动力，才有艺尚小镇越来越开放的未来。

4. 搭建时尚展示平台，为小镇发展添活力

艺尚小镇通过举办“亚洲时尚联合会中国大会”“中国时尚大会”“中国服装杭州峰会”“杭州国际时尚周”“毕业汇演活动”“艺尚小镇女神节”等活动，将艺尚小镇与杭州、中国乃至世界联系起来，提高艺尚小镇的知名度。同时，企业也可以借助艺尚小镇举办的各类活动，对外展示新产品，吸引来自全世界的目光。

5. 构建电商产业体系，促进时尚产业发展

2015年，作为艺尚小镇的重要配套项目，占地29.3亩的“555电商创意产业园”一期开园，吸引了120家企业入驻，集聚创业白领2000人，成为艺尚小镇“以电商促创业”的主要创新聚集地。在此基础上，艺尚小镇有更深远的构想：在现有“555电商创意产业园”基础上打造一批专业化电商楼宇，与中国服装协会就“中国服装行业电子商务创新战略研究计划”展开合作，打造世界时尚品牌跨境电子商务聚合中心，创建互联网时代下的世界级时尚高峰论坛，打造世界互联网形态下的品牌发布中心。

强化辐射带动。近则辐射，远则带动，小镇对杭州整个城东和临平副城的带动已经体现。截至2017年12月，艺尚小镇带动引进了一批项目，分布于开发区、附近街道、周边楼宇，近10个重资产的传统民营孵化器正在向重服务的众创空间转型。在更大的范围内，小镇将涌现的创业项目和投资机构正在渗透传统产业、改造传统企业，新产品新业态新模式层出不

穷，让余杭传统家纺产业焕发新的魅力，为区域经济发展注入了全新动力。受到艺尚小镇的影响，余杭区已引入深圳傲基、亿亨国际、中阿立购、浙江东方国际等46家大型电子商务、跨境电子商务企业，打造了一批电商楼宇和园区，为开拓产品渠道奠定坚实基础。

艺尚小镇凝聚了改革开放以来40多年的服装产业发展历程。在新的时代背景下，艺尚小镇跟随时代步伐快步向前。从产业发展驱动力来看，科技升级、互联网联结成为艺尚小镇未来的主要发展动力。从产业发展的内容来看，由生产导向转向研发、设计导向，对外输出中华文化内涵。从产业市场来看，由国内市场走向国外市场。在未来艺尚小镇的发展中，以"和而不同，融入世界"为方向，建设富有中国特色的服装产业和服装品牌；以"内生驱动，高质量发展"为目标，建设符合时代发展语境的中国服装产业新价值内核；以"链式发展，生态融合"为导向，建设富有联动效能的产业生态体系。

三　将杭州设计带向世界

以"时尚+"思维为引领，支持产业跨界融合，不断将其他高创意、高市场掌控能力、高附加、能引领消费流行趋势的产业和企业融入艺尚小镇时尚产业生态系统中。未来艺尚小镇将以各类时尚活动的举办为依托，打造成为时尚潮人圣地，由艺尚小镇发布的时尚创新产品就是优质和卓越的代名词。要把艺尚小镇打造成为浙江省乃至全国产业创新升级的智库，成为向高附加值、多品种、小批量、定制生产转型的制造企业最优质的服务平台。

（一）数据赋能提高生产率

《企业数字化转型报告》指出，在企业数字化过程中，虽然服装零售业将会受到一定冲击，但可能是所有行业中最受益的行业。创办于2001年的伊芙丽正是服装行业中数字化转型的受益者。

伊芙丽进行从商品企划到供应链保障的全方面的系统性改革。有“数”可依成为伊芙丽颠覆时尚行业的基石。伊芙丽通过使用月均、人均销售数据，不仅将客户划分为高频深度客户、高频浅度客户、低频深度客户、低频浅度用户四种类型，还通过大数据勾画出客户的喜好，然后再根据不同类型的客户采取不同的营销策略，从而实现精准营销；伊芙丽还通过“近 7 天试衣指数 Top20”分析了伊芙丽不同类型试衣次数的比例、不同颜色试衣次数、不同季度试衣次数以及各店铺试衣次数和转化率，再根据分析结果，策划、举办促销活动，减少库存。伊芙丽还可以根据 7 天试衣指数统计数据的具体情况，让门店导购成为引流点，提高转化率，改善用户体验，并以此作为伊芙丽新零售的主要探索方向和发力点。

伊芙丽的转型还带动了产业链上下游企业的转型升级。对于那些自己“转不动”的企业，伊芙丽还对其提出转型意见，加快了其生产速度。例如，以前一件呢料的生产周期是 45 天，经过伊芙丽的改造，现在缩短到 30 天。

2017 年，伊芙丽的生产车间安装了智能线。机器可以自动裁衣、制衣、出库。智能生产线启用后，可以减少 1/3 人工，整体生产效率提升 20%。伊芙丽董事长钱晓韵认为，数据采集，以及基于这些数据的智能决策，能够让企业更好更快地抓到潮流点和用户的痛点。截至 2019 年 11 月 12 日，伊芙丽成功借助转型升级，连续三年进入“双十一”天猫旗舰店全网 Top5 行列。

第三方企业入驻打通培训、设计、生产、销售环节，提供全产业链服务。浙江东方集团入驻临平新城艺尚小镇，对助力浙江省传统产业尤其是以服装产业为主的时尚产业转型升级、提升产品附加值具有极其重大的助推作用。由浙江东方集团及其从事进出口贸易业务的专业子公司、专业电子商务管理团队共同出资组建浙江东方海纳电子商务有限公司，开展 B2C2B 等跨境电商业务的发展，同时以该平台作为整合平台，收购和兼并区内外有一定发展潜力的跨境电商企业，通过模式创新和资源整合引领余杭区跨境电商发展。临平新城积极支持浙江东方平台及合作设立的子公司对接综试区相关工作，并协调做好相关政策落实和落地服务，协助配合浙江东方平台与综试区“跨境公共服务平台”的系统对接工作。未来，浙江东方将积极参与临平新城艺尚小镇的建设。目前，浙江东方已将下属时装打样设计中心、国家级服装检测中心分中心等服装设计机构设立至艺尚小镇，并将积极推动类金融板块中的融资租赁、基金、产融投资等公司与镇内企业开展产融结合、研融结合的业务。

（二）国际秀场展风貌

国际秀场是时尚展示、发布、交流、传播等活动的重要公共平台，也是国际国内时尚潮流聚集和时尚业界互动对接的重要载体。国际秀场举办包括杭州国际时尚周、蘑菇街订货会、国际少儿模特大赛、金麦奖颁奖盛典在内的时尚品牌发布秀、订货会、地产发布会、企业年会、行业盛典、模特大赛等多个高规格活动，为艺尚小镇内的企业提供了在家门口向杭州、全国乃至世界展示设计的平台。

2018 年 11 月 1 ~ 11 日，为期 11 天的杭州国际时尚周在艺尚小镇国际秀场举行。此次杭州国际时尚周以“现代美学概念”和“时尚生活方式”为核心定位，包含秀场发布、腔势展、时尚论坛、颁奖盛典 4 个部分。时尚周由浙江省服装行业协会、杭州市服装设计师协会主办，杭州临平新城开发建设管理委员会联合主办，浙江省服装行业协会设计师分会、杭州市文化创意协会等协办，艺尚小镇冠名支持。

杭州国际时尚周期间，在国际秀场外的下沉广场，聚集近百个优质女装设计师品牌 ODM（原始设计商）供应资源，以专业订货会的方式完美呈现，提供一站式平台服务。除此之外，下沉广场还融合创意市集、创意美食、植物花艺等众多时尚生活元素，以时尚周的腔调阐述生活美学的真意。国际秀场以对外展示的方式拉近了艺尚小镇内企业与世界的距离。

（三）跨境电商助力出海

政府部门的持续发力，也感召了一大批优质跨境电商平台争相入驻。2016 年，在艺尚小镇国际秀场举办的中国（杭州）跨境电商峰会现场，余杭区政府与中国国际贸易学会、阿里巴巴（中国）网络技术有限公司、万邑通（上海）信息科技有限公司、环球市场集团、浙江东方海纳电子商务有限公司、中国电子商务服务联盟等企业正式签约，汇聚各方资源打造跨境电商生态圈，为余杭品牌“出海计划”进一步拓宽道路。2017 年，艺尚小镇建立知识产权保护平台，促进配套服装的跨境电商“中央结算仓”，持续建设跨境电商辅助平台，助力艺尚小镇企业出海。

浙江海纳电子商务副总经理吕湧认为，销售的成功在于选品，而选品的基础是供应链。2018 年，余杭区政府成立浙江省服装产业创新服务综合体。浙江省服装产业创新服务综合体在艺尚小镇周围布局，从产业链、供应链、物流三个方面支撑艺尚小镇发展。

截至 2018 年 3 月，小镇已集聚创新型服装企业总部 31 家、时尚类企业 405 家。除蝶讯网外，还陆续引进全球设计师集成平台 D2C、国内最大互联网娱乐人才服务平台“美空网”等一批平台型第三方服务企业，将产业中的各环节串珠成链。

作为中国时尚新地标，艺尚小镇始终致力于将中国时尚推向国际舞台、融入国际潮流。小镇已引进“中国织锦大师”李加林、“中国时装金顶奖设计师”张肇达、“中国奢饰品第一人”张志峰等 24 名顶尖人才。他们用独具中国文化的设计语言，向国际时尚舞台发出最响亮的“中国声音”。2019 年 3 月，由经济日报社、艺术与设计杂志社联合主办的“设计中国”展览，在罗马国立当代艺术博物馆举办，小镇入驻设计师施杰携“诗简”品牌参展，以东方意象之美征服国际时尚界。同期，小镇入驻品牌“密扇”参展，站在全新维度传递了新东方主义的美学语言。6 月，“锦绣杭州 · 全球共舞——2019 杭州全球旗袍日”陆续登场法国巴黎、捷克布拉格、奥地利维也纳等全球 10 个城市，小镇入驻人才李加林大师的织锦独花旗袍压轴亮相“时尚之都”巴黎。

参考文献

陈潇奕：《艺尚小镇：重构时尚的想象空间》，《浙江日报》2018 年 9 月 13 日，第 12 版。

孔梓：《余杭打造国际先进家纺织造基地》，《瞭望新闻周刊》2004 年第 44 期。

李芳、张彦山：《家纺展上的集群展团》，《纺织服装周刊》2015 年第 34 期。

李晓慧：《余杭家纺转型可望也可即》，《纺织服装周刊》2013 年第 7 期。

董思怡：《企业数字化转型报告：四种类型企业与它们的数据运用现状》，https：//www.sohu.com/a/323043250_120053724，最后检索时间：2020 年 9 月 2 日。

王璐：《特色小镇产业生态链及其空间载体构建研究——以余杭艺尚小镇为例》，《小城镇建设》2016 年第 3 期。

攸宁：《让时尚离得更近，走得更远》，《中国房地产》2017 年第 11 期。

第九章
袜艺小镇：再亮“国际袜都”新航标

“袜艺小镇”的问世，与其说是一种刻意，不如说是一种必然。2005年，《洛杉矶时报》报道浙江绍兴诸暨大唐镇在与自诩为“世界袜都”的美国佩恩堡镇的竞争中占据上风。但是2004年10月，美国对中国进口的袜子实行配额限制。这使得从事袜业生产的大唐镇陷入困境。这场危机恰好给大唐镇一个转型升级、开发新市场的机遇。大唐镇开始鼓励和引导企业提升产品质量和档次，拉开转型升级序幕。2015年，大唐镇抓住浙江特色小镇建设机遇，尝试再立“国际袜都”新航标。

一　破立之间迸发转型发展新活力

（一）袜业困境

大唐袜业起步于20世纪70年代，生产方式以家庭手工作坊为主，主要贸易方式是集市零散贸易。袜业是诸暨市涉及面最广、从业人员最多、产业链最为完善的产业之一。大唐生产的袜子数量占全国生产总量的70%以上，占全球生产总量的1/3。2014年，大唐总共生产了258亿双袜子，如果按照全球70亿人口计算，那么每个人差不多可分到4双袜子。美国佩恩堡镇曾独霸“国际袜都”称号数十年，早在十五年前，大唐就让“国际袜都”成功易主。大唐目前是中国乃至全球最大的袜子生产基地，也是浙江省21世纪最具成长性的十大国际性产业聚集区之一。

多年来“低小散”的产业格局使得大唐袜业难以壮大，低廉劳动力、低端产品、低价竞争的“三低”传统路径严重制约袜业的发展。作为传统密集型产业之一的袜子产业，面临产能过剩、由劳动力成本上升而造成的生产成本飞涨、市场要求越来越严苛等诸多问题。同时也为了最大限度地消弭“10亿双袜子竟还买不了一架波音飞机”之类的尴尬，大唐袜业转型升级迫在眉睫。

（二）袜艺小镇大事记

20世纪70年代，诸暨大唐镇一带袜子产业开始萌芽。

2005年，诸暨大唐镇成为国际袜都。

2014年，诸暨大唐镇展开“六大专项整治”。

2015年，袜艺小镇进入浙江省特色小镇创建名单。

2015年，袜艺小镇建设袜业创新综合服务体。

2016年，世界袜业设计中心在袜艺小镇成立。

2017年，诸暨大唐镇入选年度中国产学研合作创新示范镇。

2018年，袜艺小镇进入浙江省特色小镇命名名单。

（三）袜业新生

2015年6月，诸暨市政府开始规划建设大唐袜艺小镇。

袜艺小镇，地处诸暨新老城区交接处，占据沪昆高铁、浙赣铁路和诸暨三环线的有利位置，是大唐镇的一个“镇中小镇”，距诸暨市区54.5公里，距上海211.5公里，距杭州66.4公里，距杭金衢高速入口5.3公里，距诸暨高铁站4.8公里，距绍兴北火车站54.8公里，距萧山国际机场66.3公里。

大唐袜艺小镇规划面积2.96平方公里，其中水面面积78亩，建设用地面积1162亩。小镇以“供给侧经济新模式”为核心，提出“重构袜业、重塑大唐”战略目标，以转型升级作为主线，推进经济结构、增长动力结构和增长方式的调整，从而达到“去产能、去库存、去杠杆、降成本、补短板”的目标。并提出“把大唐打造成为全球唯一的以袜子为图腾的一个特色小镇，力争成为全球最先进的袜业制造中心、最顶尖的袜业文化中心和全球唯一的袜业旅游目的地”的愿景。

截至2016年底，袜艺小镇已累计完成投资42.68亿元，其中特色产业投资33亿元，入驻各类企业617家，规上工业总产值94亿元，规模以上工业主营业务收入76亿元，限上服务业营业收入29亿元；新增“新四军”创业人员518名，引进绍兴“330英才”1名。先后被评为全省示范特色小镇和行业标杆小镇。通过特色小镇建设，大唐的转型升级找到新“跑道”，见到了新“曙光”。

袜业产业“脱胎换骨”。2016年，在袜子产量减少8亿双（2014年85亿双，2016年77亿双）的背景下，全镇实现财政收入8.7亿元，反而增长9.6%；当年生产总值82.51亿元，增长6.9%；新认定省级以上科技型企业20家，新增规上工业企业21家。两年累计获得发明专利28项、申报受理120多项，获得实用新型专利536项，申报受理1300多项。两化融合、腾笼换鸟、机器换人等被列入省级试点，新型工业化示范基地通过工信部评审，获评全国袜业知名品牌创建示范区，“大唐袜业”区域品牌荣登2016年中国区域品牌价值百强榜第13位，品牌价值340.63亿元，潜在价值627.95亿元。2017年1～8月，诸暨市311家规模以上袜业企业实现产值183.53亿元，同比增长18.2%；利润8.18亿元，同比增长23%。

（四）大唐镇新风貌

从外形来看，整个袜艺小镇的外部轮廓就像一只巨大的袜子。袜艺小镇的三个主要组成部分“众创空间、智造硅谷、时尚市集”分布其间。这三个空间的外形也类似于袜子的形状。

众创空间是袜艺小镇的创新创业区，也是全球袜业指数数据库所在地。众创空间将电商园、大学生创业园、中国针织原料市场、物流园区等项目紧密串联，构成袜艺小镇的电商群落生态区。

智造硅谷主要有海讯两创园、圣凯科技园、天顺精品园三大工业园区。袜艺小镇致力于将智造硅谷区域打造成全球最先进的袜业新材料研发制造基地、全球新型袜业产品开发生产基地、全球最齐全的袜业机械研发生产基地。

由袜业智库、滨水休闲文化长廊、艺术村落等功能区构成的时尚市集是小镇的智慧中枢和文化艺术旅游区。其中，袜业智库是袜艺小镇的心脏和发动机。

众创空间、智造硅谷、时尚集市三个区块分别以构建完善的设计、智造、销售功能为目标，引进相关企业机构。在产业内容上，三个区块都以袜艺为核心，结合自身功能定位，发展产业相关环节；在功能上，三个区块功能分别位于袜艺产业链上的设计、智造、销售三个环节；在空间上，三个区块缩短了各产业之间的距离，方便设计者、生产者、销售者之间的交流，及时反馈市场信息，安排新的生产计划。三个区块相得益彰、协同发展，共创大唐新风貌。

一部袜业史，浓缩了诸暨产业的来路；一双小袜子，凝聚着创业创新的内涵。2017 年 11 月，时任绍兴市委常委、诸暨市委书记张晓强说，近年来，诸暨全力打好转型升级系列组合拳，大唐袜业转型成为全省样板，“袜艺小镇”入围首批中国特色小镇，探索走出了供给侧小镇经济新模式，“国际袜都”迸发出了新的蓬勃活力。

二　重构袜业，重塑大唐

袜艺小镇在规划过程中，围绕特色小镇小而美、小而精的理念，紧扣“袜艺”主业，通过与诸暨市域总体规划、城市发展规划、大唐袜业发展规划等有机衔接，明确了产业、文化、旅游“三位一体”，生产、生活、生态“三生融合”，工业化、信息化、城镇化“三化驱动”，项目、资金、人才“三方落实”的建设规划；确定了以政府引导、企业为主、市场化运作的投资方案，统筹推进工业、文化、旅游、时尚等项目建设。通过产业平台的搭建，从智能制造、原料和机器研发、创意设计、品牌营销等环节，从微笑曲线的两端进行延伸，从做强“美丽经济”出发，到文化、旅游、生态和特色小镇建设相互结合、相得益彰。通过袜业制造与文化、艺术相结合，大唐镇着力打造融“智能、商贸、旅游、居住”等功能于一体的特色小镇。

（一）政府篇

常住人口与外来人口数量严重倒挂，是大唐镇进行整治之前的一大特点。常住人口数量约为3.1万，外来人口数量在高峰时期可达7.1万。大量外来人口聚集在仓库、厂房、居住场所“三合一”的企业内从事袜子加工，租住在群租房内。由此产生的消防隐患和治安隐患极大。根据2014年底的统计数据，大唐镇有1万多家袜子加工企业，平均每户人家就有一家企业。但是大唐镇的袜子加工企业产业基础薄弱，规模小，生产的产品主要为低端产品，这些特点使得其在市场上缺乏议价能力，只得低价竞争，从而导致了同质化竞争严重、效益低下等问题。

庞大的外来人口数量、众多的低小散企业和严重的同质化竞争这三个问题如同达克莫里斯之剑悬挂在大唐镇的头上，解决这三个问题一直是大唐镇悬而未决的一大难事。

2014年，大唐镇由外来务工人员引发的一件刑事类案件，受到了全社会的关注，迫使大唐镇做出改变。大唐镇政府下定决心“以治理促转型”，全面开展“六大专项整治”，对大唐袜业进行“刮骨疗毒”式整治。大唐镇政府按照“重构袜业、重塑大唐”工作思路，推出取缔无证经营行为，规范“三合一”生产经营户，规范个体税收征管秩序，淘汰燃煤锅炉四大专项整治措施，将低端产能比例大幅下调。大唐镇政府在流动人口管理层面，实施管实流动人口、规范出租房管理两大专项整治措施，提升社会治安管控能力。大唐镇府还通过“三改一拆”，在一定程度上减少了违章搭建、占道经营的现象。经过7个多月的专项整治，大唐镇全镇6500多家袜企中，彻底关停3203家，验收复工3143家，淘汰燃煤锅炉379只，排查出租房14895家，停租6033家，办理营业执照3206本，规范税收征管企业3306家，入库国地税4308万元。通过整治，外来流动人口减少了32%，刑事警情数同比下降25%，火灾数同比下降47%，矛盾纠纷数同期下降42.6%。大唐镇被评为绍兴市G20杭州峰会工作先进集体。

大唐劳动力市场作为诸暨最大的劳动力市场，每年都会有大批外来务工人员前来求职，高峰时期每天有近4000人。外来人口的频繁流动，给社会治安带来了不小的挑战。为保持专项治理成果，提供更加安全的环境、便捷的服务，诸暨市公安局抓住流动人口管理服务的“牛鼻子”，推出“安心租”App，寓管理于服务中。“安心租”App是一款集租房、招工、服务等为一体的新居民社会协同服务管理平台，为房屋租赁提供保障。民警对房东上传的信息从房屋性质、消防管理等方面进行审核，结合实地检查的方式检查必查项目，最后做出相应决定，即同意、需要整改或不能出租。在招用工方面，企业主也可以通过“安心租”App发布企业招工信息，民警对申报的企业也会进行相应的审核。除安全性得到保障外，找工作与租房一样，都能够通过最简单的搜索功能足不出户挑选岗位。“安心租”App将继续依托劳动力市场，打造集房屋中介、劳务中介、便利服务、预警研判于一体的线上线下一体化综合服务平台，真正将管理寓于服务之中，形成管理和服务互补促进的良好局面。

城镇面貌焕然一新也是大唐袜艺小镇综合整治的目标之一。大唐镇政府从袜艺小镇发展定位出发，围绕加快产业转型升级，促进产城融合，打造时尚潮流、文化创意、智慧智造的特色小镇等目标，制定集镇道路综合改造、袜艺小镇城市客厅、道路生态改造、袜艺入口广场、滨水休闲文化长廊、旧村落和旧厂房改造等工作计划，预计投资达10亿元。

通过卫生治理，环境脏乱差得到好转。结合小城镇环境综合整治，推进冠山溪滨水休闲文化长廊、三环线景观带、永新路美丽示范街、柱嵩精品村改造等项目建设。城镇面貌“焕然一新”。两年累计完成各类基础设施投资超5亿元，小城镇环境综合整治向纵深推进，一批道路、水利、能源、电力、排污等基础设施项目建成投运。“国家卫生镇”、“清三河”达标镇、“无违建镇”等创建项目相继通过省级审核验收。

紧扣“小城镇环境综合整治”契机，全面推进以袜子为图腾的小镇基础配套建设。完善交通基础设施。结合立面改造和线路综合治理工作，新建滨溪路、唐中路等4条道路和轻纺北路、商城路等4条道路延伸工程，开展城市次干道、主车道、非机动车道、人行道基面层的建设。主干道、次干道的大力改造和修建，根本性地改变了“大唐堵”的窘境，改善了集镇面貌。

围绕打造时尚潮流、文化创意、智慧智造的特色小城镇，按照产业、文化、旅游“三位一体”，生产、生活、生态“三生融合”的规划方案，提出“塑区、通脉、点睛”的整治框架，推进“美丽示范街、小镇客厅、镇容镇貌改造、入镇口改造、生态河道治理、公共服务设施改造”等六大工程，通过袜业制造与文化、艺术相结合，小镇环境面貌呈现新的气象，一个融“智造、商贸、旅游、居住”等功能于一体的现代化特色小镇正逐步形成。

为保护环境综合整治成果，2017 年大唐镇政府制定出台了《大唐环境卫生综合整治督查考核办法》，明确了考核指标内容，实行环境卫生综合整治管理责任制，定期开展环境卫生检查。同时，以镇党委书记为总路长，各班子成员各包一条路，由路长负责对道路沿线的环境卫生、乱堆乱放、占道经营等定期进行巡查。

大唐镇还探索建立了新的管理制度。向外来人口、新入户人口等，告知城镇公约，并签订做好环境卫生、车辆规范使用等方面的承诺书。对集镇管理不到位的企事业、商业单位，由小城镇整治办牵头公安、市场监管、卫生监督、交警、综合执法等部门，对单位负责人进行集中约谈，共同提升集镇环境秩序。

（二）产业篇

袜艺小镇围绕“人才 +”，实行“创新 +”和“创意 +”战略布局，打造袜艺创新高地。

袜艺小镇通过设立“111”人才引进工程，解决人才瓶颈，实现“人才 +”发展。“111”人才引进工程，即至少与 10 所以上高校签订战略合作，至少引进 100 名艺术家定期进驻大唐开展活动，至少转化应用 100 项设计成果或专利。袜艺小镇充分借助各类论坛、大赛活动，以“袜艺”会友。目前上海东华大学等 25 家高校已与袜艺小镇达成战略合作，并会派遣服装设计专业的研究生定期前往袜艺小镇研究创作。

袜艺小镇建设新平台，为引进人才提供支持创新服务，实现“创新 +”发展。袜艺小镇建成启用纺织袜业技术研发中心、袜业产品质量检验中心、林业产品质量检验中心、袜艺产品创意设计中心、科技成果转移转化中心、纺织人才教育培训中心，为广大纺织袜业企业在线人才培训等方面提供科技创新服务。袜艺小镇搭建由姚穆、庞国芳两位院士领衔的院士工作站和浙江纺织袜业科技创新服务平台，引进徐步高、杨小渝两位海外英才，聘请高勇、胡金莲、徐卫林三位学科团队领衔专家。2015～2017年两年中引进的人才累计申报获得浙江省科技厅纵向课题2项，浙江省科技进步奖三等奖1项，与企业签订技术开发、技术转让等技术服务项目16项，引进技术成果5项。2017年1～10月，已确定高新技术企业培育对象2家，省科技型中小企业认定15家，完成科技成果转化2个，完成技术市场交易额2000万元。

袜艺小镇开展校企合作，实现“创意＋”发展。诸暨市政府与中国纺织服装教育学会合作，联合27所高校，成立“1＋20”合作联盟，共建创意设计基地，打造世界袜艺设计中心，组织建设校地合作云端人才库。围绕袜业转型升级和袜艺小镇建设目标，袜艺小镇邀请国内外纺织类、艺术设计类相关人才，开展以袜子视觉设计、形态设计、功能设计为重点的联合攻关，辅助袜业企业解决研发、设计、生产等各环节中遇到的技术问题，并将优秀成果转移到企业进行产业化，成为引领全球袜业创意设计新的风向标，推动袜艺小镇实现“创意＋”发展。

大唐镇政府在建设袜艺小镇时，一改传统的“先拿牌子、政府投资、招商引资”思路，采用“政府引导、企业主体、市场化运作”的新模式，实现“金融＋”发展。

袜艺小镇构建新型投融资平台，建设金融服务中心，通过资本引导、创业辅导、创新孵化、股权众筹等投融资新模式促进企业融资与有效运行，提高项目开工率。袜艺小镇还通过引进朴盈、景仑景富、鸿泰嘉富等基金投资公司，辅导企业资金管理，设计资金对接路径，规范法人治理结构，提炼企业核心竞争力，进行风险识别与制定控制措施等一系列工作，提高企业竞争力。诸暨市政府设立产业引导基金，发挥财政资金杠杆效应，带动社会资本，助力企业发展。诸暨市政府建设天津股权交易所诸暨运营中心，推进袜艺小镇综合配套PPP项目等，降低小镇运营成本和企业交易成本。

袜艺小镇结合自身产业优势，在诸暨市工业经济30条的基础上，专门出台大唐镇工业经济发展系列政策，2016年、2017年、2018年三年累计奖励企业3000多万元。

诸暨市政府鼓励袜艺小镇内的企业创建品牌，从而提高产品附加值、品牌知名度和知识产权保护力度，实现“品牌+”发展。

诸暨市政府制定《诸暨市“十二五”驰（著）名商标发展规划》《诸暨市“十二五”名牌发展规划》等品牌战略，在政策、资金等方面给予创牌企业一定的扶持、倾斜。诸暨市政府还规定拥有中国驰名商标，浙江省、绍兴市著名商标的企业，其驰名商标、著名商标的价值，可作为企业无形资产对外投资。

诸暨市市场监督管理局在诸暨市政府出台的相关政策基础上出台《关于支持大唐“袜艺小镇”加快建设的若干意见》。市场监督管理局在鼓励入驻企业自主创牌、增加产品无形资产价值的同时，将加大对侵犯入驻企业的注册商标、企业名称、商业秘密等违法行为的查处力度，有效维护公平竞争的市场秩序。

为更好地帮助袜艺小镇内的企业创建品牌，诸暨市市场监督管理局大唐分局建立企业定点联系制度，为企业提供上门服务；将《创牌指南》编印成册，供企业学习借鉴；组织企业负责人赴外地考察，实地感受品牌规模效应；举办创牌培训班，邀请品牌专家和上级部门的负责人到大唐做讲座，帮助企业提高品牌运作策略等。

工商部门还夯实品牌基础工作，建立商标品牌四级培育库和商标数据库，抓好品牌“储蓄”。对新设企业给予从“出生”开始的步步指导，从商标注册、商业秘密保护到袜子品质定位全面服务。对于在册企业，有品牌发展意向的，可纳入品牌发展培育库，逐步培育其为诸暨市著名商标、绍兴市著名商标、浙江省著名商标、驰名商标；对于品牌意识不强的企业，通过扩大宣传、入企指导，逐步提升其品牌意识，为袜业智造添上品牌羽翼。

诸暨市政府为实现袜艺小镇企业又好又快发展，通过出台要素、服务、安全三方面政策为企业在大唐袜艺小镇的健康发展保驾护航。

一是要素保障。政策方面，重点鼓励优质企业入驻发展，设立1000万元专项扶持基金，对企业给予入园、进度、孵化、壮大、招商、引才等奖励。金融方面，重点帮助企业解决融资难、融资贵问题，积极向国家发改委申报全国首批投融资模式创新小城镇试点。盘活存量土地资源，优化空间集约利用。

二是服务保障。创新行政服务“一窗受理”机制；对千万元以上项目实行“工商注册、项目立项、规划许可、施工许可、竣工验收”全程代办服务；对符合准入承诺标准的工业投资项目，实行“前置审批承诺准入与统一服务有机结合、土地审批出让与设计开工许可同步推进、项目开工许可与竣工验收联合服务”的“零审批”优化操作程序。

三是安全保障。建立“网格化 + 信息化”社会治理综合防控体系，实现土地管理、环境卫生、安全生产等监管全网融合；重视两链风险防范，尽最大努力保障辖区内企业平稳发展。

（三）袜艺生态篇

自2014年以来，大唐镇以“六大专项整治”为起点，通过机器换人、腾笼换鸟等措施，加快推进袜业产业转型升级，使大唐袜业从扎堆式的块状产业成长为技术配套齐全、产业链完整、产品系列丰富、拥有区域品牌和创新研发能力的产业集群。在此基础上，大唐镇政府以建设袜艺小镇为重点，以延伸原有产业链条为核心，打造智造硅谷、时尚集市、众创空间三个区块，形成从研发、打样、新品发布、成品制作、检验检测到销售较为完善的产业链，打造总部型、品牌型、上市型、高新型、产业联盟主导型“龙头企业”，力争培育国际知名品牌，开发旅游观光体验项目、实现“互联网 +”与工业经济深度融合，构建袜艺产业生态圈，全面提升袜艺小镇的产业格局，进而使得袜艺小镇突破传统产业瓶颈。

智造硅谷作为袜艺小镇的智能制造功能区，通过建立智慧工厂及产业链的重组分工，提升大唐袜业制造业的智能化水平。智造硅谷主要分为海讯两创园、圣凯科技园、天顺精品园三大块。海讯两创园旨在打造全球最先进的袜业新材料研发制造基地。圣凯科技园致力于打造全球新型袜业新产品开发基地。天顺精品园计划打造全球最齐全的袜业机械研发生产基地。

时尚集市是袜艺小镇的智慧枢纽和文化旅游区。时尚集市建成启用包括袜业创新服务综合体、WA 空间艺术中心、智能站、匠心坊、博物院、互联 E 家和美丽街等功能区在内的袜业智库，加速袜业产业新旧动能转换。袜艺小镇将袜业创新服务综合体建设作为引领袜业改造提升和特色小镇建设的重要引擎来抓，围绕传统动能修复与新动能培育两大主题，坚持“市场需求、政府引导、体制创新、基地承载、集群发展”的原则，积极构筑“创意设计、高层次人才服务、科技服务、金融服务、大数据服务、外经外贸服务、品牌与知识产权维护、双创空间、袜业纺织研究服务”九大体系功能，构建“创意 +”“创新 +”“互联网 +”“资本 +”“人才 +”等六大发展模式，为袜业产业集群内的各中小企业提供技术创新、产品创新、业态创新等创新服务平台，实现创新链、产业链、资金链“三链一体融合”。

时尚集市结合小城镇环境综合整治，推进冠山溪滨水休闲文化长廊、城市三环线景观带、永新路美丽示范街、柱嵩精品村建设等项目。截至 2018 年 12 月，城市三环线已全面贯通，袜艺广场、滨水休闲长廊、三环线景观改造、旧厂房改造、城市家居系统等项目已完成初步建设。

袜艺小镇深挖大唐文化，通过“文化 + 产业”“文化 + 旅游”“文化 + 社区”等多种形态，把袜子的时尚元素融入小镇景观，打造全球唯一的以袜子为图腾的特色小镇。例如，袜艺小镇融入唐小艺、唐小乐卡通形象，把旧厂房改造成为袜艺主题广场，把旧袜机、废锅炉变成特色装饰品。袜艺小镇打造大唐袜艺文化体验馆，展示大唐袜业文化历史及未来趋势，将 4000 多年来袜子的演变通过多维馆藏与“场景故事”的艺术形式展现出来，将书法、诗词与影像、视觉、声音、装置等现代艺术碰撞，大胆跨界探索袜子蕴藏的独特文化内涵和现代美学价值。

众创空间是袜艺小镇的创业创新功能区。对于有梦的创业人士来说，众创空间营造了“天时、地利、人和”的创业环境，帮助实现“人才”与

“财富”的巨大张力。众创空间包括电商园、大学生创业园、中国针织原料市场、物流园区等内容。在电商营销方面，袜艺小镇在政府的引导下搭建电商园，并引进淘宝大学，培养电商销售专业人才，为中小企业省去开拓电商领域的精力。袜艺小镇还通过构建区域性多式联运中心和物资集散中心，为发展第三方物流、电子商务供应链体系夯实基础。

袜艺小镇将继续围绕“国际袜都”新标杆，按照“优中间、活两端”的思路，加快制造业“两化融合”“机器换人”步伐，加速构建科技研发、创意设计和市场营销、文化旅游新体系，助推“国际袜都”从“量变”向“质变”提升；加强大唐袜业区域品牌建设，争创中国时尚袜业流行趋势发布基地、全国新型工业化示范基地和省级生产性服务业平台建设示范点；致力打造全球最先进的袜业制造中心、最顶尖的袜业文化中心、唯一的袜业主题景观空间和唯一的袜业旅游目的地。袜艺小镇将继续治理转型主阵地，以 2.87 平方公里“袜艺小镇”为载体，巩固“六大专项整治”成果，做好转型升级文章，全面推进“四换三名”工程，规划实施一批产业引领、文化创意、大众休闲等重点项目，全力打造一个融工业、文化旅游于一体的功能区。袜艺小镇还将继续打造创业创新大舞台，积极向上争取、借势借力，不断激励和引导各方面创业创新的积极因素集聚大唐，使“大众创业、万众创新”的氛围更浓、力量更强、成效更好。

三　“国际袜都”新航标

从普及袜类历史的博物馆到处于世界前沿的研发基地，从线下的袜类批发大市场到线上的天猫旗舰店、B2B 商业平台，从快捷酒店到精品民宿项目，袜艺小镇所涵盖的产业的广度和深度达到了大唐建镇以来前所未有的程度。这也是袜艺小镇的成立给作为国际袜都的大唐所增添的色彩。大唐人积极利用袜艺小镇所凝聚的各类资源，部署创新创业，扬起国际袜都新航标。

（一）互联网资源对接促使商业贸易模式转型

大唐镇的年轻人在走出大唐之后，辞职回乡，重操父辈卖袜子的旧业。但是与父辈的摆摊、开店的模式有所不同，大唐的年轻人抓住互联网机遇，将卖袜子的店铺放到了网上，实现袜业与互联网的初次融合。

互联网销售模式是袜业与互联网的再次融合。为了取得更多的线上销售额，需要通过推广来获取流量，然后将流量转化为销售额。大唐的年轻人通过网络学习教学视频和吸收他人在贴吧上分享的关于如何做好推广的经验，大大提高推广的效率，降低推广成本。大唐年轻人根据目标群体偏好，设计相关内容的产品包装和页面，根据网上的销售量及时调整。大唐年轻人的做法推动了袜业与互联网的再度融合。

大唐电商园实现袜业与互联网的深度融合。在大唐袜艺小镇的电商聚集区里，上百个年轻的互联网袜业贸易从业者共享资源与经验。从业者可以在 QQ 群和微信群里共享商品或是消息，尽可能地在最短的时间内满足从业者对商品的需求，尽可能避免发生缺货情况。在 QQ 群和微信群里，从业者之间还分享培训与技巧。大唐电商园拉近了袜业电商贸易从业者之间的距离，从业者之间互通有无，共同发展进步。与电商园区紧密相连的物流园区则在物理空间上缩短了电商从业者与物流行业从业者之间的距离，使得二者可以更好地沟通，缩短商品的运输时间并减少商品在运输过程中的损耗。

袜艺小镇还提供了例如房租第一年免 85%、第二年免 70%、第三年免 45%、第四和第五年免 15% 的优惠创业条件，吸引大唐人和大唐外的人在大唐创业，开辟袜业电商的新航道。

1. 智能智造提升企业利润

2008 年全球金融危机引发的金融寒冬使得袜业生意变得越来越难做。欧元贬值、美国和东南亚达成自贸协定等外部环境与严重的低价竞争等内部环境的叠加，使得大唐镇的袜业企业的订单量和利润都有所下降。缺乏谈判筹码，没有定价权以及极低的利润、迫使大唐企业寻找出路。2015 年袜艺小镇的建设，尤其是袜业智库的设立，成功地为这些谋求生路的企业开辟了一条道路。袜业智库主要为袜艺小镇内的企业提供材料研发、设计、新机器、品牌传播、培训等商品或服务。袜业智库推动企业由制造走向智造，由模仿到原创，由销售到营销。

2. 拥抱数字化，实现高质量发展

中国针织原料市场联合中国纺织工业联合会流通分会、中国化纤经济信息网、阿里巴巴浙江产业带等机构单位，建设“一网、二平台、三中心”体系，即中国针织原料交易信息网，功能新型材料展示平台、跨境电商交易平台，针织原料价格指数发布中心、O2O 互动体验购物中心、云数据仓储管理中心；围绕打造总部经济，架构线上交易、线下体验销售模式，凝聚大唐镇针织原料市场优势，吸引国内外针织原料品牌加盟。

卡拉美拉在原创的基础上采用数字化手段从商品、视觉、内容、推广、服务 5 个方面进行全面部署，颠覆了袜业企业的传统运作模式。通过数据化运作和扁平化管理，卡拉美拉成为同类全网利润最高的品牌之一。2018 年卡拉美拉“双十一”销售额达到 1500 万元，同比翻一番。

3. 工业旅游丰生态

袜艺小镇落实工旅结合、城乡统筹、产业联动、资源整合、品牌提升和区域合作等战略举措，构建精品化、特色化、高端化的国内知名工业旅游景区。袜艺小镇创造性地打造与袜艺小镇产业功能区完美融合的“一心、三带、四区”的布局。

一心是指旅游服务中心，也是大唐袜艺小镇旅游板块的核心。袜艺小镇利用原有弹簧厂厂房高大、独特的内部空间，安排袜艺小镇总体介绍、体验式袜艺制作、袜业奥特莱斯等项目，具有为游客提供旅游咨询、休闲娱乐、购物、休息停留等服务性功能。

三带是指文化休闲体验带、创意体验带和智造观光带。文化休闲体验带串联休闲娱乐、文化体验、特色购物等旅游资源；创意体验带由电商园、大学生创业园、袜业智库等构成；智能观光带则是依托现代科技园区打造的智能制造工业观光景观带。

四区是指智造观光区、文化休闲区、创意游览区和袜业商贸区。智造观光区，以参观袜业企业现代生产的工业游为主要游览内容，通过工业观光和科普教育来展示大唐先进的制袜技术。文化休闲区，以休闲功能为主导，集中打造具有休闲娱乐、旅游服务、文化展览、文化创意、商业购物等综合功能的文化休闲。创意游览区，以创意设计、大学生创业孵化和“互联网+”为主导带动产业升级。袜业商贸区，是大唐袜业交易基地，也是长三角地区购物旅游新景点。

猎马人作为大唐袜业龙头企业代表，是大唐工业观光的先行典范，展示先进的制袜技术。为了充分满足游客对袜子生产过程的观光需求，猎马人对厂房内部进行一定规模的改造，开辟游客专用通道。游客可以在猎马人观看“原料生产－袜子的生产－染整－定型－包装－营销－物流”制袜生产全过程。猎马人提供观光、学习、游览等服务。

袜艺小镇对特色民居实施改造，并适当新增独具当地民居特色的仿古建筑。袜艺小镇在冠山溪北侧建设强调慢生活理念的慢生活历史街区。该街区主要包含袜艺旅游特色产品店、特色民宿、特色餐饮、酒吧、咖啡馆、茶馆等休闲娱乐功能，为游客和本地居民提供休闲购物场所。

博览中心安排博物馆、艺术沙龙等内容。博物馆展示袜业历史、未来的发展趋势，普及袜业制造相关知识，介绍袜业品牌、与袜业相关的典故。艺术沙龙可举办产品发布、艺术展示、创意论坛等大型活动，是未来大唐袜业与外界交流的活动平台。该平台为游客提供科普教育、文化展示等。

袜艺小镇充分利用工业景观资源和商业景观资源，打造集工业观光、特色购物、文化体验、科普教育、商务考察以及休闲娱乐六大功能于一体的袜艺工业旅游基地。以大唐袜业为核心，展现大唐袜业工业发展、凸显由袜业生产延伸出的“袜艺文化”以及袜艺文化衍生品，打造“宜游宜购”“工业游和购物游”并重的旅游景区。

（二）袜子是生活的一部分

袜艺小镇挖掘文化历史脉络，打造大唐袜艺文化体验馆，展示大唐袜业文化历史及未来趋势。小镇将4000多年来袜子的演变通过多维馆藏与“场景故事”的艺术形式展现出来，将书法、诗词与影像、视觉、声音、装置等现代艺术碰撞，大胆跨界，探索了袜子蕴藏的独特文化内涵和现代美学价值。

在袜艺文化体验馆内的童心寄语墙，展示了袜子是如何与儿童的生活紧密联系起来的。在袜艺小镇有两个著名的从事童袜专业化生产的企业——童袜王国与卡拉美拉。童袜王国在袜艺小镇美丽街设立亲子互动区以及袜子娃娃 DIY 手工制作，打造亲子互动旅游点，以达到袜业品牌与父母孩子互动体验、娱乐购物的目的。童袜王国在袜艺小镇袜业智库区打造了一座南瓜车雕塑的蓝白色小城堡展厅。一个有故事的王国，一双有故事的袜子，是童袜王国创始人的梦想与实践。

卡拉美拉则是针对儿童心理，设计了 5 个动物形象，小白兔、小熊猫、小狐狸等，它们各有自己的性格和兴趣爱好。卡拉美拉以此让袜子成为宝宝的伙伴，穿出快乐心情。

卡拉美拉还创设公益项目，通过袜子设计创新联结企业与社会，体现企业的社会责任。

2015 年，卡拉美拉启动了“一只可以画画的盒子”创新公益项目，把包装袜子的礼盒设计成可以画画的界面，向西部欠发达地区儿童发放袜子送温暖，邀请小朋友在盒子背面画画进行回赠，通过互动增强沟通，避免单向单一的捐献，设计团队收集当地孩子作品中的图像元素进行研发设计，诞生了累计销售 200 多万双的爆款童袜。

2016 年 12 月，卡拉美拉在浙江农林大学举行了大型校园公益活动——“做一回父母的设计师”，吸引了 300 多名师生积极参加。学生在纸上画画，或是写上一句祝福的话语，设计图将由卡拉美拉进行私人定制成袜子上的图案，最后把袜子寄给他们的父母，让他们的父母收获一份惊喜和感动。活动的成功举办引起了包括网易、凤凰新闻网等国内多家媒体的争相报道，也给卡拉美拉的设计带来了全新的活力。

参考文献

蒋建云：《严整治强特色促转型全力打造中国特色小镇标杆》，《纺织服装周刊》2017 年第 15 期。

李芳、魏永杭：《诸暨袜艺小镇被正式命名为特色小镇》，《纺织服装周刊》2018年第36期。

李芳、张彦山：《创建袜艺小镇，加快产城融合 大唐镇党委副书记、镇长王其军谈特色小镇建设》，《纺织服装周刊》2017年第37期。

宋文杰：《镇域特色小镇瓶颈突破之路——以诸暨袜艺小镇为例》，《小城镇建设》2016年第3期。

徐潇青、吴飞坚、蒋建云：《“国际袜都”大唐：建特色小镇促产业转型》，《杭州日报》2016年7月26日，第E11版。

第十章
东方美谷：专注美丽健康产业

东方美谷是什么？东方美谷不是一个简单的具有物理边界的园区，也不是一个仅仅为了实现产值的产业项目，而是一个以上海市奉贤全区为载体、与“美丽健康”概念相关的产品轴、服务轴、产业轴“三大坐标系”构成的“三维立体产业体系”。

相传孔子弟子言偃曾来此地讲学传道，后人为“敬奉贤人”，而称之为“奉贤”。奉贤区位于上海市南部，南面杭州湾，北依黄浦江，区位优势明显。随着制造业和现代服务业的蓬勃发展，奉贤不断明晰自己的产业定位，逐渐成为上海先进制造业的重要承载区与大健康产业的核心承载区。2015 年末，奉贤区正式提出了建设“东方美谷”的设想，就是在整合美容化妆品、生物医药等产业的基础上，进一步聚焦占地少、投入大、产出高、发展好的美丽健康产业。

一　“东方美谷”到底是什么

“东方美谷”到底该如何理解呢？奉贤区的领导给出了答案，此概念可以从狭义和广义两个角度来理解。从狭义上看，它只是一个与“美丽健康”概念相关的“三维立体产业体系”，由产品轴、服务轴和产业轴三大坐标系构成。从广义上来看，则是一个秉持“跨界以至无界”理念，由多种产业分支相连接的“美丽健康产业联盟”。该联盟以美丽健康产业为核心，包括总部经济、文化创意、旅游休闲、电子商务、体育运动、金融服务、时尚产业、奢侈品等跨界产业。东方美谷的发展是个不断转型升级的过程。它的前身是农业产业园区，经过艰辛的探索和发展，拥有了当前的定位和面貌。

（一）从农业产业园到高新技术产业园

“东方美谷”核心承载区的前身是农业产业园。在成立的早期，该园区就将目标定位在发展高端农业，引进了许多的农产品精深加工项目，一大批国家级农业龙头企业纷纷在园区落户。农业项目受天气、市场、供销等因素影响大，具有很大的不稳定性。尽管这个园区的面积非常大，但是产值、附加值和税收都非常低，园区的效益比较差，发展的空间也比较有限。

随着上海奉贤新城建设的推进，用地面积越来越大，园区面积从原来的18.49平方公里减少到5.95平方公里，这也对园区的发展提出了新的挑战。面对如此严峻的发展态势，园区不得不调整发展的思路，优化园区的产业结构。经过认真的研究，园区管委会决定对园区内的落后产业进行淘汰，鼓励发展总部经济，吸引新的业态进入本园区，盘活园区的资源，增强土地的单位面积产值。

经过一系列的努力，该园区逐步由农产品的精深加工转向了生物医药产业和配套的生产性服务业。这些转变，极大地提高了园区的经济效益和技术含量，增强了企业的创新能力，具有了高新技术园区的特征。

（二）东方美谷是什么?

一是由产品轴、服务轴、产业轴组成的“三维立体产业体系”。

产品轴主要由研发、生产、包装、销售等环节组成。在上海，有253家化妆品企业，其中有65家在奉贤，占到了全市的1/4。奉贤的化妆品品牌已经达到了3000多个，形成了比较完整的美容化妆品产业链，基本实现了产品门类全覆盖。当前，在全国市场上，每四片面膜中就有一片来自奉贤，可见奉贤产品的影响力。服务轴则主要由检验检测、营销策划、品牌推广等配套功能构成。现在，奉贤区已经与上海出入境检验检疫局合作，大力推进奉贤检测中心建设。双方将在检疫监管与服务、贸易便利化等五个方面展开合作，复制推广自贸区经验，力争在东方美谷打造一个国家级进出口化妆品检测实验室。如今，这里产品的检验周期比原来缩短了半个月以上，真正实现了出口产品“零等待”。在产业轴坐标建设上则要形成一个多层次立体系统。该系统以产品展示、用户体验、美容护理、医药保健、贸易流通、互动咨询等业态为基础，并在“产品+服务”方面进行应用拓展和价值链延伸。

二是以美丽健康产业为核心、多种产业分支相连接的“美丽健康产业联盟”。

东方美谷所构建的美丽健康产业联盟，主要是实现美丽健康产业与总部经济、文化创意、旅游休闲、电子商务、体育运动、金融服务、时尚产业、奢侈品等跨界产业相融合，不断延伸拓展价值链。经过前期的努力，东方美谷已经初步实现了“领军人物、领袖企业、领航产业”的集聚。美丽健康产业的门类主要有生物制品、血液制品、药物研发、药物生产、诊断试剂及基因检测、医学检验、医疗器械、生物芯片、生化装备等。在这个产业联盟中，既有奠定区域产业发展基础的龙头项目，如伽蓝、莱士、上生所、药明康德等；也有一批发展潜力巨大的中小型企业，以云健康、亿康基因、慧渡、源奇、泰因、谊众、歌佰德、博玛医疗、视雰生物等为代表。这样的产业团队，具有引领效应明显、成长潜力突出、层次结构清晰的特点。

同时，东方美谷企业集团股份有限公司（以下简称“东方美谷集团”）非常重视产业配套服务，将其作为园区的重点工作来抓，积极构建配套服务体系。园区工作人员已经达成共识，将在技术引进、扶持创新、研发孵化、产品加速、融资服务、市场引导、商务配套、上市辅导等方面进行全方位的服务。

在产业研发平台方面，主要由研发转化平台、检验检测平台、科技孵化平台、金融服务平台和商务服务平台等组成。东方美谷的研发转化平台比较高端，包括院士专家服务中心、上海奉贤生物医药技术转移中心、东方美谷研究院等。在检验检测平台方面，除了建立东方美谷检验检测有限公司专门开展检验检测业务之外，还积极与上海纺织研究院检测公司、奉贤区计量所等单位进行深度合作，为入驻园区的企业提供专业的检验检测服务。在科技孵化平台方面，通过搭建奉贤区科技创业服务中心（国家级孵化器）、张江奉贤园国际医疗器械企业加速器等专业企业孵化平台，完善平台孵化功能，为小微企业发展提供帮助。在金融服务平台方面，建立、引进金海小贷公司、南郊担保公司、企业创新发展基金、上海奉贤生物医药接力基金等金融服务平台，为生物科技企业提供投融资服务。在商务服务平台方面，建立东方美谷人力资源公司、东方美谷企业服务公司，为企业提供专业的人力资源、商标代理、财务管理、体系认证咨询、政府政策代理等综合性增值服务。

三是全区域覆盖、全功能整合、全产业配套、全要素服务的“都市产业生态圈”。

东方美谷的目标不只是要形成产业联盟，不只是在生产上发力，而且要形成全区域覆盖、全功能整合、全产业配套、全要素服务的“都市产业生态圈”。这就意味着，东方美谷所涵盖的范围不是奉贤的某个开发区、某个街镇，而是将整个奉贤区720平方公里的面积都纳入进来。从某种程度上也可以认为，这是在全区发展美丽健康产业，全区所有的关于美丽健康产业的企业都属于东方美谷的范围。从这个角度上来讲，可以认为东方美谷是个产业型社区，在此区域范围内集中了整个产业。

“东方美谷”的核心承载区定位非常明确，就是要实现美丽健康产业的集聚发展，可以概括为“1+1+X”。第一个“1”是指要全力推动以“化妆品生产和生物科技产业”为核心的美丽健康产业发展；第二个“1”是指全力推动以“总部经济、研发设计、检验检测、营销策划、展览展示、文化创意、电子商务、金融服务、人力资源”等为延伸的生产性服务业发展；“X”是指全力推动旅游休闲、体育运动、时尚产业、奢侈品等跨界产业发展，加快推进“新技术、新产业、新模式、新业态”培育，推动产业规模化、集群化、高端化、国际化发展。

在东方美谷，生物科技产业是产业核心，是主要的发力点，也是园区实现区域经济健康持续发展的基础。园区将产业发展重点瞄准了生物科技产业，在增大规模、打造品牌、促进合作、吸引人才、建设配套设施等方面下了很大的功夫，也花了不少的心思，巧借东风，顺势而为。根据奉贤区委、区政府要求，东方美谷集团正在对生物科技园区制定整体转型升级规划。生物科技园区正在发生从园区向城区的蜕变，不久的将来，这里将成为美丽健康企业宜居、宜业之地。

为了展示建设成果，“东方美谷”在核心承载区专门建设了东方美谷时尚中心。该中心围绕“启梦、寻梦、追梦、筑梦、圆梦”的主题进行布局，是集时尚文化、人才孵化、品牌策划、商务咨询于一体的综合时尚服务平台。

东方美谷时尚中心是一个大型综合时尚服务平台。它全面对接美丽健康产业，可以满足企业及品牌转型发展的需求，可以在这里获得时尚文化、教育培训、品牌发布、商务咨询等服务。如果按照功能进行划分的话，这里大致分为时尚人才孵化中心、品牌新品发布中心、论坛沙龙活动中心、时尚名人交流中心四大核心区域。时尚人才孵化中心主要以时尚和美颜经济为核心，打造复合型时尚人才，它会根据个人的能力进行分类，然后制订个性化的培养计划。品牌新品发布中心将新品展示、品牌推广等功能融为一体，充分满足品牌方的推广、传播及个性化需求。论坛沙龙活动中心用于组织开展时尚沙龙、主题论坛及研讨会等相关活动，同时为合作伙伴提供场地及相关服务。时尚名人交流中心积极引进时尚文化界具有一定影响力的大师、名家参与时尚中心平台建设，增强东方美谷时尚中心品牌影响力。东方美谷时尚中心将引进行业经验丰富的超模老师，并融入中国传统文化教育，培养复合型时尚人才。

当然，时尚中心不只是展示的承载体，还与所在的金海社区紧密合作，打造员工的生活园区。如果希望最直观地、最迅速地了解“东方美谷”，那就到时尚中心来，这里有详尽的介绍。当然，这里也有非常适宜的居住、生活环境，是“东方美谷”人才的栖息地。

（三）东方美谷大事记

2001 年，成立上海奉贤现代农业园区。

2004 年，被农业部命名为“全国农产品加工业示范基地”。

2006 年，被列为上海市清理整顿保留开发区。

2007 年，被列入首批经市政府批复同意的工业用地前期开发主体名单。

2009 年，分别被国家发改委和国家商务部及科技部列为“国家生物产业基地”以及“国家科技兴贸创新基地（生物医药）”。

2014 年，奉贤区提出发展“美的产业”。

2015 年，奉贤区正式提出“东方美谷”概念。

2017 年，上海市政府颁发《关于上海美丽健康产业的若干意见》。

2017 年，奉贤区被授予“中国化妆品产业之都 · 上海东方美谷”称号。

二　“东方美谷”行动策略与体系构建

“东方美谷”的核心承载区是上海奉贤经济开发区生物科技园区。该园区的前身是成立于 2001 年的上海奉贤现代农业园区。该园区是上海市九大市级开发区之一，也是上海市首批启动的四个市级园区之一。2004 年 10 月，该园区被农业部命名为“全国农产品加工业示范基地”。2006 年，该园区被列为上海市清理整顿保留开发区之一，位列 2007 年首批经市政府批复同意的工业用地前期开发主体名单。园区占地 20 平方公里，由生产型服务业功能区和生物医药产业功能区两大板块组成。2009 年，该园区分别被国家发改委和国家商务部及科技部列为“国家生物产业基地”以及“国家科技兴贸创新基地（生物医药）”。

（一）定位规划与产业发展的再提升

“东方美谷”概念的产生、规划的制定不是一下子就完成的，而是经过了长期的酝酿、思考和谋划。

奉贤区的领导认为，奉贤区在上海的地位一直以来就比较尴尬，主要是自己的显著度不够，提到奉贤不能让人立即想起它的特征，产业定位不是很明确。

上海对每个区产业定位的要求是“一业特强”，比如浦东新区重点发展高新技术产业，金山区重点发展石化产业，宝山区主打钢铁产业，闵行的名片是“航天闵行”，松江区在推进电子信息产业，嘉定区主力发展汽车产业，等等。这些区都拥有国家级、市级产业园项目，这些园区的知名度很高，具有显著的地域性特征。而奉贤区一直处于摸索状态，找不到明确的定位。

2014 年，奉贤区下定决心，要确定一个能够代表该区产业发展的名字。奉贤区的领导干部在讨论的时候，从该区的优势出发，然后深化要发展的方向。许多人认为，在奉贤比较集中的两个产业是化妆品和生物医药，若把这两个产业组合成一个体系，该称为什么呢？有人说可以叫“美丽产业”，但是又感觉不太合适，很多产业都在追求美，不能仅仅限定在这个产业上。尽管，产业不能这样称呼，但是“美”字被注意到了。后来，又有人提出，化妆品追求的是外在美，生物医药代表的是健康，可以认为是内在美。所以，这个产业可统称为“美的产业”。

之所以在产业后面加一个“谷”字，恰恰说明了奉贤人的决心和信心。奉贤的领导干部认为，美国硅谷是世界高科技的代表，在一个狭长的山谷中形成了良好的产业链条、生态。美谷的目标是培育出一大批具有全球影响力的高科技技术公司，发展成为一个具有举足轻重地位的产业聚集区。有了“谷”这个定位后，奉贤区的领导干部感觉“奉贤美谷”的名头不够响亮，影响太小，不如称之为“中国美谷”。后来，又有人提出，如果中国美了，以中国人口和世界影响力，那么世界就肯定美了。中国处于世界的东方，不如称为“东方美谷”，这样可以更泛化，也更有想象的空间。所以，也就有了现在的这个名字。

奉贤的产业定位具有宏观和微观上的优势。从宏观的层面来看，党的十八大报告中提出了建设“美丽中国”的宏伟构想。“美丽中国”的含义非常广泛，包括生产和生活、物质和精神的许多方面。要想建成“美丽中国”，肯定需要美丽健康产业的大力支撑。近年来，国家大力扶持生命健康医药产业的发展即是明证。从微观层面上来说，上海是东西方文明的交汇地，一直在引领时尚。美丽健康产业的发展，不管从风潮的引领，还是技术上的支持，大城市都具有更明显的优势。而上海一直被称为“时尚之都”，处于引领的地位。奉贤处于长三角地区的优越位置，也是多种文化的汇合之地，自身也有着良好的产业基础和传统积淀。所以，奉贤将美丽健康产业作为自己的发展目标，既符合宏观的国家发展趋势，也有自己的地理优势，还有广阔的市场空间。

2014 年，为了更好地建设“东方美谷”，奉贤区的相关负责人拜访了中国日化协会的领导们，请他们指点一二。在交谈中，日化协会的领导表示，目前中国还没有哪个区域拥有“中国化妆品产业之都”的招牌。因为，要想拥有这个牌子，需要满足许多条件，不是随便哪个地方都可以达到的。从产量上来说，最多的当数广东；但是品牌最多的是上海。既然称之为“都”，那就既要有量，又要有质，两者缺一不可。再者，“都”也不是随便能够说出口的，要有一定的引领性，有一定的优势。上海作为闻名世界的海派城市、时尚之都，具有相当的优势。日化协会的领导希望奉贤能够通过多年努力，把这块金字招牌捧回上海。回到上海以后，负责人就向区里领导汇报，并表态一定要通过三年的努力，让国家行业协会把这个标杆树到奉贤来。这也算是给东方美谷的发展做了一个阶段性的评价。

三年来，奉贤区就以行业的最高标杆来发展美谷。在多方的积极努力下，2017 年 9 月，奉贤区被授予“中国化妆品产业之都 · 上海东方美谷”称号，成为全国唯一获此殊荣的区域。奉贤取得了该领域全国第一块，也是目前唯一一块“金字”招牌。

（二）特种行业监管创新和政策扶持

在刚开始的阶段，东方美谷只是从产业发展的角度，希望在量上有大的突破，比如加大招商引资的力度，吸引数个行业的龙头企业等。经过一段时间的发展，发现该思路具有局限性。如果要打造一个国际化的产业标杆，只是有量还不够，还需要有更高端的战略定位，也要进一步明确发展的方向。所谓定位就是研究东方美谷要发展成为什么样的国际品牌，实现的路径是什么，需要做什么样的工作。

从 2016 年下半年开始，奉贤区对现行政策进行梳理和研究，希望能为产业的发展争取到更好的条件。经过研究发现，可以在非特殊用途化妆品的备案上进行政策突破，需要市级部门的大力支持。因为，该类产品的备案决策权不在市里，需要到国家部委去申请。如果以奉贤区的名义去申请，则有很大的难度。所以，东方美谷的特强产业要想获得大的发展，必须从市级层面入手，集中全市的力量向国家进行申请，争取各方面的支持。

从2017年初开始，在奉贤区委、区政府的领导下，管委会与市经信委做了许多沟通工作，充分交流了双方的想法。在市经信委的大力推动下，许多部门都进行了提前介入，一起帮忙研究政策。市发改委、商委、海关、国检局等相关部门经过半年的努力，对初稿进行了十余次的修改，最后出台了支持美丽健康产业发展的“十三条”，即《关于推进上海美丽健康产业发展的若干意见》（沪府发〔2017〕67号）。这个政策的出台是东方美谷走向世界的关键一步。如果没有多项资源的集中，没有市里的大力支持和帮助，东方美谷的发展将会遇到更多的问题，发展前景更加不明朗。

这个文件的出台也离不开相关企业的大力支持。在市级部门的支持下，奉贤区走访了几十家美谷成员企业，倾听企业的心声。然后，与部门的要求在政府服务平台上对接、聚焦，不断地对政策进行调整、测试。为一个地区的产业进步专门出台文件，这在上海产业发展史上是不多见的。针对一个才显露头角的产业出台单独的扶持政策，这也是优化营商环境、促进产业发展的典型案例。

文件的出台明确地发出了两个信号，一个是表示市级层面的高度重视，将美丽健康产业作为市级产业发展的重要方向；另一个是对奉贤区工作的高度肯定，说明前段工作取得了成效。这个文件的出台，不只是给了奉贤区很大的支持，而且意味着将东方美谷作为一个重要的平台、载体，引领全市的美丽健康产业发展。这个文件明确了东方美谷在国家层次的定位，也详细规划了上海发展美丽健康产业的路径，为东方美谷的发展创造了良好的外部环境。这个文件出台之后，奉贤区进行了认真消化和学习，并将其作为当前和今后一段时间工作的重要指导。奉贤区希望以文件的出台为契机，促进东方美谷的发展，奠定其在美丽健康产业的地位，实现奉贤经济的腾飞。

（三）平台化推进的产业支撑体系

奉贤区委、区政府为了更好地推进东方美谷的发展，提出了“1+3+X”的顶层设计模式。“1”就是负责总体事务的东方美谷推进办公室；“3”就是进行研究工作的三大载体，即东方美谷产业促进中心、东方美谷研究院、东方美谷集团。“X”就是由东方美谷服务平台、实验室和X个功能项目等部分组成的功能体。

东方美谷集团是“1+3+X”模式中的重要一环。它于2017年8月1日注册成立，注册资本6亿元，是奉贤区第一家区属一级国有股份公司。它是市场化的主体，主要通过投资、收购适合产业开发的土地和拟实施产业结构调整的土地，进行开发建设，打造东方美谷产业。

东方美谷集团的发展目标是“产业集群，企业上市”。这意味着东方美谷集团希望通过不断的孵化和推动，促成产业集群的形成，并产生数个可以上市的企业。为了促进该产业的发展，东方美谷集团需要不断地对资源进行整合，不断拓展产业的承载空间。东方美谷集团还需要不断提升产业品质，而不只是简单的数量增加。在这个过程中，东方美谷集团还在考虑对产业链相关优质资产进行收购、兼并，以及相应的股权投资，扩大自己的平台效应，推动奉贤区美丽健康产业集群集聚发展。

东方美谷集团将引进和培育企业的研发中心放在了非常重要的位置。上海正在努力建设具有全球影响力的科技创新中心，在此背景下，东方美谷有希望成为引领美丽健康产业变革和技术进步的创新策源地。为了更好地促进企业发展，东方美谷集团搭建了产业发展的“五大平台”和“八大中心”。

五大平台主要包括产业发展平台、产业资源平台、产业孵化平台、产业服务平台和产业政策平台。目前，这里已经建立了上海奉贤生物医药技术转移中心，主要从事推动产学研一体化的服务。企业可以通过该中心获得技术支持、产品测试、研发设计、人才培育和技术转移等服务。这些平台还积极与上海交大、复旦大学等高校、科研院所开展产学研合作，为那些初创的企业提供相应的技术支持和管理帮助。该园区是张江高新区奉贤园的重要组成部分，可以享受到大张江的专属优惠政策。

八大中心主要包括研发中心、设计中心、监测中心、展示中心、营销中心、体验中心、服务中心、指导中心。比如，这里已经成立了东方美谷检验检测公司，作为公共服务的平台，企业可以通过市场化的方式在这里获得服务；这里还建立东方美谷电子商务公司，希望运用“互联网+”的手段，推动电子商务发展。在这个过程中还会产生许多与美丽健康产业相关的“四新”经济组织。该园区设立了行政服务中心东方美谷分中心，这是行政服务端的主动前移。企业不出园区，就可以办理政务业务，还可以享受到专项的服务。

（四）强强联手的品牌之路

随着东方美谷品牌影响力的不断提升，东方美谷集团的负责人已经认识到了品牌推广对产业集聚的重要作用。只有打响了品牌，才会产生更大的影响。所以，东方美谷集团集中了很大的力量，进行品牌的推广。东方美谷集团积极地向企业宣传园区的营商环境，提升园区的影响力，为企业落户创造各种条件。

在不断扩大品牌影响力的同时，东方美谷集团还积极集聚高端人才。人才的到来需要做多方面的工作，尤其是生活服务方面。在工资待遇差别逐渐缩小的情况下，外在的生活服务就成为具有影响力的重要因素。经过不懈的努力，东方美谷已经形成了一支将近 2000 人的人才队伍。

东方美谷集团还坚持“强强联合”，积极与其他园区合作。这样，一方面可以学习别人的先进经验，优化自己的运营管理；另一方面，可以形成战略联盟，为企业的发展提供更多的可能，促进各种要素的交流。东方美谷集团还积极推进股权合作，与第三方合作成立东方美谷文化传媒公司等，为落户企业整合各行各业的优质资源。在战略合作方面，东方美谷集团积极申请加入全国生物医药园区产业集群协同创新联盟，还不断加强与嘉兴秀洲高新技术开发区和海门港高新区等兄弟单位开展合作。在科技合作方面，与上海理工大学、中国体外分子诊断联盟等开展科技合作，建立国内先进的产学研合作平台，提高园区整体的科技研发能力。

三　“东方美谷”的未来

放眼未来，东方美谷集团将牢牢抓住奉贤区获批上海市大健康产业核心承载区的重大战略机遇，进一步完善园区产业功能、优化园区产业布局、提升园区产业层级，争取打造国内最有影响力的生物科技产业集聚区。

（一）核心承载区战略

1. 完善产业定位

东方美谷在巩固现有血液制品、药物研制、疫苗生产、医疗器械、基因检测等基础产业优势的基础上不断开拓。许多企业已经瞄准智能医疗器械、第三方检验检测、大健康数据平台、高端医养项目等方向，积极发展与生物科技概念相关的细分产业。这就使得东方美谷的产业门类更加丰富，产业结构更加优化，发展后劲也会更足。

2. 强化品牌运营

品牌对于美丽健康产业来说尤其重要，许多消费者就是冲着品牌而来。如何发挥东方美谷集团“商标品牌双创基地”“消费品标准化示范基地”等优势，全面提升东方美谷自身品牌的含金量，扩大东方美谷品牌在美丽健康产业领域内的号召力，是未来需要做的一项工作。在此方面，集团计划不断提高品牌运营和推广意识，加强与专业第三方机构合作，不断整合资源，争取早日将“东方美谷”打造成具有国际影响力和知名度的“国际品牌”。

3. 加大招商力度

当前，企业的发展主要有两条路径，一是自力更生、独立发展；二是招商引资，形成产业集聚。在产业发展上，需要“两条腿走路”。对园区来说，当前需要抓住“镇园区管”的有利契机，将金汇产业园打造为集团未来招商的重要阵地。这就需要进一步提高对项目质量研判的标准，打造引领行业发展的生物科技产业集聚高地。

4. 开展产业投资

在发展的过程中，集团还需要选准方向，加大投资，加快产业的发展。在投资的过程中，需要盘活存量，强化资本对于产业发展的引领作用。具体的举措有：一是进一步拓展生物科技产业发展的物理空间，建设新的承载区，在面积上有所扩展；二是围绕产业的发展需要，投资建设各类公共设施平台，为企业提供技术和设备支持等公共服务；三是精选一些生物科技优质项目进行投资，实现企业融资和产业培育的有机结合。

5. 优化企业服务

在园区的发展过程中，需要为企业和项目提供优质的服务，以促进其发展。对企业的服务要实现全方位、全过程，涵盖产前、产中和产后的各个方面。在服务的过程中，要坚持“以人为本”的原则，尤其是关注高端人才的引进，要用好各项人才政策，形成高层次人才的集聚。同时，还要围绕产业发展，优化产业配套，不断对“八大中心”提质。

6. 丰富对外合作

东方美谷要想发挥与硅谷一样的影响力，诞生更多的国际品牌，那就需要加强对外合作对接，不断提升园区生物科技产业发展的国际化水平。在此方面，集团将继续探索与美国、日本、韩国等国家生物科技园区的合作，积极学习先进的园区管理经验和企业服务经验。集团还鼓励有实力的企业积极开展全球创新要素的整合，比如开展境外并购和股权投资，莱士血液、药明康德等企业已经进行了积极的尝试，未来会有更多的企业加入这个行列。

（二）美丽健康产业之城

东方美谷不只是一个地域概念，还包含着文化、产业、人文的要素。在东方美谷的打造过程中，需要牢牢把握国际化、品牌化、专业化的目标，逐渐提升中国化妆品在世界的位置，争取能够早日跻身一线。在“中国化妆品产业之都”的目标引领下，美谷中的各品牌企业都加强了品质提升，比如伽蓝、百雀羚、韩束等国内民族品牌企业，投入了大量资金、倾注了许多心血在提高质量，扩大影响。它们不仅建设了自己的研发中心，还积极地参与国际合作，目前许多技术已处于世界领先水平，品牌的影响力也越来越大。

东方美谷的发展是一个区、县发展的缩影，也是一个产业定位逐步明确、产业链条逐步完善、产业显示度不断增强的过程。原来，奉贤作为上海的郊区，农业占了很大的比重。所以，它的开发区只能以农业现代园区来命名，这就意味着当时主要还是在农业基础上进行发展。园区名称确定之后，招商引资的企业以农业及其深加工为主。但是农业的附加值比较低，难以在短时间内获得比较大的收益。所以，招商的范围有所扩大，将一些加工类的企业也吸引了过来。这样就解决了增速的问题，但是还解决不了显示度的问题，园区显得有些杂乱无章。后来，奉贤区在不断梳理自身的发展基础，逐步将产业定位放在了化妆品制造、美丽健康产业上。当然，奉贤区不会满足于只是作为制造区，还希望成为集聚区、时尚的中心、创新的策源地。照此发展，整个区都会变得更加美丽。奉贤区的发展是一个从无到有的过程，也是一个从低到高的过程。也许，美丽健康产业不可复制，但它的发展理念、发展思路值得借鉴，具有普遍意义。

当然，奉贤区所关注的不只是一个产业的发展，也包括城区的建设、社区的完善。美丽健康产业发展起来以后，会有许多人来这里工作、生活。这就需要将生产生活生态进行统筹性考虑，所以，奉贤也非常关注社区的建设，不断完善基础设施，既能够吸引人也要留住人。奉贤在发展的过程中，既注重产城融合，也积极地促进城乡融合。这是一个整体性的谋划，产业只是基础性的部分，而不是全部，还要兼顾到宜居、宜游等方面的发展，将其打造成完整的产业型社区。

今天的美谷也许还只是中国的东方美谷，但通过 10 年或者 20 年的努力，通过中国自身的努力、上海的努力，通过东方美谷全体人的努力，通过一代人、两代人甚至几代人的努力，东方美谷是在创新研发、专业化、产品影响力上必能赶超国际品牌，成为国际美丽大健康产业的名都，成为世界的东方美谷。随着中国“两个一百年”奋斗目标的实现，搭上时代的快车，在国家、市、区三个层级政策叠加的扶持下，东方美谷这个具有发展潜力的、老百姓拥护的大健康产业一定会做大做强。未来，东方美谷将是一个东方美丽健康产业的“硅谷”，也必将成为南上海产业经济的动脉和未来产业经济的代名词。东方美谷必将在上海连接起历史、现实和未来。

参考文献

鲁娜：《东方美谷：推动美丽健康产业集聚发展》，《中国文化报》2018 年 3 月 10 日，第 5 版。

徐建龙：《东方美谷打造上海产业高原上的新高峰》，《上海党史与党建》2018 年第 9 期。

朱正清：《健康产业起航：打造“东方美谷”的奉贤样本》，《决策》2016 年第 11 期。

庄木弟：《奋力打造新时代“奉贤美、奉贤强”的新高峰》，载中共上海市奉贤区委党史研究室主编《口述奉贤改革开放 1978 ~ 2018》，上海人民出版社、学林出版社，2018。

第十一章
苏绣小镇：秀出发展新空间

定是司花怯晓寒，
花枝围处密萦蟠。
草针柳线藏真巧，
莫作寻常倚市看。

这首《次韵绣屏》是宋代诗人邓深描写苏绣秀女屏气运针走线的场景，在这千年之前及千年之后，苏绣绣娘世世代代上绷穿线、引针学绣，诉说着苏绣的历史，秀出了发展的新空间。

一　苏绣小镇的历史与今生

（一）发展历史

苏绣与湘绣、蜀绣、粤绣合称为中国四大名秀，苏绣为四大名秀之首。苏绣历史悠久，其历史可追溯到两千多年以前。三国时期就出现了有关苏绣制作的史料记载；至宋元时期，基本技法与特色渐趋成型；到了明朝，苏州地区大多数群众已经普遍将苏绣作为副业发展，形成了“家家养蚕、户户刺绣”的场景，苏州也因此成为丝织手工业的中心。至清时期，苏绣开始走向成熟，上至皇室下至民间，皆见苏绣。新中国成立后，苏绣得到进一步恢复和发展。1998 年，镇湖镇被江苏省文化厅授予“江苏省民间艺术之乡”称号；2001 年，镇湖镇被国家农技协、特色农业办公室命名为“中国刺绣基地镇”；2006 年，镇湖镇被列入第一批国家非物质文化遗产保护名录；同年，被文化部命名为“文化产业示范基地”；2011 年，镇湖“绣品街”被评为“全国特色商业街”；2014 年，苏州镇湖刺绣艺术馆有限公司被文化部批准为“国家级非物质文化遗产生产性保护示范基地”。

作为“特色小镇”建设的伊始之年，2016 年也是“特色小镇”建设的关键一年，“特色小镇”利用浙江省经验优势，以新兴概念的模式一举将特色小镇从地方推向了全国。其他省份地区也借鉴这种模式开始探索自己的城镇化发展模式。特色小镇的开发实践实现了从点到面的促进，带动着小城镇的开发建设，将城镇发展与农村发展密切相连，给新时代下小城镇的开发建设提供了不竭的动力。在新的发展形势下，苏州政府紧随时代潮流，不断出台新政策以更好地应对新形势下的城镇化发展。在 2017 年 5 月公布的江苏省首批省级特色小镇入围的名单中，25 家特色小镇的建设项目获得了入围，这其中就包括镇湖苏绣小镇。

苏州西部生态旅游度假区（镇湖街道），占地 3.82 平方公里，四周有古城、太湖、湿地公园环绕，其规划范围西至东城路、南至湿地公园、北至渚镇路、东至纵 路，距市区 26 公里，是著名的“苏绣之乡”。该区域山清水秀，景色宜人，是典型的江南鱼米之乡，是吴文化和太湖文化的集中体现。从古至今，苏绣在镇湖地区已经发展了 2000 多年，苏绣是镇湖地区的一大特色，当地农民家庭也以苏绣作为其家庭重要的经济收入来源。

经过三十多年的不懈努力，镇湖苏绣对外影响不断扩大，品牌价值不断提升。镇湖先后获得“刺绣艺术之乡”“中国刺绣基地镇”“文化产业示范基地”“全国特色商业街”“江苏省非物质文化遗产生产性保护示范基地”“国家 AAAA 级旅游景区”“国家级非物质文化遗产（苏绣项目）生产性保护示范基地”等荣誉称号。苏州高新区政府极力引导当地以苏绣传统手工业为核心来打造特色小镇，希望在传统行业里，这种新的产业能够成为新的经济增长点。

2018 年 3 月，苏绣小镇申报了江苏省发改委《关于开展第一批省级特色小镇创建名单申报工作的通知》，并最终如愿入选江苏省首批 25 家省级特色小镇创建名单，同时也成为文化部首批中国文化旅游融合先导区试点地区。苏绣小镇作为一种新型“产业社区”，其特点鲜明，能够融合自身历史技艺优势，结合现代特色小镇思想，以苏绣文化为基础，创新性传承、保护性发展，对接当代、嫁接时尚；并将以苏绣产业为核心，串联起文化旅游和创意经济，同时与国际接轨；加强苏绣产业链的建设，在设计、版权、生产、交易、人才等要素上逐渐提升，打造独一无二特色小镇。苏绣小镇的创建依托政企合作平台，结合政府、国企及民企各方力量，实现了资源互补。

2019 年 7 月，国家发改委开展了“第一轮全国特色小镇典型经验”总结推广，苏绣小镇作为开拓城镇化建设新空间方面的精品特色小镇典型经验在全国正式推广。苏绣小镇还是长三角特色小镇产业联盟成员单位，连续两年在省级特色小镇创建对象年度考核中获评优秀小镇。央视“新闻直播间”聚焦苏绣小镇；《人民日报》整版报道苏绣小镇建设经验；《新华日报》对苏绣小镇特色亮点进行专题报道；江苏省委宣传部“壮丽 70 周年奋斗新时代”栏目专题采访苏绣小镇。在国家发改委发布的《中国特色小（城）镇 2020 年度发展指数报告》中，苏绣小镇榜上有名，成为全国特色小镇 50 强之一。作为向全国正式推广的小镇典型经验，苏绣小镇秀出了发展新空间。

（二）苏绣小镇大事记

2017 年 5 月 4 日，苏绣小镇入选江苏首批 25 家省级特色小镇创建名单。

2017 年 11 月 16 日，第十届中国刺绣文化艺术节开幕，苏绣小镇规划正式发布。

2017 年 12 月 7 日，苏绣小镇 LOGO 正式发布。

2018 年 4 月 18 日，第十一届中国刺绣文化艺术节开幕。

2018 年 5 月 14 日，邹英姿、姚建萍入选第七届中国工艺美术大师名单。

2018 年 7 月 1 日，小镇客厅（中国刺绣艺术馆）正式对外开放。

2018 年 7 月 13 日，苏绣小镇获评“优秀小镇”。

2018 年 10 月 22 日，首届织绣班正式开班。

2019 年 1 月初，“三生 · 绣创空间”正式启用。

2019 年 4 月 18 日，第十二届中国刺绣文化艺术节开幕。

2019 年 7 月，苏绣小镇入选国家发改委公布的“第一轮全国特色小镇典型经验”。

2019 年 10 月 25 日，苏绣小镇获人民日报整版报道。

2019 年 12 月 13 日，苏绣小镇获评“优秀小镇”。

2020 年 7 月，苏绣小镇入选中国特色小镇 50 强。

2020 年 8 月 13 日，苏州市纤维检验院（国家丝绸及服装产品质量监督检验中心）苏绣检测分中心落户苏绣小镇。

二　“秀出”“四高”建设标准

（一）高标准统筹规划设计

1. 总体目标

2017 年初，苏州西部生态旅游度假区（镇湖街道）本着“看得见山，望得见水，记得住乡愁”的生态文明建设要求，苏州高新区紧抓机遇、投入 34 亿元的资金支持重点项目“苏绣小镇”发展，镇湖下大力气建设苏绣小镇，资金流的注入使得苏绣产业的发展步入快车道，并逐步实现苏绣产业调整升级。

苏绣小镇是一种新的创新发展平台，因为其具有“非镇非区”的特殊性。苏绣小镇主打特色产业发展的长远目标，以传统、再生、未来为其发展的核心三要素，不仅仅能够实现苏绣产业的高端集聚以及产业间融合发展，同时兼顾绿色可持续发展的生态要求，真正做到了生产、生活、生态的相互融合。苏州高新区高度重视苏绣小镇建设工作，为了更好地建设特色小镇，苏州高新区成立了特别领导小组，组长由区管委会主要负责人担任，领导小组在整个建设过程中进行规划、组织、领导和协调，确保苏绣小镇的建设在科学、高效的领导力下快速融入片区规划建设中。携手富有丰富特色小镇设计经验的浙江南方建筑设计有限公司进行规划设计，在“非镇非区”模式下，结合其以往工程经验以及专业能力进行规划设计。

苏绣小镇的建设是以非遗文化的传承为首要目标，兼顾着对苏绣文化产业的发展与壮大，集聚各领域的优势资源，对苏绣文化的手工业进行发展，学习其传统技艺并能与时俱进，能够实现“刺绣艺术之乡”苏州的大发展，也让拥有9000名绣娘的苏州享誉中国、走向世界。建设苏绣小镇的另一个目的是能够实现文化与旅游相融合，以苏绣为重要抓手，实现文化资源到产业资源的转换，带动区域产业集聚，实现从“苏绣制造”向“苏绣创造”的大跨越。

2. 具体规划

苏绣小镇自始至终都坚持以“生产、生活、生态”为其发展理念，将“非镇非区”思想作为其发展的核心，实现对传统产业的再生化，积极融入未来产业的发展规划。

（1）苏绣小镇的“生产”功能

为实现小镇的“生产”功能，绣品街将实施整体提升，其中，建筑外立面改造实施因势利导的“功能性”改造，还原出绣品街沿线最合理的城市风貌；景观提升保留现状道路的车行空间、景观灯及可利用绿化，更新步行街面和分隔带铺装形式，增加街道绿化量，融入不同形式的景观节点，实现建筑与景观的交融。同时，刺绣艺术馆完成改造提升，成为小镇对外展示的窗口，让更多喜爱苏绣文化的人能够快速了解苏绣小镇的前世与今生。

（2）苏绣小镇的“生态”功能

苏绣小镇毗邻太湖生态自然圈，太湖独特的自然风光也让苏绣小镇能够进一步发掘其生态功能，以太湖风光为基础，打造苏绣特色的太湖湿地公园，将镇湖南小镇的旅游开发与太湖景观相融合，配套生活旅游基础设施，以吸引更多游客前来，让旅客能够在自然风光观赏中逐渐走入苏绣文化。通过生态与文化旅游的有机互动，既能提供休闲娱乐设施，又能更好地传承苏绣文化。

（3）苏绣小镇的“生活”功能

苏绣小镇的特色就是旅游与文化，其发展一直以苏绣作为主导产业，而工业与服务业在这里并未引入和得到发展，因此在其“生活”功能上会有很大短板。为了打造全方位的服务体验，苏绣小镇将在南北小镇中央建立邻里中心以补足短板，邻里中心主要的功能是提供一整套的生活服务设施，为外地旅客以及本地居民提供完善的生活保障。

“三生融合”的总体规划原则始终是苏绣小镇追求的最高准则，集中各方优势资源，围绕传统、再生、未来三个核心，发扬特色苏绣文化，以文化产业带动区域发展，以自然风光建设绿色和谐宜居小镇。打造“两轴三心四片区”的格局。两轴：纵轴——苏绣产业以及商旅发展轴；横轴——生态人居及创业服务轴。三心：小镇展示中心（苏绣小镇客厅），行政商业中心（社区商业配套综合体及社区公共服务与文体中心），人居创业综合服务中心。四片区：苏绣特色商业街区、苏绣产业综合服务区、苏绣非遗传承保护基地、苏绣文创智慧社区。其中，北小镇承担“生产”功能、南小镇承担“生态”功能、南北小镇贯通片区丰富“生活”功能。

（二）高效率推进项目建设

苏绣小镇坚持以项目为抓手，稳步推进各项工程。北小镇包含中国刺绣艺术馆·小镇客厅、绣品街等项目，南小镇依托太湖国家湿地公园进行打造，“生活”片区主要是商业中心项目，各片区建设框架已全面拉开。笔者根据苏绣小镇管委会提供的资料，梳理了苏绣小镇项目主体及其建设进度，如表 11－1 所示。

表 11－1　苏绣小镇项目主体及其建设进度

<table>
<tr><th>序号</th><th>分类</th><th>项目名称</th><th>项目主体</th><th>建设规模</th><th>年度推进计划</th></tr>
<tr><td>1</td><td rowspan="3">主导产业</td><td>绣品街整体环境提升改造</td><td rowspan="3">苏州苏绣小镇发展有限公司</td><td>对 1700 米长绣品街及周边商业设施、景观绿化、旅游配套、停车场、公共 WIFI 等进行综合改造提升</td><td>2020 年内施工完成</td></tr>
<tr><td>2</td><td>苏绣品牌推荐交流</td><td>品牌的推广宣传，包括举办每年一届的中国刺绣文化艺术节及相关推广交流活动</td><td>2017～2019 年逐年有序进行</td></tr>
<tr><td>3</td><td>小镇客厅</td><td>小镇客厅，建筑面积约 5000 万平方米，功能为小镇规划及形象展示、游客服务和社区营造</td><td>2018 年 7 月完成改造并对外开放</td></tr>
</table>

续表

序号	分类	项目名称	项目主体	建设规模	年度推进计划
4	主导产业	绣创大厦	苏州苏绣小镇发展有限公司	建筑面积约2.5万平方米的双创载体和办公空间	2017年前期工作，2018年开工，2019年基本完工
5		苏绣大师研究院		对现有苏绣大师工作室整体翻新、提质升级、功能延伸	2017年前期工作，2018年开工，2019年基本完工
6		苏绣产业发展基金		设立产业引导基金，吸引社会资本参与，为苏绣双创提供资金支持	2017年前期工作，2019年基金成立
7	配套设施	社区商业综合体	惠民农村社区股份合作联社	建筑面积约3.01万平方米的商业综合体，包括生鲜超市、餐饮、酒店、文化娱乐等生活配套设施	2017年土拍完成，立项等手续完成，2017年底开工，2020年完工并营业
8		生态游憩带及基础设施配套	苏州苏绣小镇发展有限公司	对湿地公园周边的环境整治及景观提升，建设旅游配套设施，营造苏绣风情生态游憩带；道路、绿化及污水管网等相关建设	完成部分项目前期手续，2017年开工，2019年基本完工
9		社区公共服务与文体中心		建设社区公共服务中心、文化休闲中心、便民中心等相关生活配套	2017年前期工作，2018年开工，2019年基本完工
10		苏绣文创智慧社区		建设住宅约5.8万平方米，为绣创人才提供居住场所，营造绣创智慧社区	2017年前期工作，2018年开工，2019年基本完工

2019年1～12月，小镇完成投资11.05亿元，非国有投资3.83亿元，国有投资7.22亿元；其中特色产业投资10.34亿元，截至2019年底，小镇累计完成投资31.35亿元，其中特色产业投资21.14亿元。2019年1～12月，小镇完成投资4.58亿元，其中特色产业投资3.87亿元，国有投资3.25亿元，非国有投资0.62亿元；截至2019年底，小镇累计完成投资

24.88 亿元，其中特色产业投资 16.14 亿元，国有投资 22.07 亿元，非国有投资 2.81 亿元。在建总投资 2 亿元的商业中心项目，包含酒店、文化娱乐等生活配套设施。总投资 7.5 亿元的文化交流中心，即将动工开建，集办公、会议、展览、共享、孵化、商业多功能于一体，全新打造创新综合体。占地 71 亩的文创产业园，将会带来更加独特的刺绣体验，结合展示、展销、培训、办公于一体，将会成为苏绣文化创意的产业高地。同时还将对太湖国家湿地公园实施提升工程，带给造访者全新体验。

（三）高水平促进产业发展

通过建成"中国刺绣艺术馆""绣品街"等刺绣文化载体，解决苏绣小镇设计、生产、展示、宣传、销售以及装潢运输配套行业服务等一系列问题，为苏绣产业化提供了强大基础。在绣品街的所有商户中，绣庄和刺绣工作室占 87.6%，苏绣产业的从业人员占街道总人口的 67% 以上。依托载体优势，紧扣苏绣主线，在产品创新、产业延伸、文化交流、人才培养四方面均取得了突出成绩。

一是产品创新层出不穷。2017 年主推苏绣家具、灯具等生活实用新品的开发，培养青年创新和跨界开发 31 件创意刺绣作品；与工艺美院合作开发 8 个系列的原创刺绣文创产品；拥有省级以上有影响力的名牌产品 2 个，有影响力的商标 5 个，刺绣发明专利 15 项。

二是产业延伸与时俱进。以苏绣工艺为主线，延伸发展相关上下游产业，如丝线、木架、包装运输等相关配套产业。与此同时，引进刺绣研发、培训、服饰定制等刺绣工作室；与恭王府开展非遗研究合作，与中国美术学院、清华大学美术学院、NE·TIGER（东北虎），以及视觉中国、雅昌艺术网等单位从"学院、平台、品牌"三个维度实现战略合作，成为清华美院等高等院校的创作基地和教育实践基地。

三是文化交流日趋频繁。参加香港、深圳、北京、广州、大连、南京等地的国内知名文创展会；苏绣多次走出国门，常作为"国礼"赠送各国领袖和政要，被世界各地博物馆或名人所收藏的有近 90 件；创建"中国刺绣文化艺术节"，打造小镇特色节庆品牌，以此为重要展示平台，吸引外界更多的目光，更好地展示小镇刺绣文化。同时，小镇拍摄多部宣传片，社会反响良好，吸引诸多影视剧取景于此，引苏绣于剧情，更好地宣传苏绣文化，彰显其魅力。

四是人才队伍日益庞大。2018 年，苏绣小镇新增 2 位中国工艺美术大师，1 位同时获“全国非物质文化遗产保护工作先进个人”和“江苏大工匠”称号。随着苏绣产业的不断发展，人才队伍也在日益扩大，小镇已汇聚了 2 位中国工艺美术大师、2 位国家级非遗（苏绣）传承人、3 位首批“大国非遗工匠”、14 位省级工艺美术大师、8 位省级工艺美术名人、90 名高级工艺美术师。

（四）高质量践行三生融合

苏绣小镇建设统筹生产、生活、生态空间布局，逐步提升服务功能，改善环境质量，提高文化内涵，注重发展品质，营造宜居宜业宜游的良好环境，真正满足人民美好生活的需要。

一是创造良好就业环境。积极发挥大师引领作用，营造良好文化氛围；注重人才培养，有重点、有方向地进行苏绣青年人才开发工作，提供宣传和展示机会；积极引进相关人才，提供优渥的人才引进政策及完善的生活配套服务；鼓励支持重点企业的培育发展，保障居民充分、全面就业。

二是提供完善配套设施。首先，提供完备的主干路网、水电气网等公共配套设施，建设多层次绿色低碳交通体系；其次，相继投入生活配套设施，在 15 分钟社区生活圈内，完善幼儿园、卫生院等设施并推进建设商业配套设施；最后，技能培训、扶持创业讲座、工艺展演、苏绣文化进校园等普及推广工作持续开展。

三是集聚优异生态资源。苏绣小镇拥有两个国家 4A 级旅游景区，毗邻太湖生态游憩带，周边拥有杵山生态公园、西京湾休闲旅游等载体。依托卓越的生态基础与丰富的旅游资源，在苏绣产业发展中融合生态体验，实现生态优势和产业优势的和谐统一，为当地百姓提供了良好的生态居住环境。

三 "秀出"特色经验

（一）坚持规划引领，构建多元合作机制

苏绣小镇开发模式最大限度地发挥了政府、国企、民企等各方优势，吸引小镇内企业、大师工作坊、个体工商户积极参与，为小镇产业发展注入活力。

苏绣小镇的建设，强化政府规划协调引领作业，以企业为主体，市场化开发运营，推动苏绣小镇建设提质增效。企业主体、政府引导、市场化运作的运行模式，较大程度发挥了政府、企业、市场各自优势，同时引入大师工作坊、个体工商户等多元力量，构建多元合作机制，更好地发展苏绣小镇产业。政府、企业、居民合作平台的搭建，为各方合作共赢提供了有效途径。

充分发挥企业主体作用。由国有公司出资成立苏州苏绣小镇发展有限公司，将其作为项目开发主体，开展项目融资、开发运营等各项工作。充分发挥政府社会管理优势。一方面，做好社会动员，提供组织保障，同时提供政策支撑引导，更好地传承苏绣特色文化、发展苏绣特色产业以及特色企业；另一方面，凝聚多方力量共同运营，如引入第三方团队，各取所长，共同搭建高水平运营服务平台，小镇内企业、大师工作坊等积极参与，赋予小镇产业特色。

为了能够让人民共享发展成果，苏绣小镇搭建增收平台，以富民合作社为主体参与建设，以镇湖商业综合体为代表的商业项目，实现小镇政企民共享发展成果，真正实践共享发展理念。

（二）聚焦特色产业，推动融合创新发展

苏绣小镇始终坚持"产、城、文、旅、智""五位一体"的发展理念，围绕自身特色优势，不断探索文旅融合新路径，创新文化传承和产业发展

模式，推动苏绣小镇多元活力发展。突出文化特色，以保护苏绣特色的唯一性为原则，打造与苏绣产业特色相匹配的软硬件环境，载体建设中亦充分融入苏派建筑特色元素，使得小镇统一风貌。在产业发展方面，坚持以苏绣产业为主导，创新融合发展，为苏绣产业植入文化、生活、生态，充分激发苏绣产业的创新创业活力，实现苏绣与生活、生态的融合。

既要传承文化，又要发展产业，当地选了一条聚力创新的新路子，描绘了一张聚焦富民的新蓝图。苏绣小镇的特色产业发展立足自身苏绣产业基础，聚焦苏绣产品发展及产业创新发展路径，推动产业升级。围绕小镇的中轴线和景观长廊绣品街，以绣品街为中轴线，以东打造“生产”片区，设置文化会展、产业创新孵化等板块，集聚展陈、商务、科普、会务等功能，为苏绣产业转型升级提供动能，丰富小镇“宜业”属性；以西打造“生活”片区，完善娱乐康体等基础设施，丰富小镇“宜居”属性；南端连接湿地公园“生态”片区，立足湿地生态资源的保护性开发，串联苏绣文化，丰富小镇的“宜游”属性，实现苏绣小镇“三生”联动的规划格局。

一是聚焦产业自身发展。传承下来的刺绣文化成为刺绣产业焕发生机的深厚基础。苏绣产业集聚效应明显。自 1998 年以来，“中国刺绣艺术馆”等刺绣文化载体的建成，实现从设计、生产、展示、宣传、销售到装潢运输配套行业服务的产业链协同发展，为苏绣产业化提供了强大基础。作为一种新型的“产业社区”，苏绣小镇特色鲜明，借助苏绣产业历史技艺优势，结合特色小镇理念，以苏绣文化为基础，创新性传承，保护性开发，对接当代，嫁接时尚。

引进刺绣创新工作室，成立创意孵化班，筹建“刺绣 + 创客空间”，锻炼刺绣人才创新和跨界能力；充分利用现有创新平台如江苏省巾帼手工业苏南刺绣展洽中心、苏州市刺绣产业创新研究院，创新合作模式，与工艺美院签订校企合作协议，创新研发刺绣产品，从苏绣制造到苏绣创造；引入专业教育机构，完善人才培养机制，不定期举办绣娘素质讲座和工美美术类培训班，以绣院为代表的项目，将与苏州工艺美院合作创办织绣类专业。

二是多元融合创新发展。以培育中的双创中心为载体，贯通苏绣上下游产业，为刺绣创意研发和刺绣跨界人才培养提供创新平台，聚集多种要素。引入产品设计、服装设计、视觉设计、工业设计等文化创意产业；从管理创新、产品创新、人才培养、产业培育、金融服务等多方面实现政、产、学、研紧密结合，为小镇刺绣产业转型升级奠定基础；未来将与东华大学沟通苏绣小镇软性服务平台建设，拓展苏绣小镇品牌影响力。

三是文旅融合深度发展。苏绣小镇位于苏州西部生态旅游度假区，山清水秀、景色宜人，有着苏绣文化和生态旅游两大优势资源。2017 年，苏绣小镇入选文化部“中国文化旅游融合先导区”试点名单，因此，苏绣小镇具有发展文旅产业的深厚基础。结合周边丰富的旅游资源，将创意文化产业、传统工艺与休闲旅游有机结合，实现苏绣文旅跨界融合。

（三）强化政策保障，促进非遗文化传承

苏绣小镇作为刺绣文化产业集群，在注重发展刺绣产业的同时，也注重产业政策的对接：一方面对上积极争取产业政策，另一方面认真研究制定适合本镇刺绣产业特点和发展的政策。

从省级层面看，关于特色小镇培育创建，江苏省出台了相关的指导意见和实施方案，严格规范特色小镇的产业定位、功能集成以及申报程序，同时也为市区级政策编制指出了方向。此外，省级层面也出台了相关支持政策，如在经济方面出台财政税收、融资等政策支持，在人才方面出台对应的引进支持政策等。

从市级层面看，苏州市政府根据本地发展情况，因地制宜为苏州特色乡镇制定相关培育政策。一是针对土地、融资以及配套服务等，制定了相关支持政策；二是针对产业及相关平台和基金管理等方面，制定专项条例，如《关于打造产业新平台引领经济新发展的实施意见》《关于印发苏州市文化产业发展资金管理办法的通知》《苏州高新区“十三五”时期人力资源服务产业园发展专项规划》《关于发放苏州高新区提升就业能力补贴的通知》《苏州西部生态城（镇湖街道）文化产业跨越发展基金扶持办法》等；三是从企业准入、品牌打造、消费维权角度出发，发布 14 条服

务特色小镇发展新政策，为特色小镇发展提供合适的软硬环境。

从区级层面看，苏州高新区在延续省、市政策的基础上，在人才引进、提升当地居民就业能力等方面制定了相关政策，更好地在人才引进方面为苏绣小镇提供了政策支持。同时，区级政府也制定了细化的文化产业跨越发展基金扶持政策，为苏绣小镇文创产业发展提供了强有力的政策支持。

通过协会组织会员申报非遗保护项目，获取非遗项目资金支持。针对特定政策，组织会员参与相关申报培训，比如 2018 年 6 月组织会员参与了“2018 年度苏州市文化产业发展奖励和补贴资金项目申报培训会议”，为会员了解政策、获取项目资金提供保障。

小镇还高度重视知识产权保障工作并同步推进。2018 年，积极对接知识产权出版社原创认证保护平台管理方，为原创工艺大师、青年刺绣人才介绍刺绣相关知识产权的确权、维权方法，做好知识产权保驾护航工作。

（四）加大宣传推介，提升对外品牌形象

近年来，苏州政府在为刺绣产业平台的搭建和产业环境的营造方面，做了大量工作。刺绣产业在从最初的家庭手工业转变为当下的传统手工艺文化产业的过程中，离不开各种专业服务平台的支持。随着技术创新平台、产品营销平台、企业融资平台等各类产业平台的相继推出，小镇带动和影响了“苏绣”品牌的发展。基于传承历史，发掘苏绣文化，苏绣小镇多维度整合资源，宣传推广发力，进一步提升小镇对外影响力。

1. 品牌的形成

1998 年，具备生产、销售和观光等多种功能于一身的绣品街在镇湖建成。2007 年政府在镇湖投资为苏绣艺术搭建商业平台，兴建了中国刺绣艺术馆和镇湖刺绣艺术展示中心，给当地绣娘提供了更多“用武之地”。2009 年，政府开通了中国镇湖苏绣网，搭建了具备多种功能（如产品展示、技能培训、绣品销售和咨询发布等）的公共服务平台。

2010 年，镇湖刺绣版权交易平台正式开通，该平台由苏州市版权局投资成立。平台收集的大量美术、摄影作品，成为绣娘临摹创作的参考文

本，避免了绣娘因版权带来各种问题，还可以更好地维护原创作者的版权。

2012 年高新区知识产权（镇湖）服务社成立，这使得苏绣从业者的知识产权意识大幅提升，知识产权权利人维权水平也得到了明显提升。正是获益于该平台，2011 年“滴滴针法”获得国家发明专利证书。该针法由镇湖镇绣娘邹英姿首创，是我国刺绣工艺领域获得的首个针法发明专利，而上一个苏绣针法“乱针绣”的诞生则在 80 年前。如今，知识产权平台已经成为苏绣从业者们知识产权的“防火墙”，在“苏绣”品牌的创建和发展中发挥的作用也愈加突出。

2015 年上线的电商平台“苏绣名品网”，为镇湖“苏绣”品牌的营销和推广提供了新的突破口。它是以产业经济发展为依托的独立服务平台，既包含网络营销推广和电子商务服务，还包含基于线下刺绣产业资源的业务支撑和运营管理体系，可以对苏绣作品进行集中销售和推广，这明显区别于个体网店的营销模式。

2. 品牌的宣传

一是宣传网络完备。现已建立起微信公众号、云客厅、线下杂志、宣传折页、宣传片等宣传网络体系。目前公众微信号启用，季刊《遇见苏绣》发布多期，完成小镇规划宣传片和 3 季小镇故事宣传片拍摄。同时对接媒体有力。与新华网签署合作协议，就官网官微共建、深度信息发布、系列视频录制、专题报道服务等开展合作，官微发布宣传文章两百余篇；积极对接省市各级媒体，得到了《新华日报》、《苏州日报》、“现代苏州”及各级媒体官方微信号的宣传及推广。

二是品牌活动丰富。苏绣小镇 LOGO 面向全国范围征集并正式发布，活动共征集到 1023 件作品，累计 20 多万微信用户参与投票，投票人次过 83 万，浏览量超 130 万，影响力遍及全国各大省市，更有来自日本、新加坡、美国、澳大利亚等国网民的投票参与。

以艺术节为载体，全面展示小镇刺绣优秀成果。举办第十一届、第十二届中国刺绣文化艺术节，作为小镇刺绣文化对外展示的重要窗口，同时举办艺术节系列活动，包括江苏省“艺博奖—银针杯”刺绣作品大赛和江苏省大学生刺绣设计大赛。第十二届中国刺绣文化艺术节评选出了10名获苏绣技艺传承奖和13家小镇特色店铺，并申报镇湖获批国家级科普教育项目——中国工艺美学学会·工艺美术科普教育基地，与苏州工艺美院合作创作献礼新中国成立70周年刺绣作品。小镇工艺美术大师队伍集体亮相中国美术馆举办的“锦绣中华——江苏刺绣艺术精品展”，其中姚建萍为庆祝新中国成立70周年创作的主题作品《锦绣河山》入藏中国美术馆。9月，由苏州市委宣传部、市文联、高新区管委会等联合主办，苏绣小镇承办的“锦绣江南——中国刺绣艺术展”在刺绣艺术馆开幕，展览集合了小镇工艺美术大师、名人、绣二代的作品及为献礼新中国成立70周年共同创作的作品。

三是切实加强行业内外交流。与四川蜀绣、湖南湘绣、贵州苗绣、内蒙古蒙绣考察团开展行业经验交流，共同探讨刺绣文化的传承和发展；组织刺绣大师和“刺绣新生代”代表共聚一堂，探讨苏绣产品销售、知识产权保护、人才培养等刺绣发展议题；与区检察院举办“苏绣检韵”互联互动活动，组织大师和“刺绣新生代”走进区检察院了解办案流程和相关法律，并在小镇向检察官们介绍苏绣文化和指导刺绣DIY制作；与区税务局对接，举办税收优惠政策解读会，为小镇内的企业和个体工商户送上税务政策指导。此外，中国工艺美术协会刺绣专委会主任委员单位回归镇湖，进一步加强了小镇苏绣在全国刺绣行业的地位和话语权。

四是国际交流稳步推进。镇湖镇以国际化视野制定走出去战略，不断扩大苏绣品牌的国际影响力。改革开放以来，苏绣艺术走出去的步伐稳中有快。据相关资料显示，从1996年开始，多位苏绣艺术大师（如：姚建萍、姚惠芬、姚惠琴、邹英姿、蔡梅英、梁雪芬夫妇等）相继出现在各类国际展示舞台和场合参加交流活动，向全世界展示苏绣的精湛技艺，其中尤其值得一提的是姚建萍。2012年6月7日，她的苏绣作品《英国女王》被英国白金汉宫正式收藏。安德鲁王子代表女王接受此作品，并称“这是我见过我母亲所有肖像画中最好的作品之一，也是英国王室第一次收藏中国当代艺术家的作品”。而当蔡梅英在国际舞台上介绍自己刺绣世界名画《蒙娜丽莎》后，美国艺术家叹为观止，其赞美之情溢于言表。苏绣已经成为中国技艺走向全球的重要名片，当地民众纷纷拿起针线体验分线、穿针、刺绣等传统苏绣工序。正是在这些苏绣艺术家们的鼎力推动下，苏绣的国际影响力越来越大，迎来了世界各地的大量粉丝到苏州学习和考察。

3. 品牌价值的提升

扎实推进小镇运营工作。绣品街获批 2018 年国家知识产权保护规范化市场，申报两项 2018 年江苏省优秀版权作品。中国刺绣艺术馆改造升级后，新的管理模式，新的展陈作品和功能布局，为刺绣文化传承和发展提供了更好的展示平台和有效载体，成为高新区对外文化交流的窗口，吸引了各级领导前来参观考察，同时也成为各学校团体的研学教育基地。从 2019 年 1 月 1 日至 12 月 31 日，已顺利完成国家级接待 4 档，省级接待 34 档，市级接待 130 档，区级接待 104 档，区级以下接待 492 档（包括各学校、企业），公务接待共计 764 档、参观 12570 人次。此外，艺术馆开办了刺绣研学体验课程，并陆续推出中国刺绣艺术馆免费开放周、生态游学、学习强国积分奖励、五一假日慢生活体验推广、端午节养生香囊体验和"我型我绣"暑期手绣 T 恤体验等活动。

积极传播苏绣非遗文化。立足小镇自有立体宣传网络，全方位、多渠道对外宣传和展示小镇苏绣文化。季刊《遇见苏绣》已发布多期；小镇故事宣传片发布多季；小镇微信公众号全新升级为苏绣小镇智慧云平台，分别大力推进文旅跨界融合。丰富旅游内涵，强化"旅游 + 文化"，通过各种主题活动充分提升项目品质，增强项目的品牌影响力和知名度，输出旅游品牌文化。艺术馆与中国文化信息协会、姚建萍大师工作室、国馆馆藏艺术机构合作举办中国宫廷艺术大展暨国家级非物质文化遗产传承论坛；入选全国第六届中小学生艺术展演活动社会实践体验活动基地；入选全市开展走基地、看成就、聚力量主题宣传教育活动参观点，吸引北京一中、北京 101 高中、广东视觉系、杭州橄榄树私立学校等全国各地 30 多批次学生团队参与丰富的社教研学体验。此外，艺术馆获评全国工业博物馆联盟副理事长单位、苏州市统一战线传统教育基地、苏州高新区统一战线文化教育基地、苏州高新区文创联活动基地等称号。

苏绣小镇展示了小镇概况、动态、产城文旅智等方面的成果，公众号平均阅读量超过2000，显著提升了苏绣小镇的关注度和影响力；中国刺绣艺术馆景区网站、微博、触摸屏同步上线，涵盖VR虚拟旅游、出行锦囊、服务预约等全新功能，让游客一步到位领略景区吃住行游购娱的良好体验。同时，开发文旅融合IP，设立“三生·绣创空间”文创商店，通过设计与再发现形成多种类别的商品，在促进苏绣品牌升级和销量提升的同时，创立苏绣特色文创品牌。2019年，文创作品《苏绣手办》获评首届江苏旅游文创商品大赛金奖。

自创建以来，立足小镇整体规划，以项目建设、产业发展和品牌塑造为抓手，统筹推进、全面发力，各项工作取得了良好成绩。在看到成绩的同时，我们也认识到，三年创建期已步入决胜期，需进一步加快各项工作推进效率、进一步提升各项工作推进质量。

（五）立足以人为本，汇聚专业技术人才

苏绣小镇建设坚持以人为本，在产业上注重人才培养和引进，汇聚了一批专业技术人才。

1. 本地人才的培养

从20世纪50年代开始，镇湖就被冠以“八千绣娘地”的美称。当地刺绣生产随着改革开放而不断发展，绣娘的队伍也不断壮大，素质和水平也得到明显提高。“吴县市镇湖刺绣协会”成立于1998年，专门负责为绣娘们提供专业培训，搭建技术交流平台，进一步提升了绣娘的业务水平。2000年的统计数据显示，镇湖已有数十人获得初、中、高级职称，毫无疑问她们是掌握苏绣技艺的精英。进入新世纪，镇湖绣娘队伍不仅数量没有减少，专业素质还得到了明显提升。

2. 外地人才的引进

目前，进驻镇湖的企业已达120家，促进当地及周边就业1万人左右，特色产业投资额达7亿元，每年来镇湖的游客达100万人次。苏绣小镇大师云集，包括中国工艺美术大师2位、国家级非遗（苏绣）传承人2位、首批“大国非遗工匠”3位、省级工艺美术大师14位、省级工艺美术名人8位、高级工艺美术师74名，这些艺术大师们汇聚成为一支懂传承会创新

的一流苏绣传承人队伍。专业人才的造就离不开专业的教育，为苏绣培养实用型、技能型、创业型高素质人才，2018 年高新区管委会与苏州工艺美院以校地产学研合作模式举办的首届织绣班正式开班。目前，织绣班共有在读学生 68 名，还评选出姚建萍等首批 3 位工艺美术（织绣）产业教授及 11 家校外实习基地。苏绣小镇已经成为清华美院、南京艺术学院、苏州大学等高等院校的创作基地和教育实践基地，还与江南大学联合开展非遗研培计划项目。苏绣小镇积极发挥大师引领作用，通过一系列引才措施取得了丰硕成果。小镇在实现匠人云集的同时，也为青年刺绣艺术家提供了更广阔的发展空间，2019 年至今在银针杯、苏艺杯等各类评比中获得 14 个金奖，23 个银奖，28 个铜奖。

经过多年的传承与发展，苏绣产业已从用于补贴家用的农户家庭副业，转变为小镇的主导产业，成为广大农民创业就业的主业。小镇政府推出了多种政策，以增强产业支撑能力，拓宽农民就业创业渠道。镇湖街道还积极发展村级合作经济，引导 10 个农村社区股份合作社共同出资成立了“苏州高新区镇湖街道惠民农村社区股份合作联社”，以促进当地农民增收致富、安居乐业。处于建设中的镇湖商业综合体项目，最初便是由“合作联社”开发的。该项目建筑面积约 3 万平方米，综合了超市、餐饮、酒店和文化娱乐等功能，既可以为镇区居民提供地区，辐射周边乡村，还可以为当地农民提供更多就业岗位，促进农民创收。

这座静谧温婉的小镇，一路传承一路创新。在穿针引线中，不仅绣出祖国的锦绣河山，绣出中国的古典韵味，更绣出了新时代的发展变化，绣出人民的获得感、幸福感、安全感。

参考文献

柳迪：《2018 年苏州镇湖苏绣市场研究》，山东工艺美术学院硕士学位论文，2019。

娄根启：《苏州金融小镇：数百金融服务机构落户高新区》，《新华日报》2017 年 5 月 26 日，第 4 版。

陆信义、徐世清：《苏绣产业在原产地苏州西部三镇的发展状况比较》，《丝绸科技》2018 年第 6 期。

孟凡霄：《基于制度厚度理论的镇湖苏绣特色小镇培育路径优化研究》，苏州科技大学硕士学位论文，2018。

苏州市农村经济研究会：《苏州“特色小镇”建设思考》，《上海农村经济》2016 年第 11 期。

苏雁：《苏州高新区：两个“圈”成为千亿产值的“发动机”》，《光明日报》2017 年 2 月 12 日，第 3 版。

王梦可、孟春：《建设特色小镇、引领乡村振兴——以苏州市镇湖苏绣小镇为例》，《乡村科技》2019 年第 30 期。

杨培华、王晓红：《苏州市高新区推动区域高质量服务协调发展报告》，http：//www.doc88.com/p-9763830145934.html，最后检索时间：2020 年 9 月 4 日。

张小雪：《“苏绣”品牌发展路径研究》，苏州大学硕士学位论文，2017。

周倩：《苏州市特色小镇建设管理优化研究》，大连理工大学硕士学位论文，2018。

第十二章

三瓜公社：构筑城乡融合的支点

改造城乡关系，最终消除城乡对立和差别是马克思主义经典作家一生致力的一个重要目标，也是中国特色社会主义现代化建设必须破解的重大问题。党的十九大提出实施乡村振兴战略，特别着重指出要建立城乡融合发展体制机制，这为推进新型工业化、城市化发展指明了路径。那么，在“创新、协调、绿色、开放、共享”新理念指引下，新时代城乡融合发展实践，究竟应该怎样因地制宜呢？城乡融合发展的支点在哪里？三瓜公社这个独特的安徽特色小镇，为我们提供了一个鲜活的案例。

一　三瓜公社关于文化、村落和扶贫的故事

半汤位于安徽省巢湖市东郊，汤山西麓，是一个山峦起伏、林木茂盛、钟灵毓秀的地方。自古以来，这里就以“一冷一暖”两股泉流而著称于皖中，是安徽省著名的风景疗养区。近年来，这个传统的温泉所在地更是声名鹊起，但它声名远播的却不是温泉，而是一个被称为“三瓜公社”的特色小镇。

（一）三瓜公社简介

三瓜公社是巢湖经济开发区与安徽淮商集团合作打造的一个“电商+农旅”特色小镇，地处安徽巢湖经济开发区内，毗邻半汤温泉景区，距离合肥市中心不到70千米，地理位置优越。小镇自2015年9月开始建设，规划建设面积3平方千米，已建设面积1平方千米，实际辐射区域总面积则达到了10余平方千米，范围覆盖了半汤街道部分区域及周边汤山徐、韦村、邹庄、大奎、冷泉王、小奎、小洼、新庄、下倪、倪黄、东洼、曹坊

等十几个自然村落，其中的东洼村、大奎村、倪黄村 3 个贫困村则是目前三瓜公社特色小镇的核心区。

自建设之初，三瓜公社就以精准扶贫脱贫、带动农民增收致富、促进农业农村发展为出发点和落脚点，以打造“安徽电商第一镇”为目标，因此，其发展就一直具有强烈的内生性。小镇的建设者们，用城市与乡村的双向视角对望乡村，用慧眼发现乡村价值，一直致力于开发乡村特色产品与乡村景观，加快电商产业、创意产业和乡村旅游产业的融合发展，短短几年就先后获得了国家农业产业化示范基地、安徽省先进集体、安徽省唯一一个全国“合作社 + 农户”旅游示范扶贫项目、国家级旅游度假区、全国乡村旅游重点村等荣誉，2019 年作为国家发改委特色小镇十大典型经验之“构筑城乡融合新支点”在全国推广。

农文旅结合的旅游是小镇发展出来的独特优势。2016 年，小镇游客接待量达到 300 万人次，2017 年，游客接待量突破 500 万人次，2017 年线上线下全渠道销售额突破 1 亿元，位居安徽省乡村旅游游客接待量第一名，并荣获首批安徽省省级特色小镇第一名。2018 年，小镇全年游客量突破 600 万人次。

以三个扶贫村为对象，扶贫扶出了一个金凤凰，在经济低迷、打赢打好脱贫攻坚战和实施乡村振兴战略交汇推进中，三瓜公社特色小镇取得如此不凡成绩，不能不说是一个乡村建设的示范。

那么，三瓜公社意味着什么呢？在这充满文化的乡愁名词背后，蕴藏着一些怎样的故事呢？

（二）关于文化的记忆

沿着通往村庄的道路，随三三两两的游人和村民进入村子，一路走来，随处可见路口的特产小店、沽酒小坊以及创意工场。村里的农舍民居仍然亦复如是，但走入庭院，你看到的却是茂盛的树木花草，被刻意收罗而来的石磨秋千，这些农耕文化的标识器物，整洁而深厚地向我们透射出中国乡村的气韵。村口广场的旗杆上高高挂起的旌旗随风飘荡，也多少向我们散布了几丝雕琢的信息。

现实终究是历史的延伸。这里原是半汤人民公社汤山大队的所在地。史料记载，在1958年和1978年，这里曾出现过两次罕见的大旱，当时汤山大队的社员举全队之力用龙骨车车水抗旱，1978年改用抽水机抽水浇地，吸水口就是洼地里的冷泉塘。那是一个愚公移山的时代，是一个遍地英雄下夕烟的时代，集体主义的光辉打在贫瘠的大地上，也深入公社社员的意识深处，最终激荡了岁月，也创造了奇迹。

公社，这是一个闪闪发光的名词。历史地看，这也是一种信仰的火炬被东方村落举起以后，在大地上开出的物质和精神的花朵。今天看来，公社这个名词之于中国乡村和中国农民的意义不仅是历史的，更是文化的。因此，走进三瓜公社，总会激起我们内心那悠远的文化记忆！

尽管三瓜公社与历史中的“人民公社”并非同一语义，但无论怎样，这个名词所承载的文化学意义是无法忽视的，它不仅会激起我们刻骨铭心的乡愁，而且会让我们在呼吸乡村的空气和芬芳之际，更能触摸到乡村发展内在的脉搏。穿过城市化的激流，我们在此能找到逼真地瞭望乡村的视角。这是三瓜公社所以具有文化意义的原因。

实际上三瓜公社的命名用意也并非没有打通历史资源的考量。这也许寄寓了命名者乡村改造的梦想，其立意的支点就是要把乡村建设得更像乡村。倘若离开历史，乡村作为社会学的场域就会失去文化的意义。因此，离开城市的现代文明，我们不可能真切地瞭望到乡村，而隔断乡村的历史就会背离乡村的本质，从而也无从穿越城市现代化文明浩瀚的汪洋大海。

那么，怎样激活乡村资源，让城市文明通过创造性转换，融入乡村的历史、山水、村落和田畴，就是当代乡村建设者们所需要认真思考和实践的了。三瓜公社是幸运的，它在创建之初就融通了历史传统、文化记忆与乡土资源。乡土文化的依恋和发掘是构成三瓜公社发展内生力量的重要因素，而投身三瓜公社建设的实践者们游走于现代城市和辽阔乡村的特殊经历，或许是三瓜公社最终能坚守乡村特色、尝试构建城乡融合支点的一个关键要素。

那么，三瓜公社究竟是怎样乘上大时代的东风，在这块土地上降生的呢？三瓜公社成立之初的原发动机是什么？它进行了哪些探索？

（三）土地、村落和扶贫的故事

时代呼唤创造，理论指引实践。

三瓜公社带着历史厚重的文化记忆降生于这块土地并非偶然。这是一个伟大时代感召出的精准扶贫和乡村建设实践的故事，是党的十八以来，在习近平总书记关于扶贫工作重要论述指引下，一群热爱扶贫脱贫事业的共产党员参与精准扶贫脱贫实践，而又机缘巧合地将这片山水、村落和农户以及丰富的乡村资源创造性整合起来的故事。

2015 年，安徽淮商集团董事长刘浩响应政策号召，到此地的东洼村、大奎村、倪黄村进行扶贫工作。初来这里，刘浩发现村落依然是村落，村庄的土路依然漫长，而村庄的内核却是空的，农民的收入来源主要靠外出务工兼业所得，除此之外，依靠地里种田还要赔本。像中国其他村庄一样，多年来，这里的东洼村、大奎村、倪黄村的年轻人一直过着候鸟一样的生活，每年正月十五过后，许多人告别村庄、远离亲人，前往江浙广深打工兼业，临近春节，则像候鸟一样，回村过年与家人团聚。平时留守村内的妇女、老人和小孩，日复一日，在碎片化的生活中成为情感的守候者。村庄的主要劳动力都外出打工，田地抛荒弃种现象严重。

这让作为企业家的刘浩既难过，又震惊。都说农民是汪洋大海，可在一个城市化、市场化要素充分流淌的时代里，为什么农村还会如此衰败呢？中国农业农村和尚未摆脱绝对贫困的农村人口，究竟应该怎样摆脱贫困，走向振兴？有没有办法让那些远去异乡的游子回到村里，依靠就近兼业增加收入，共建乡村？面对这一系列问题，承担着扶贫重任的刘浩陷入沉思。

他通过调研发现，这些村落原本有着良好的区位，但产业结构的单一性和农业生产收入的微薄，难以满足农村人口就业增收的需要，这是年轻人出走他乡打工兼业的主要原因。刘浩认为，客观上，造成农村弱势人口贫困的原因有很多，但单一农业及贫瘠的土地使得农村剩余劳动力兼业机会、兼业方式缺乏和局限，则是这里百姓贫困的主要原因。因此，要根本解决当地贫困问题，实现扶贫脱贫的目标，就不能单纯地进行扶贫，而应该着眼长远，通盘考虑乡村建设和扶贫脱贫工作。

只有从重塑乡村产业入手，在发展产业来吸纳本地人口就业、增加农民收入上下功夫，才能为乡村的内生发展并最终摆脱贫困、实现小康赢来机遇。

刘浩认识到，当地最大的资源优势还是乡村。山水、土地、村落、民居，乡村的一草一木，池塘田冲，点亮了他的思绪。他决定发掘这些乡村资源，找到一条让东洼村、大奎村、倪黄村的农民脱贫致富的路子。机缘巧合，几个热情的乡村建设者走入了刘浩的扶贫生活。与民间乡村建设者孙君和电商专家汪向东、陈民利的相遇为刘浩形成较为系统的三瓜公社建设方案提供了契机。

孙君一直是一个主张“把农村建设得更像农村”的乡村建设实践者，而汪向东、陈民利的加盟，则为刘浩能迅速在三瓜做活产业，实现“产业+电商+乡建”的发展，注入了现代气息，从此，东洼村、大奎村、倪黄村这几个名不见经传的村落，很快因为电商扶贫和乡村教育实践而声名远播。

瓜，是三瓜公社借以打通扶贫、乡建、村落和产业融合发展的媒介，它用村庄生活的具象激活了乡村资源的文化要义，续写了农耕文明市场化改造的篇章，可谓神来之笔，恰到好处。“种瓜得瓜，种豆得豆”，这不正是我们祖先在这块土地上生生不息、持续创造农耕文明的一种具象化写照吗？《诗经》早就有“七月食瓜，八月断（摘下）壶（葫芦）”的诗句，而尊重自然，与自然和谐共生，正是三瓜公社能激活我们内心深处浓郁乡愁的深厚意蕴。

但用市场化手段来改造乡村，实现乡村扶贫致富振兴的目标，可行性如何？三瓜公社的实践究竟走出了怎样的一条道路？

（四）三瓜公社大事记

2018 年，获批国家级旅游度假区。

2019 年，获全国乡村旅游重点村称号。

2019 后，获全国特色小镇典型经验推广点称号。

2020 年，获全国农村产业融合发展示范园称号。

2020 年，入围全国消费扶贫优秀典型案例。

二　以产业融合促乡村再造的“三瓜”实践

三瓜公社特色小镇的建设实践是以三个传统村落的再造为核心的。摆脱贫困是优先任务，持续发展则是长期方向，而靠山吃山唱山歌、农旅结合做文章、差异发展共同富裕则是其采取的策略。其中，依托乡土资源、盘活乡村要素、嫁接现代技术、发展电商产业、激活民俗文化、再造乡村空间，实现农旅、文旅、商旅融合发展，从而带动村民就业创业，实现走出贫困、建成小康目标是其途径。

（一）特色兴村：走出差异化发展之路

特色是乡村文化多样性最直观的颜色。三瓜公社的创建者们一直主张要让乡村成为“回得去的家乡，看得见的希望”。从此出发，三瓜公社确立了“一村一品”和“一户一特”的建设发展思路，首期重点打造了南瓜电商村、冬瓜民俗村、西瓜美食村，走出了一条特色兴村富民之路。

1. 南瓜电商村

南瓜电商村是三瓜公社精心打造的第一个特色村，也是2017年8月被发改委批准的安徽第一批电商特色小镇。南瓜村充分发挥产业的聚集效应，布局全渠道电商平台，引进了安徽京东扶贫馆、甲骨文、微创联盟等多家有实力的电商企业，建立起了统一的电商分装库和物流中心，短短两年被重点打造成安徽电商第一村、安徽互联网示范村、安徽农特产品大村。

利用“互联网+技术”，结合当下新兴的物流网、云计算和移动互联网等业务，全面建设半汤具有典型示范作用的互联网创新创业平台，带动当地经济的增长和人才的回流，是三瓜公社将南瓜村建成“美丽乡村”示范村的主要秘诀。与此同时，刘浩等又充分利用当地优势，开辟建设了温泉鸡、冷泉鱼、山泉花生等30余个产业基地。有基地就有聚集产业的空间，在此基础上，南瓜村又开发了茶、泉、农特、文化四大系列、1000余种半汤特色产品和旅游文化纪念品，这些产品在逐渐形成品牌特色的过程中，成为南瓜村独有的符号，为这个传统村落一跃而成为安徽农特产品大村奠定了基础。

2. 冬瓜民俗村

冬瓜民俗文化村则走出了一条与南瓜村不一样的，依托村落地域民俗文化资源、创意发展、产业集聚的路子。

半汤钟灵毓秀，是文化之邦，上古时期就是有巢氏活动的区域，相传也是古巢国遗址所在地。为发掘这些资源，服务于脱贫攻坚和乡村建设，三瓜公社颇费心思，投资开发了廿四节气馆，“古巢国印象”景区、手工作坊群。

三瓜公社所在的江淮流域是廿四节气最为典型的区域，“廿四节气文化”是三瓜公社的文化 IP，由“廿四节气馆”、“节气祭祀仪式”、“廿四节气体验农业”和“廿四节气系列产品”等组成。“廿四节气馆”是三瓜公社节气文化的重要标志，立足保护和传播中华千年节气文化、农耕文化、民俗文化、美食文化，内涵极为丰富。

“古巢国印象”景区则规避了有巢氏遗址的学术争议，遵循古代有巢氏生活场景，通过具象的实体建筑展现有巢氏文化，让游客立体化体验有巢氏文化，起到了逼真的效果和独特的文化宣示意义。

投资建设的各种手工工艺作坊，则弘扬了民间技艺，增加了体验式旅游的活力。目前，冬瓜民俗村已将半汤乡间传统的油坊、布坊、茶坊、酒坊、篾坊、陶坊、烤茶等 40 余个手工艺作坊和场景实现了再现，恢复了部分民间手工技艺，还原了传统农村的生活景象，为游客亲身体验古朴真实的农家生活营造了不可多得的空间。

3. 西瓜美食村

西瓜美食民宿村是在对当地农户的房子进行改造以后，打造发展起来的集民舍民宿、特色酒店、民间美食、田园风情于一体的旅游休闲、食宿一体的特色村。计划打造 80 户风情民居民宿、60 家特色农家乐和 10 处心动客栈酒店。其中风情民居民宿，将在西瓜村原有风貌的基础上进行“一户一特”的重新定位和设计，重在不同风格的民宿体验。民间美食则以特色农家乐为要义，主要是通过改造60余家体验式农家乐，实现带动村民就业创业和脱贫致富目标。心动客栈酒店则秉承“一户一特”理念，旨在通过10余处风格别致的客栈酒店的建设，为游客提供融合体验民俗风情和特产美食的条件。目前各方面建设正在加速推进。

通过特色产业发展兴村富民，让三瓜公社尝到了改造乡村的喜悦，而被改造的村庄也因此实现了乡村要素的再重组。这极大地改变了村庄的产业结构，激活了乡村活力。2015年之前，三个村落都是以单一的农业为主要产业，村民不出村兼业几乎是不可能的，对于年轻人来说，外出务工只能是唯一选项。留守的村民获得经济来源的途径，除了古老的种植水稻花生和打鱼为生外，几乎难有其他途径。而特色产业的发展，则让三个古老村落初步呈现出百业兴旺的势头，乡村的活力又重新被激发。

（二）农民合作：走出合作脱贫之路

建设以来，三瓜公社大力发展农民合作，先后成立了花生专业合作社、山里邻居食用菌专业合作社、山里人家养殖专业合作社、桃源瓜果专业合作社四大产业合作社，通过合作社＋农户等适应农民需要的方式，激活了农民主体作用，走出了自己特色的合作脱贫、主动脱贫、内生脱贫之路。

“合作社＋农户”实施精准扶贫。合作社成立以后，优先吸收贫困户就业，通过扶、帮、带，让贫困户增加了收入、提高了能力、增强了自主自强的信心。电商驱动农业产业链发展，将种植、养殖、生产、线上线下交易、物流与市场等环节完全贯通，实现了融为一体，使产品产量、价格得到提高，农民的积极性得到激发，参与性也更加热情高涨。

（三）互联网：乡村发展新推手

三瓜公社踏上“互联网＋三农”的风火轮，这是中部农村在城市化进程中，实现城乡一体化发展的独特风景和魅力。从地理和区位看，三瓜所在的三个核心村落并没有任何变化，而从面貌和农业农村现代化色彩视角审视，农业的溢出效应和乡村的现代化程度已经发生明显的、重要的变化。这让笔者更加加深了对习近平总书记关于“三农”工作重要论述深远内涵的理解。总书记指出，“农业强不强、农村美不美、农民富不富，决定着亿万农民的获得感和幸福感，决定着我国全面小康社会的成色和社会主义现代化的质量”。三瓜公社所展现的色泽不正是这些箴言性重要论述的最好证明么？

“互联网＋三农”究竟对农村和农民带来了哪些好处呢？从城市和乡村的两个侧面看，它在城乡融合方面究竟有哪些实质作用？

“互联网＋三农的作用现在还无法评估。”

当半汤乡学院陈民利院长带我乘坐观光车，穿行在三瓜公社修整过的田野山丘上的时候，我与她探讨起来。黄昏细雨如润，眼前平整过的土地被三瓜人种满了各种药材和植物，路边依丘搭建的休憩小屋透射出几分欧洲风情。

按照陈民利的阐述，“互联网＋三农”至少有以下几方面好处。

“互联网＋”，特点是激活了特色资源。“互联网＋”依据乡村具有的独特资源，将资源激活中保留了绿色这个珍贵底色，同时打通了传统偏僻村庄走向外部世界的通道。三瓜引进多家电商企业，地域性农特产品在此集聚，焕发出乡土资源新的生机。互联网技术打通村庄与外部世界的链接，催生了乡村新业态发展。

“互联网＋”，基点是巩固了农业这个基础。三瓜公社通过“科学分析、因地制宜作业”、“运用技术、推广有机农业”和“注重品牌、升级传统产业”三个具体手段，让闲置的土地重新焕发生机，让污染严重的农业生产实现了绿色转变，让本土品牌的价值链得到了升级和延伸，促进了农业现代化，巩固了农业基础地位。

“互联网＋”，节点是促进了美好乡村建设。在脱贫攻坚和乡村振兴有机衔接之时，乡村的地位是值得我们思考的大问题，三瓜公社通过“加强硬件建设”，“加快提升农村的软件建设”和“推动农旅、文旅、商旅深度融合”这样三个实施路径，抓住了“美好乡村建设”这个解决最大不平衡不充分时代问题的关节点、时间的节点，促进了美好乡村建设。

“互联网＋”，焦点是带动了农民脱贫致富。三瓜公社通过“互联网

+”，实现了产业业态的极大丰富，“带动了当地的就业”、“激发了村民创业”、“对农产品进行开发”以及“打造多个产业基地”，也让农民参与了进来，同时促成了外地打工年轻人回乡兼业创业，极大地阻遏了乡村空心化的趋势，带动了农民脱贫致富。

（四）产业融合：走出独特的特色小镇建设发展之路

发展特色产业极大地丰富了村庄的产业业态，改变了产业结构，使仅有纯粹农业产业的古老村庄焕发出新的活力。由于所发展的产业都是立足于乡土资源的产业，突出的是“农”字，是第一产业发展基础上的产业升级，这不但极大地提高了农作物的附加值，农民农业生产的积极性也得到了大大提高。

以花生为例，先前，农民生产花生一般是贩卖给批发商的，这样的销售模式，一般售卖的价格是低廉的，而现在，农户学会了对花生进行挑拣分级，分级以后，再采用传统农家方法对花生进行炒制，统一包装后再进行销售，附加值提高了、价格也自然卖得更高，还同时带来了与花生相关产业的发展。

三瓜公社并没有因此而停顿，而是进一步通过打造一系列电商平台、建设线下销售门店和网点、创造第三产业发展的新空间，从而推进了第一、第二和第三产业的有机融合。一粒花生从生产、分拣、加工到电商销售，是一个延长的产业链条，这不仅大大提高了花生的附加值，为第一产业持续发展积淀了后劲，还催生出相关的上下游产业主体、产业业态，直接促进了第三产业的加快发展。二、三产业发展也为农民就业增收拓展了空间，为农民返乡创业创造了条件。村庄因业而复兴、业因人气的增加而呈现更加兴旺势头。就这样，三瓜公社的建设实实在在地显示出产业融合促农业现代化、乡村再造促村庄振兴、经济发展促农民发展的良好效应。

而有了产业发展的基础，三瓜公社在要素聚集、品牌影响上也开始出现良性循环的态势，这又进一步为农旅文旅商旅、文化教育的深度融合和乡村建设实践拓展更大空间提供了条件。随着农旅文旅商旅与文化教育的融合发展，三瓜公社逐渐成为一道亮丽的乡村旅游风景线，极大地激发了乡村外出务工人员回乡创业兴业的热情，乡村人才回流成为数十年来所没有的现象。

三　加快构建城乡融合发展支点的几点启示

在新时代新的历史方位上，要着力解决发展不平衡不充分现象，补齐“三农”短板，加快建立城乡融合体制机制，实现脱贫攻坚和乡村振兴的有机衔接具有突出作用。但由于城乡二元结构并未完全消除，要实现城乡一体化发展，解决城乡发展的不平衡和农村发展的不充分问题，撤除城乡二元结构壁垒仍是关键。三瓜公社的实践也在这个方面给了我们启示。

（一）阻止乡村衰败，实现乡村振兴，“人”的回归是关键

随着城市化进程的进一步加快，农业弱势化、农村空心化、农民老龄化现象难以阻止，细碎化经营已经不能促进农业的增产，产业的凋敝也无法挽留青壮年农民在乡村坚守，农村老龄化也将带来乡村治理的极大困难。实施乡村振兴战略，其关键是要通过产业振兴实现百业兴旺。建设乡村就必须融入乡村，要融入乡村就必须真心实意对待乡村。为解决乡村凋敝，治理空心化，实现让农民不出村就能就业增收、妇女不留守也能建设生活、儿童不远离父母也能上学的目标，三瓜公社建设者们用心用情，创新办法，终于探索出了一条独特的“人”的回归之路。

真心实意融入乡村是基础。三瓜公社的创建始于扶贫，其最初愿望就是为了解决当地村民的贫困。从扶贫到建设，三瓜公社的建设者走过了一段以心交心、从外来者到一体化的路程。在公社建立之初，村民们存在顾虑，为了打消村民们的疑虑，让大家能积极参与到乡村建设中来，三瓜公社用真心实意将村民的利益放在首位，用真金白银改善当地的基础设施和村民的生活水平，免费为村民们配备电脑，培养村民的电商知识，主动走访农户，解释发展理念，在当地政府支持下，积极改革创新，推进集体经济发展。其中，以村集体名义流转土地经营权，开发土地，让村民切实得

到利益，得到了村民的支持，村民们也从公社的行动中，看到了乡村的前途和自己的希望，这为公社的立足发展打下了基础。

情真意切引“人”回归是关键。为解决农村空心化问题，留住青年村民，三瓜公社建设者们绞尽脑汁，最终以情意感召实现了突破。公社斥巨资构建专业的乡学研究与乡村人才培养机构，建设“半汤乡学院”和“电商培训中心”，打造“电商培训”示范基地，旨在吸引当地外出务工年轻人和大学生回乡创业。为此，公社还出台了一系列帮助创业的政策，例如，帮助这些青年人选择卖什么产品，协助创业者开发想要售卖的产品，协助办理各种工商证件等，逐渐，这些也为各路人才慕名而来提供了方向。短短几年，三瓜公社已经吸引了超过 90 家电商企业入驻，同时，还吸纳了 2000 余人就业，400 多名当地年轻人返乡创业。人才的聚集成功解决了当地劳动力短缺问题，恢复了村庄的元气，曾经离家出走找活路的年轻人，如今已然成为眷恋村庄的创造者，曾经只有“386199”部队留守的东洼村、大奎村和倪黄村，已经成为许多游子“回得去的家乡”“看得见的希望”了，乡村中又显现出盎然生机。

（二）留住乡土人才、增加农民收入，产业发展是条件

但人才回来了，怎样留住人才呢？这是三瓜公社建设者们遇到的另一个重要问题。为解决这一问题，三瓜公社走出了一条以特色产业发展带动产业融合、增加农民收入、促进乡村振兴的路子。留住乡土人才，产业发展是条件。

三瓜公社秉承着“把农村建设得更像农村”的设计理念，坚持以乡土特色产业发展为基底，通过合理的、科学的论证，运用先进的技术手段和运营策略，构建了具有竞争力的特色产业体系。以促进乡村产业品牌的差异化发展、深化“一村一品”建设为抓手，在进行特色资源识别的同时，构建了以特色自然、人文资源为核心的特色产业体系。积极探索“三产融合”、农旅结合的发展模式，致力于通过“互联网＋”的创新模式来促进乡村经济的可持续发展。三瓜公社“互联网＋三农”的发展模式，是接地气的模式，其中产业是内核。三瓜的发展既有本土资源性产业，也有一些

资源和市场都在外的外来品牌，通过电商创业平台建设，在这里建立了营运中心，成为服务产业，还有立足于创新空间载体发展起来的创意产业，这些丰富了三瓜特色小镇的产业元素，为最终实现农旅融合奠定了基础。通过特色产业发展和旅游资源的开发，三瓜具备了一、二、三产融合发展的产业条件，这又反过来支撑了特色小镇建设，为产业要素的集聚增加了吸引力。截至 2019 年底，三瓜公社核心区域的三个村，农民人均年收入达 5 万元，村集体经济增长 200%。

（三）重塑乡村功能，促进农村发展，遵循规律是前提

如果说发展特色产业的做法是留住乡土人才、实现乡村发展的条件，那么遵循乡村发展规律则是推进乡村可持续发展的基本前提。习近平总书记强调，“实施乡村振兴战略，首先要按规律办事”，“百里不同风，十里不同俗”，重塑乡村功能的前提就是要遵循规律，尊重地方特色和文化差异，坚持分类指导和因地制宜。只有这样，才能顺应乡村发展和城乡演变规律，才能抓住新时代下乡村的主要矛盾，才能回应乡民们对美好生活的期待。

三瓜公社正是深刻理解了这样的指导思想，所以，自始至终都遵规律而循之，在扶贫的基础上，对东洼村、大奎村和倪黄村以及周边一些村落进行了科学的考察，并且在专家团队的科学指导下，立足乡情，精准施策。其中，南瓜电商村的建设，就是立足于当地的农产品优势，开发的也大多是当地的特色产品，比如温泉鸡、冷泉鱼、山泉花生等；冬瓜民俗村的建设，依托于当地历史悠久的有巢氏文化，在尊重当地历史的基础上打造了一个钟灵毓秀的文化村；而西瓜美食村的建设，则借助的是当地的民居和美食，在尊重原有建筑风貌的基础上改造了各具特色的民宿酒店，让游客在休闲的同时能更好地品味当地美食。

正是因为公社在帮助村庄发展的同时，始终尊重村民的意愿和合法权益，在振兴乡村产业的同时，又充分尊重了村民们原有的生活形态和传统习惯，这才能充分调动村民们的积极性和创造性，才会不断提升村民们的幸福感和安全感，才会终于有了今天的“网红村”。

（四）推进供给侧改革，促进城乡融合，搭建支点是要害

实现高质量发展，推进供给侧结构性改革，在把握新一轮科技变革产业变革基础上，重塑产业生态，建设现代化经济体系，推动农业的全面升级、农村的全面进步和农民的全面发展是重要内容。而在现代化大棋盘上，要补齐农业农村短板，就必须促进城乡融合。

但城乡融合并不是要把城市搬到农村，也不是把农村搬到城市，而是要通过在尊重乡村特色和城市化发展规律的基础上，找到一个支点，让城市和乡村在空间形态上都成为现代化的共享者，在分工形态上实现社会化大分工，在生态系统上实现有机均衡。通过空间再造、公共服务再造、产业体系再造促进生态、资源、文化、人才、技术、资金、消费等城乡要素的合理流动是关键。三瓜公社上述做法，避免了千篇一律的模式，在重塑乡村的过程中，既让乡村有创业创新的氛围，又让乡村成为美丽宜居的乐园；既让乡村有现代化城市的精神，又保护保留农耕文化的传统特色；既振兴了乡村特色产业，又传承了乡村的原生面貌，从而实现了传统与现代、城市与乡村日趋平衡和统一，为乡村社会全面协调可持续发展提供了依据。

第十三章
特色小镇建设的总结与展望

毫无疑问，特色小镇最初是浙江一地的探索，进而推向了全国。中央对浙江等地的探索实践给予肯定，“从浙江和其他一些地方的探索实践看，抓特色小镇、小城镇建设大有可为，对经济转型升级、新型城镇化建设具有重要意义”。新型城镇化和经济转型升级不是孤立的两件事，非镇非区的特色小镇要把转型升级与新型城镇化建设两者结合好，在新型城镇化建设中实现区域经济转型升级。2015 年 9 月，时任中财办主任的刘鹤在调研浙江特色小镇后表示，浙江特色小镇建设是在经济发展新常态下发展模式的有益探索，处理好了政府与市场关系，政府为企业创业提供条件，大胆“放水养鱼”，让企业家才能充分发挥，这对我国经济结构升级都具有重要借鉴意义。可见，经济转型升级的探索，根本上还是要把政府和市场两种力量充分发挥出来，特色小镇也是一种机制创新，政府主动作为，营造创业创新环境。长三角区域的特色小镇建设实践，能因地制宜、发挥特色，涌现出一批产业特色鲜明、生态环境优美、人文氛围浓厚、创业创新活跃的特色小镇。正如刘鹤指出，特色小镇建设还是新生事物，抑或要深入调研，加深认识，不断总结经验。无论是传统产业升级的袜艺小镇，还是新兴产业培育的梦想小镇、云栖小镇、石墨烯小镇，还是历史经典传承的苏绣小镇、时尚创业的艺尚小镇等，都各有所长，提供了典范和经验。而且，更为重要的是，它们也提供了展望更美好的特色小镇、更有活力的创业创新氛围的新起点。

一　特色小镇是供给侧结构性改革的生动实践

浙江省原省长李强指出，“在新常态下，浙江利用自身的信息经济、块状经济、山水资源、历史人文等独特优势，加快创建一批特色小镇，这不仅符合经济社会发展规律，而且有利于破解经济结构转化和动力转换的现实难题，是浙江适应和引领经济新常态的重大战略选择”。特色小镇产生于经济新常态的大背景下，从供给侧推进体制创新、结构转化和动力转化，是供给侧结构性改革的生动实践。

（一）特色小镇是转型升级组合拳的重要组成部分

浙江的发展干在实处，走在前列，最早碰到发展中的结构转型问题，最早体会到“成长的烦恼”。浙江省委、省政府近年来出台了促进浙江经济转型升级、由大变强的组合拳政策，提出培育发展信息、健康、环保、旅游、时尚、金融、高端装备等七个支撑浙江未来发展的万亿级产业，加快形成以高端制造业和现代服务业为主体的产业结构。为了把七大万亿级产业培育计划落实到位，需要优化生产力空间布局，特色小镇这样一个产业空间平台，成为转型升级组合拳中的重要组成部分。按照企业主体、资源整合、项目组合、产业融合的原则，打破行政区划限制，在全省建设一批聚焦七大产业、兼顾茶叶丝绸黄酒等历史经典产业、具有独特文化内涵和旅游功能的特色小镇，切实推动产业创新落地。

特色小镇在转型升级组合拳中的重要性体现在优化生产力空间布局，集聚高端要素，支撑浙江未来的经济成长。特色小镇与都市圈、城市群和中心城市共同编织未来版图，在最有利的区位和环境下，促使高端要素和产业相遇相吸。

特色小镇在全省层面上延续和推进了都市圈战略。带状、圈状、网络状的产业空间格局逐渐替代了中心点状（中心城市）、县域块状（强县）的格局，特色小镇顺应了都市圈城市群的发展趋势，使都市圈城市群的产业版图更加清晰。特色小镇衔接都市圈、城市群的大平台，在专业化特色和区位之间形成了很好的匹配。“小镇”作为高端要素的集聚地，也是都市圈产业关系的纽结点，是接受大都市高端要素扩散并重新组合而成的新空间，专业化要素集聚度更高，“亩均产出”更高。

在都市圈的核心区，最容易接受城市功能的辐射，能吸引到种类最为丰富的高端要素，尤其是创新产业的人才、知识和信息。在都市圈核心区布局信息经济等创新产业，可以营造技术创新和产业创新的策源地，使创新要素锁定在“创新小镇”中，如互联网小镇、云技术小镇。在都市圈的外围，在城市群和中心城市的周边，高度流动性的高端要素与流动性较低的制造业要素交会，承担起创新链、创意链与制造链的结合，高端装备制造和智能制造的支撑新要素在“制造小镇”中集聚，如云制造小镇、动力小镇、机器人小镇。中心城市吸引高端要素在小镇与丝绸、茶叶、青瓷等经典文化相遇，碰撞出“文化小镇”，如湖笔小镇、黄酒小镇。创意要素与不可移动的生态景观资源在“小镇”相遇，结合成了“休闲小镇”，如森林温泉小镇、茶香小镇。

（二）特色小镇在供给侧的创新举措

为适应和引领经济新常态，“非镇非园”的特色小镇战略给转型升级中的中国经济带来了耳目一新的新气象。特色小镇明确了产业特色要鲜明，人文气息要浓厚，生态环境要优美，还兼具旅游与社区功能，是一个新型的产业发展空间平台。特色小镇不贪大，小而精，特而美，与很多大规模投入基础设施建设的都市新区、产业新城、开发园区形成了鲜明的对比。特色小镇之所以被寄予供给侧结构性改革的厚望，是因为从以下几个方面探索了创新。

创新体现在以“小而精”的空间平台来优化生产力空间布局。以都市圈和城市群为依托，特色小镇的良好区位适合借力都市区的服务功能，接受高端要素和产业的集聚。杭州的云栖小镇、梦想小镇、基金小镇紧邻都市区，还规划有轨道交通相连接，吸引高端人才和培育特色产业非常有优势。都市圈也给特色小镇的旅游业带来很大的市场空间，嘉善巧克力小镇、苏州苏绣小镇等兴起了文化旅游并带动商品消费。特色小镇用较小的面积，像城市一样集聚要素和产业，并与都市圈、城市群形成了星月同辉的空间格局。

创新体现在以产业多元融合的产业生态来促进产业升级。特色小镇超越了工业园区，也突破了“块状经济”狭隘的专业化，着力促进产业多元化融合、构建产业生态体系，探索出了产业升级和规模化成长的新路径。传统产业类特色小镇在袜子、领带、家纺、皮革产业中，引入了创意设计、展示平台，融入本土文化元素，发展体验式旅游直接打通了消费者市场。石墨烯小镇依托研究院和龙头企业的联盟，占领产业链的研发环节，创新链与产业链、产业链上下游协同，成为长三角区域石墨烯产业的重要一极。信息经济类特色小镇的创业创新孵化平台与天使投资、风险投资机构相融合，加速了信息技术和商业模式的创新。

创新体现在以社区功能和优质生态来集聚高端要素。“小镇”不是产业平台的复制品，而是城市体系中一个具有社区功能的产业发展平台。特色小镇以产业功能为核心，依托了社区功能的人际关怀。社区功能是对传统产业平台的一种突破，促进相关的社区服务业，例如健康休闲、居家服务、知识培训等的发展，实践“产城人文融合”。社区功能使特色小镇更加宜居宜业，为创业人才搭建了从学校、社区到创业的一体化平台。互联网梦想小镇集工作空间、网络空间、社交空间、生活空间于一体，引进了YOU + 青年创业社区、万喜年食堂以及便利店、咖啡馆、创业公寓等职住配套，为创业者量身打造满足工作、生活、商务、社交、娱乐等功能混合的创业社区。

创新体现在以期权激励机制吸引民间资本促进有效投资。浙江特色小镇创建在实施机制上务求“活而新”，“宽进严出”的创建制、建设用地指标的期权奖励制与“事后追偿”制，以及财税优惠的考评事后奖励制等创新，激发了政府与市场主体的积极性。在特色小镇建设成效考核中突出了产业投资的比重、民营资本的比重，鞭策政府要为民间投资提供更优质的服务。

特色小镇创建过程中，始终牢牢把握供给侧结构性改革和新型城镇化的核心要义，在优化生产力间布局、产业升级转型、集聚高端要素、体制机制创新并促进有效投资这四个方面抓出特色小镇的成效，各地特色小镇不断总结好的做法和经验，树立了云栖小镇、基金小镇、梦想小镇、苏绣小镇、石墨烯小镇等典范。

（三）特色小镇供给侧的治理创新

特色小镇并非简单的“工业园区”的翻版，需要将产业功能、旅游功能、文化功能和社区功能在特色小镇内叠加，是对特定空间内各类生产要素、制度要素、文化要素的重新整合和高效利用，是对政企关系、政社关系的一次重新定义，也是对区域治理模式的一次全新探索。从这个意义上讲，特色小镇建设开创了一种新型的地方政府治理模式。

一是竞争性的申报和培育创建机制。特色小镇治理机制，一改长期以来政府惯用的审批制。如浙江省政府层面组建了多部门协同的联席会议办公室，任何一个部门和成员都没有审批权限。创建工作采取了“宽进严定、动态创建、期权式奖励”考核模式，有利于激发市县基层政府的积极性，让有潜质的创建对象在相对统一的标准下充分竞争。经过3～5年的实践，通过选优汰劣的市场化竞争，优化调整，寻找特色小镇建设的有效路径。

二是专门的统计考核制度和督查评比制度。为了有效监控特色小镇建设的质量效益，浙江、江苏、安徽三省都研究出台了较为完善的统计考核指标，也配套了多部门专家联合现场考评的操作办法。2016年12月，浙江省正式出台《浙江省特色小镇规划建设统计监测制度》，对特色小镇规划建设进行统计监测。在统计监测工作机制建设方面，县（市、区）人民政府是省级特色小镇统计监测工作的责任主体，负责建立工作机制，明确统计监测具体工作的相关部门与职责分工。组成了分别由省发改委、省委宣传部、省财政厅、省国土厅、省建设厅、省统计局等单位分管领导担任组长，相关处室负责人任副组长，其他联席会议成员单位人员任组员的特色小镇考核小组。发改委牵头统一汇总考核情况，研究提出特色小镇创建对象的调整建议名单、年度优秀与合格单位建议名单，报省联席会议审定并公布考核结果，兑现相关政策。

三是期权式的激励机制和追偿式的惩罚机制。浙江独创了建设用地指标和财税优惠的期权式激励，同时也增加了对创建不达标的追偿惩罚机制。《指导意见》中明确规定，特色小镇的创建要通过“自愿申报、分批审核、年度考核、验收命名”的流程，且在省配套奖励措施上还规定，一旦考核没有达标，不但会追回，还将“倒扣”。下属各地级市出台的配套政策中，基本上也都做了类似的规定。“宽进严定”“能进能出”的原则，以及公示考核的流程都保证了“特色小镇”创建并非一劳永逸的过程。从实际运行情况来看，从2016年开始，列入“特色小镇”培育名单的项目中，每年都有被“降级”的案例，这也反映了相关制度在操作上的实效性。这些机制保持了特色小镇创建的竞争性，调动了基层的积极性，有助于激发相关政府和市场主体形成合力，以特色小镇的思路来集聚优质资源提升特色产业层次。

特色小镇被赋予改革先锋的角色，摒弃了行政化的思维定式和体制束缚，用改革和创新的精神推进规划、建设和运营。政府的积极有为，不是直接干预小镇建设和产业投资，而是从培育创建机制、规划建设、考核监督问责等制度建设来总体上把控特色小镇建设，保证特色小镇能切实担起供给侧结构性改革的重任，能担当起新兴产业培育的重任。在运营机制上，实行“企业主体”，项目投资、小镇运营、招商引资等市场化行为放手给企业。小镇建设引入产业基金、股权众筹、PPP等社会资本，调动各方面的积极性。特色小镇是现行行政体制外的改革创新试验田，规划建设突出了产业发展与其他功能的叠加，突出了经济社会的互动，突出了“产城人”融合。投资和运营，突出了企业主体地位，确保特色小镇不是行政化的“镇”，不是造出来的“城”。

二　未来展望

特色小镇付诸实践已经5年了，从发源地浙江推广到全国各地。长三角区域的特色小镇，一直坚持“经济转型升级”的方向不动摇、不走样，分批次稳步推进。本书选取了浙江、江苏、上海、安徽长三角四省市10家特色小镇，这些都是所在省市优秀小镇的代表，也是全国范围内特定产业和功能类型小镇的典型。我国已经到了“十三五”规划的收官期，正值谋划“十四五”发展的宏图之际，国际国内改革开放的热点迭起，形势和趋势错综复杂，特色小镇又站在了新的历史档口。面对因新冠肺炎疫情而加速的全球价值链重组进程，面对新一代信息技术加速变革而引发的新产业、新模式，面对国内区域经济一体化发展加速推进的态势，特色小镇更要不忘“经济转型升级”的初心，在区域一体化、全球化更大的平台上迈出更加坚实的步伐。

（一）产业社区营造更加浓厚的创业创新氛围

特色小镇是在我国经济发展进入新常态、推进供给侧结构性改革的背景下应运而生的，其初衷是经济转型升级，肩负着传统产业升级和新兴产业培育的使命。袜艺小镇将传统针织升级为时尚袜艺，艺尚小镇在纺织产业的基础上转型为时装设计之都，“东方美谷”在农业开发区的基础上构筑了美丽健康大产业平台，苏绣小镇为传统艺术人才搭建了传承和发扬光大传统文化的产业舞台。玉皇山基金小镇、梦想小镇为创业人才和新兴产业营造了难得的发展环境，云栖小镇、石墨烯小镇、智谷小镇培植深耕新兴产业的技术创新土壤，三瓜电商小镇架起了城市人才、城市资本投身乡村振兴促进城乡融合发展的桥梁。由此可见，小镇是一个开放的平台，汇聚了各类人才、技能、资本，这是常规的工业园区、产业园区所不具备的，而只有“产业社区”才能把城市的服务功能、人文氛围、产业平台融合在一起，营造一种具有人情味的创业创新氛围。

建设特色小镇也就是在营造产业社区。传统产业转型升级、新兴产业培育，恰恰需要产业社区提供的创业创新氛围。无论是传统产业，还是新兴产业，微观个体的成长都需要借助于产业链、创新链上其他主体的协同。正如“竞争优势战略”的钻石体系所指出的那样，有赖于企业的竞争战略从要素供给、市场需求两端发力，得到相关产业的支持，借助于特定的外部机会和政府的外力，一个区域的产业（而非个别企业）才能占领竞争优势的地位。钻石体系所揭示的区域竞争优势机制，也就是特色小镇这一类产业社区的功能机制。特色小镇代表着的一个个区域特色产业，未来仍然是以区域产业为一个整体继续升级、持续成长，区域特色产业体系引导产业技术的创新研发。特色小镇的未来前景，依然取决于区域产业竞争优势的钻石体系诸要素在新技术、新组织的机会和环境下的整体表现。

（二）特色小镇的特色要更突出

特色是区域产业的灵魂，传统产业依靠特色升级获得竞争力，新兴产业重点瞄准技术创新和应用研发的优势，用研发带动区域协同制造。诸暨袜艺小镇代表的是一种传统产业升级的路径，像袜子、时装、皮革、羊毛衫、化妆品这一类非必需品领域的企业，需要快速跟进，甚至引领消费需求的潮流变化。企业的竞争优势战略固然重要，小镇企业要善于从“产业社区”获取更高级的生产要素来提升设计能力，产品的设计感、潮流感能打动消费者的心理，要依托产业社区更快速地拉近与消费者的距离，改善需求条件。特色小镇在互联网时代是一个吸引流量的IP，特色越明显，热度越高，改善市场需求能让小镇企业更专注于设计创意。对于新兴产业小镇，应用技术的创新是小镇的特色所在，是竞争优势所在，也是形成小镇热点所在。新技术、新应用、新产品不断推向市场，强化了新兴产业小镇的创新特色，增加了小镇金字招牌的成色。这样的小镇更加能够成为行业的标杆，更能集聚行业的关注度，更能集聚行业的优质创新资源。石墨烯小镇、云栖小镇培育的新兴产业，有大量创新研发的平台的支撑，走在新技术应用的前列，智谷小镇充分利用昆山杜克大学的全球化科创平台，引进国家大科学装置，逐渐褪去了新兴产业小镇的色彩，正向一个为昆山新兴产业服务的知识创新策源地转变。

（三）特色小镇的功能要更融合

传统产业的升级，依托的是特色小镇的综合性服务功能。在不足3平方公里、核心区才1平方公里的空间里要提供综合服务功能，这是城市才能具备的。特色小镇非镇非区，但又紧邻市区，承接了城市多样化服务的能力。袜业、时装等时尚企业，要能适应消费端的变化，必须从设计端加入文化的元素迎合消费者年轻化、时尚化的心理需求，从产品功能性着手，迎合消费者对健康、安全、高效等新型功能需求，这就有赖于吸引集聚设计研发的应用型人才，有赖于设计者把文化符号渗透到产品设计和产品的消费环境中去，有赖于为设计者提供一个能够激发共享创意的氛围。特色小镇的初衷便是“三生融合”，是服务功能的融合，也是文化、旅游、社区氛围与产业的融合。

时尚小镇的文化氛围，新兴产业小镇的创新氛围，创业小镇的创新氛围，是检验产业社区成色的标准。特色小镇的发展主体、服务供给主体的作用不可或缺，要为特色产业导入金融、商务等服务，要为设计研发人员搭建公共研发平台，要为创业创新人才提供社区服务，要为拉近消费者距离提供旅游服务功能。这些看似独立的功能融合在一起，就是特色小镇的核心竞争力。

苏绣小镇展示出一种在功能融合下，传统文化产业化复兴的可能性。历史经典文化与现代的设计理念、现代的产品设计组织管理流程结合起来。特色小镇的发展，一般是小镇管委会主导引入知识产权保护机制，形成有序的市场秩序，把历史经典文化产业形成的那种与心灵感受特别吻合的消费环境，和优美的自然生态环境结合形成一个整体。把历史经典文化和现代健康产业、旅游产业融为一体，这为历史经典文化带来了一次新生机会。

（四）特色小镇要借力都市圈

特色小镇顺势而为，离不开城市化进程进入逆城市化阶段这一大背景。中心城市产业扩散伴随着要素在都市圈范围内重新配置，特色小镇所在的区位有利于要素和产业二次配置，直接推动小镇的传统产业升级和新兴产业培育。长三角区域的优秀小镇范例，大部分位于都市圈、城市群的紧密层，占据有利的产业区位。未来特色小镇要更上一个台阶，仍然要立足都市圈产业与科创的协同，借力都市圈拓展产业发展空间。传统产业升级的关键要素是创意设计人才、现代营销与管理人才。新兴产业的核心要素是科技创新人才和风险资本投资，这些高端要素在中心城市集聚，在都市圈扩散。时尚小镇和科创小镇还需要强化都市圈紧密层的区位优势，朝着都市圈的核心城市向心发展。袜艺小镇搭建一个更加开放的平台，让袜艺小镇走出诸暨，走向杭州、上海这样的大都市，接轨国际文化潮流，在都市圈打造一个时尚袜艺设计专业人才的大本营。艺尚小镇紧邻杭州大都市区，借助临平新城强有力的公共文化平台支撑，进一步接轨大上海，吸引海外更高端的设计人才，引领最前沿的时尚潮流，带动长三角都市圈时装、时尚设计与高品质制造的区域协同。

（五）特色小镇要适应数字化生存

不知不觉中，时代已经置身于数字化的浪潮之中，好在特色小镇从没有缺席，而且是数字化浪潮的引领者、弄潮儿。信息经济、数字经济本来就是未来的成长产业，在长三角特色小镇中的那些优秀代表，很多头顶着新一代信息技术的光环，也有一些小镇积极拥抱了互联网，投身数字化，紧抓数字赋能的机遇。

新兴产业小镇理所当然要站在数字化大潮的前沿，担当起探索者和领航员的角色。特色小镇要为供给侧结构性改革做出贡献，就必须朝着新一代信息技术、生物技术、空间技术、材料技术等前沿目标推进。特色小镇要在有限的空间集聚创新要素，要造就高浓度的创新氛围。云栖小镇的企业贡献了云计算的一片中国自己的蓝天，同时还在孕育着看似弱小但潜力巨大的卫星云产业。德清地理信息小镇把联合国的地理信息机构吸引到了一个都市圈的县城，未来凭借中国北斗导航的巨大产业体系，有望引领长三角区域打造一个自主可控的地理信息产业，打下空间数字化的坚实基础。人工智能、机器视觉和工业互联网技术处于全球新技术竞争的前沿，人工智能小镇、智能安防小镇、昆山智谷小镇布局了龙头企业的研发中心，政府投入了巨资打造大科学研究的公共平台。长三角新一代信息技术小镇如一颗颗重要的棋子，占据了技术创新和产业发展的关键节点，未来与高端制造小镇会在“万物互联”的新型基础设施的支撑下，拓展一片带有深刻长三角烙印的数字产业天地。

数字技术不可抵挡的穿透力和渗透性，不会遗漏任何一块领地，传统产业的那片红海也不例外。传统的袜业、皮革皮具、服装，历史经典文化诸如丝绸、青瓷和黄酒，设计和文化的元素要克服时空的阻隔，克服传统技艺口耳相传、代代传承的时空约束，必须依赖数字技术。现代和传统的融合，给予传统产业、传统技艺一次重生的机会。袜艺小镇的数字化设计突破了人才的地域限制，依托互联网平台和数字技术，全世界最好的设计都会向小镇汇聚而来。苏绣小镇的传统技艺，一方面要靠师承代代相传，另一方面数字技术也给了刺绣艺术第二次乃至更多次重生的生命。数字技术给传统产业和技艺带来无限想象空间，没有数字技术，就无法给飘忽不定的技艺定型，就无法清晰界定艺术创作的创新之处，也就无法清晰判断个体对传统技艺的贡献。苏绣小镇把数字技术和法治程序充分结合，解决了传统技艺的知识产权难题。那些久为历史时光蒙尘的传统技艺，如青瓷、丝绸、戏曲、黄酒，有朝一日再放光芒，还看如何拥抱数字化。

参考文献

白小虎、陈海盛、王松：《特色小镇与生产力空间布局》，《中共浙江省委党校学报》2016 年第 5 期。

周鲁耀、周功满：《从开发区到特色小镇：区域开发模式的新变化》，《城市发展研究》2017 年第 1 期。

中共浙江省委党校、浙江行政学院编《理论自信与浙江实践》，浙江人民出版社，2017。

附　录

附录一　浙江特色小镇提升发展的对策思路*

《浙江特色小镇提升发展研究》是省委、省政府主要领导今年布置给省社科联的重大研究任务，我们在组织课题组深入调研的基础上形成本期研究成果。针对我省处于探索创建阶段的特色小镇存在的若干质量短板和体制机制问题，提出实质性强化特色小镇的创新理念和定位、调整相关政策，使特色小镇建设与中心城区同频共振、共同提高的对策建议。

一　特色小镇建设的质量短板及其体制机制原因

特色小镇搭起了我省创业创新的平台，拉动了有效投资，推进了产业升级。在“基金小镇”“梦想小镇”“云栖小镇”等样板小镇的光环下，应该看到特色小镇整体上存在若干质量短板。

1. 特色小镇总体上量多而分散

目前我省省级创建小镇100家（另外还有大量省级培育小镇、市级创建小镇），而反观欧美发达国家的特色小镇，其中作为浙江特色小镇建设示范借鉴的国际知名小镇，超不过20家。资源要素集聚是特色小镇建设本来应该紧紧把握的抓手，从局部来看特色小镇依托产业特色集聚资源，然而在一个省域范围内布局百余家特色小镇，整体来看特色小镇数量众多，必然分散产业资源，容易导致特色小镇的低水平建设。

---

* 此为2017年度浙江省社科规划委托课题，负责人浙江省委党校白小虎教授。

2. 特色小镇功能"园区化"

特色小镇承载了城市才具有的社区服务功能，使得特色小镇与开发区、工业园区相区隔。然而据一项对嘉兴市特色小镇的调研，一半以上的特色小镇建设主体仍旧认为社区服务功能就是"与旅游功能配套的酒店、餐饮、娱乐、休闲等商务服务设施"；近一半的特色小镇将周边新社区、新农村充当小镇的社区空间。生产与生活不融合，严重缺乏面向家庭（个人）需求的教育、培训、健康、娱乐、休闲等服务配套，是特色小镇建设的大难题。社区功能缺少投资主体，缺乏培育热情，相当一批小镇建设仍处于"有生产无生活无社区"的园区状态。

3. 特色产业缺少核心竞争力

特色产业"特而强"是特色小镇的核心竞争力，然而相当一部分小镇仍局限于原有块状产业的老路子。一是信息经济、装备制造等产业缺少技术创新的突破。例如省级创建、培育的信息经济小镇23家，其中一半多主导产业是电子商务，仅小部分聚焦大数据、物联网等产业前沿。二是传统产业时尚小镇的特色项目科技创新含量低，组织模式陈旧，缺少龙头企业的品牌效应，有创意设计也只是点缀，难以引领时尚潮流。

综上，各级特色小镇短时间大批量涌现，资源和产业规模分散，重短期项目招商引资的成效，轻服务功能和社区氛围的长期营造，特色小镇集聚的高端要素不足，核心竞争力不强。这些小镇建设的质量短板，除了创建主体、市场主体的因素外，还与小镇创建的体制机制不够完善有很大的关系。

1. 层层创建机制易导致数量式扩张

特色小镇创建工作采取了"宽进严定、动态创建"的考核模式，"宽进"有利于有潜质的创建对象充分竞争，容易激发起基层申报的积极性，因此全省上下形成了前所未有的创建热潮；"宽进"也意味着各主体进入创建名单的门槛相对较低，加之"省市县"层层创建的机制，小镇数量层层增加。许多地市推出了市级创建小镇，第一批有杭州32个、宁波19个、温州市21个、嘉兴市20个、绍兴市33个。特色小镇"遍地开花"，资源配置丧失规模效益在所难免。

2. 统计考核难以衡量特色小镇的成色

特色小镇统计考核制度以投资额度及其结构、主营业务收入等来衡量即期的建设成效。社区服务、文化底蕴等非标准化的功能关系长期发展潜力，但又难以在统计考核中体现。统计考核制度反而有可能诱导建设主体偏重产业投资，偏废社区和文化的投入，加剧特色小镇的“园区化”。根据2016年上半年的投资情况，作为特色小镇标杆的云栖小镇（3.7亿元）投资额度并不大，相反倒是海宁皮革时尚小镇（9.2亿元）、桐乡毛衫时尚小镇（9.2亿元）的投资额遥遥领先。

3. 期权式激励机制和追偿式的惩罚机制可能导致行为短期化

浙江独创了建设用地指标和财税优惠的期权式激励，同时也增加了追偿惩罚机制。这些机制保持了特色小镇创建的竞争性，调动了基层的积极性。为了更好地完成三年内有效投资的任务，倾向于投资见效快的项目，偏废打基础的项目，被迫放弃一些有助于提升小镇产业层次的基础性、公共性的投资。短平快的产业投资，是园区意义上的投资，而非小镇意义上的投资。从2016年上半年投资数据来看，信息经济类小镇的三大投资指标，总体上不如时尚小镇，甚至也不如历史经典小镇和旅游小镇。

二　提升发展的对策建议

（一）强化创新理念，提升特色小镇定位，合理拉开差距

1. 进一步提升特色小镇的理念和认识

要彻底扭转特色小镇“产业园翻版”概念炒作的趋势，就必须要求特色小镇对标战略理念，检验特色小镇的成色。第一，特色小镇是改革开放的平台，要对标特色小镇有没有创新出体制机制，有没有提升开放水平，有没有积极融入全球经济。第二，特色小镇是新型城镇化的平台，要对标特色小镇有没有优化“一体两翼”生产力空间布局，有没有集聚资源要素，有没有促进城乡互动。第三，特色小镇是创新发展的平台，要对标特

色小镇有没有集聚高端创新要素，有没有提升产业创新能力和创新供给的水平。

2. 明确特色小镇提升发展的内涵和重点

通过提升发展，扭转特色小镇“产业园翻版”的形象。一要提升定位，把特色小镇打造成集聚区域优质资源和驱动区域创新发展的增长极；二是提升要素集聚能力和产业创新能力，瞄准创新前沿引进和培育标杆企业，提升产业特色的成色；三是提升小镇的综合服务功能，使特色小镇与城市融合，成为城市体系中小而精美、宜居宜业的空间。

3. 对特色小镇进行分类排序，厘清不同层次的特色小镇

特色小镇品牌的含金量在于“创新、集聚、带动”，也是供给侧结构性改革和新型城镇化的基本要求。可以借鉴城市体系中城市首位度的评价方法，建立总体和产业两方面的特色小镇首位度指数，对其进行排序，衡量特色小镇的位次。根据动态的位次，对特色小镇评星评级。根据星级高低，拉开特色小镇的档次，正本清源，促使小镇建设主体、市场主体主动提升特色产业的层次。

（二）调整政策，注重政策激励的长期效应

1. 适度减少政策激励，注重运用财税等价格型政策

目前的建设用地指标和财政收入部分返还的期权奖励是数量政策，应适度退出数量激励，重点运用财税等价格手段。根据最终的市场表现来享受价格型政策，把政策的优惠从政府端转向企业端、个人端和家庭端。政府的激励应侧重于引导长期性、基础性、公共性的社区功能的投入，对社区服务市场化供给给予税收的优惠。转向价格型激励，有助于调整激励对象，减少政策套利，激发市场活力。

2. 适度调整特色小镇创建体制

在前述激励政策调整的基础上，适度调整创建体制，固定培育创建名额，提高进入门槛，动态调整。至少在地市级层面统筹协调都市圈、城市群和中心城市的特色小镇布局，切忌在县域层面布局太多特色小镇。

3. 研究完善考核评估体系

减少政策激励，降低考评的政策红利，回归考核的本意。在现有基础上，不仅要考核投资量，也要考核产出效益，以及高端要素的集聚效应和整体的功能实现程度。不仅要考核产业的特色，还要考核其成色，包括产业的地位、产业链的高度、技术创新能力与产业竞争力等。按照产业分类，建立基于产业大类的考核评估办法。在现有分类考核投资规模的基础上，推广到上述其他方面并加以完善。

（三）注重弥补文化积淀和社区功能的短板

1. 急需强化特色小镇的社区功能

文化积淀和社区功能是特色小镇的短板，也是制约小镇特色产业升级的短板。文化设施和社区功能具有公共物品的属性，是市场主体不愿意投入的领域。应放宽特色小镇投资中政府公共投资的比重，并在绩效考核中有所体现，还需从政策上鼓励政府以 PPP 的方式加大公共投入，为集聚创新要素和创业人才提供宜居宜业的发展环境。

2. 鼓励特色小镇与中心城市共享社区建设，实现小镇与城市同频共振

特色小镇与中心城区同步提升，特色小镇共享城市的公共服务。中心城区向特色小镇溢出高端要素，延伸文化设施和社区服务功能，特色小镇能成为城市的新增长点。特色小镇要与城市增长的战略方向相匹配，与中心城市的产业环境同步提升。切忌在工业园区、开发区进行项目简单包装，割裂特色小镇与中心城市的共振互动。

附录二　关于特色小镇与高端装备产业同步高质量发展的对策建议*

省委党校课题组

大力发展装备制造业，对于抢占世界制高点、掌控技术话语权具有重要意义。我省装备制造业与先进省市，特别是与世界先进水平相比仍存在较大差距。特色小镇是重要的创新平台，其对于我省高端装备制造业高质量发展是否发挥了积极作用？针对这一问题，省委党校课题组广泛调研，完成了《浙江省高端装备产业特色小镇发展报告（2018）》，综合梳理发现，高端装备制造小镇建设考核优良率居八大万亿产业前列，在提高行业研发强度、增强行业集聚效应、引进高端新兴行业企业等方面取得了突出进展，但其平台功能仍存在明显短板。课题组对高质量发展高端装备制造产业特色小镇提出若干对策建议。

一　特色小镇三大平台功能的短板

特色小镇的本质是城市平台、产业平台和创新平台组成的发展空间平台，共同特点是平台服务的公共性和外溢性，并以此吸引创业创新的个体和企业入驻。特色小镇相对独立于市区，但又接近城市，能共享城市公共服务。许多特色小镇凭借其产业基础、文化内涵、旅游和一定社区功能，

* 此为浙江省哲学社会科学规划课题（19NDJC162YB）阶段性成果。

提供设计、制造和营销的服务，营造了文化创意和技术创新的知识生产空间。特色小镇这一公共平台，扣准了装备制造企业招引人才难、技术创新能力弱、行业共性基础装备投资大等痛点，有助于抢占产业制高点。2017年度考核优秀的杭州湾汽车智创小镇，2016年、2017年连续两个年度考核优秀的秀洲光伏小镇、新昌智能装备小镇、长兴新能源小镇，都立足新城或城郊区位，扎实搭建城市平台、产业平台，做实创新平台，攀登产业制高点。但就整体情况而言，我省高端装备制造特色小镇三大平台的建设力度和支撑力度还不够。

1. 创新平台功能发挥不够，尚未有效助力高端装备制造业攻克技术瓶颈

我省高端装备制造业普遍存在创新乏力、核心技术和核心关键部件受制于人的问题，小镇入驻企业尚未对共性技术、核心部件取得明显突破。第一，高新企业集聚不够。前三批25个高端装备制造小镇总共入驻高新技术企业160家、科技型中小企业304家，只占该类别小镇入驻企业总数的10%、19%。第二，科研机构与企业合作不够紧密。部分小镇虽与高校有合作关系，但行业共性技术问题缺少攻关主体，相当一部分是“挂牌”的平台，实质性的技术合作较少。第三，创新服务综合体创新含量不高。目前主要承担了检测、展示、培训等行业内技术含量不高的公共服务。第四，龙头企业在小镇中的创新引领作用不够。例如南浔电梯行业长期在中低端徘徊，缺乏核心科技，品牌竞争力薄弱，行业协会也反映电梯小镇的龙头企业很难发挥引领作用。

2. 产业基础设施平台投入不足，掣肘我省高端装备制造业攻克技术难关

一是企业自建标准厂房、智能车间、智能场站等产业基础设施占用大量长期资金。目前，仅江北膜幻动力小镇和义乌绿色动力小镇等少数几个小镇建有标准化厂房。一些小镇的龙头企业因为投资兴建“创业园”标准厂房一时难以收回投资，危及了主业的资金链安全。新昌万丰航空小镇的机场跑道、空管工程、塔台、航管综合楼等具有公共属性的设施都由主导企业建设，企业承受了极大的资金压力。二是缺少面向中小企业的公共制

造平台。高端装备制造多使用进口的多用途加工中心，价格昂贵且折旧快，中小企业投资大型高档装备的动力不足，生产的关键零部件长期无法突破低端锁定。例如台州黄岩模具小镇的中小企业离开了尖端设备，产品难以做到“专精尖”。综合来看，囿于特色小镇政府投资占比的硬性约束，公共性的产业基础设施投入偏少，而企业自主投入尖端设备又造成较高的硬资产比重，也制约了企业的创新投入。总之，产业基础设施平台投入不足制约了创新平台功能的有效发挥。

3. 城市平台作用尚未发挥，制约小镇对高端装备制造业高端要素的吸引力

装备制造业转型升级离不开高端要素，尤其是高素质技术和管理人才。当前小镇建设的突出问题就是人才引不进、留不住，根子是小镇的建设还没有跳出产业园区的思路。一是多数小镇依产业基础和土地空间而选址，城市基础设施功能尚未延伸辐射。公共交通、城市公园、绿地绿道等基础投入几乎空白，短期大规模投入又受制于地方财力和投融资政策。二是远郊小镇尚未有效嵌入城市社区功能。小镇社区配套设施普遍薄弱、公共服务整体滞后，餐饮娱乐、交通出行、医疗教育等基础设施建设严重滞后，整体面貌落后，居住生活不便。三是小镇远未有效融入文化功能。文化娱乐、体育锻炼、日常休闲的设施与服务奇缺，更难以满足高端人才对于生活品质的需求，与“小镇是一种生活方式”有很大差距。就前三批25个高端装备制造小镇面上情况而言，截至2017年底，仅有6个小镇有商品住宅建设投资，9个小镇客厅建成投用，40%的小镇服务业营收为零，1/3的小镇没有个体工商户入驻。

二　小镇与装备制造业同步高质量发展的对策建议

1. 强化特色小镇平台功能并促进高端装备制造业创新能力提升，是两者同步高质量发展的必然途径

一是不能偏离特色小镇的公共平台属性。在城市平台、产业平台和创

新平台的建设与功能发挥方面，政府或政府性投融资公司应发挥积极作用。二是不能偏离特色小镇的创新平台功能。产业是特色小镇的基础，但创新才是小镇的最终使命，有效吸引、集聚和组合配置创新要素，通过技术创新、产品创新来冲击行业制高点，才是规划建设特色小镇的出发点和落脚点。

2. 引导激励政府、企业和社会在创新平台和创新能力上加大投入

一是调整考核评价体系，不应过分重视投资规模、所有制结构和亩均产出等传统指标，而须转向诸如城市服务、社区服务配套和各类人才密度等公共性指标，诸如研发投入强度、专利数量、高新企业占比等创新性指标。将整个特色小镇视为一个大型的孵化器，引导金融机构主动服务地方政府和龙头企业投资建设公共平台，营造良好的创业创新环境。二是做实产业创新服务综合体。通过有偿使用创新服务形成激励机制，建议引进提供市场化服务的科研服务机构入驻，同时通过发放创新券的形式鼓励小微装备制造业企业购买其创新成果，以创新券的使用效果来考核创新服务综合体绩效。三是培养契合当地产业创新需求的人才。摒弃唯高端人才唯数量的人才引进考核指标，如新昌县与高校联合培养硕士生，一半时间在校学习理论课程，另一半时间在当地企业学习技能，培养出留得下、钻得深、对口性强的高素质人才。四是鼓励和扶持龙头企业突破行业共性技术难关。对龙头企业创新人才招引提供定向优惠政策，以家庭为单位提供医疗、教育、住房等全方位公共配套服务，激励龙头企业带动产业链上下游企业的业务协同。

3. 以创新便利化为导向建设产业基础设施平台

一是树立产业基础设施公共平台理念，创设投融资绿色通道。加大标准化厂房、智能车间、加工中心、智能场站等产业基础设施建设的金融支持，降低企业落地投产的时间和资金成本。二是依托高校、科研院所和龙头企业建立“公共加工中心”或“硬件共性平台”。购买与国际先进水平同步的一流设备，提供第三方设计、制造等技术服务。政府制定配套政策，向中小企业发放“制造券”，切实降低其在创新阶段的高成本。

4. 打造以创新为引领的新型城市社区

一是加快小镇与城区的设施对接、服务对接，短期内快速弥补小镇的服务功能短板。二是“以人才为中心”加快生活配套基础设施建设。完善居住、商业、教育、医疗等社区生活服务，打造新型城市功能单元，有效集聚人才、资金、信息、科技、管理等关键要素。三是以创新功能、城市服务功能为优先条件考虑特色小镇的选址布局。培育、创建特色小镇要重视区位选址，既要考虑区位上现有的产业基础，更要注重该区位上高端要素的集聚潜力。

附录三　旧金山湾交通模式对杭州湾经济区交通与城镇产业布局的启示

白小虎*

省第十四次党代会报告提出谋划实施“大湾区”建设行动纲要，重点建设杭州湾经济区，大力发展湾区经济。旧金山湾区（硅谷）被誉为高科技企业的“创新栖息地”，101 公路把城市社区与高科技园区融为一体，这（一种交通模式）对杭州湾经济区城镇产业带建设有一定借鉴意义。

一　旧金山湾区（硅谷）交通组织方式的特点

旧金山湾区是由旧金山 - 奥克兰 - 圣何塞这三大都市以及三者之间的狭长湾区组成，三大城市之间通过若干条高速公路和跨湾大桥相连接。旧金山湾区的交通组织方式主要具有以下特点。

（一）101高速公路串联起硅谷小镇

旧金山湾南端沿着 101 公路，从门罗公园、帕拉托经山景城、桑尼维尔到硅谷的中心圣克拉拉，再经坎贝尔直达圣何赛的这条狭长地带，是旧金山湾区的核心——硅谷。从 20 世纪 50 年代的国防工业起步，硅谷的信息技术产业发展带动人口集聚，空间用地不断拓展和蔓延，使硅谷由一个个分散布置的独立小镇连成成片的城市群。这些硅谷小镇散布于狭长地带，通过交通干线串联成城镇产业带，硅谷居民经由 101 公路、280 公路，

---

* 白小虎，浙江省委党校教授。

其休闲生活、创业创新活动穿行于小镇之间。

（二）硅谷城镇与产业的圈层式布局

硅谷小镇群依托交通干道节点，以旧金山湾为核心，功能呈圈层式展开。每个小镇均具有相对完整的结构与功能，由核心向外布局商业服务区、科研办公区、居住区以及产业区等功能片区，如同一个个“细胞”。各“细胞”由生态廊道相隔，是城市用地增长的弹性化边界，主要若干交通干线将各“细胞”串联起来。围绕旧金山湾的滨水地区为休闲游憩带，紧靠休闲游憩带组团式分布科研产业区和企业总部，产业研发区外层是居住社区，为本地居民和外来就业人口提供各类型居住空间。最外层的山地区为硅谷打造良好的生态环境，学校位于城市居住圈层和生态保育圈层之间。交通型干道（101 公路、280 公路）实现跨小镇（产业园区）间的通勤，生活型干道满足小镇的社区活动。

二 G60 公路与硅谷 101 公路的比较

从谷歌卫星地图可以分辨出，101 公路是湾区南岸的快速交通干线之一，每隔 1～2 公里就设置免费出入口和匝道，高速公路车辆在高速公路与普通道路之间切换便利，并在高速公路和普通快速路之间，发育形成人口集聚的产业小镇。可见，硅谷的产业空间是由交通干线带动高科技产业小镇成长而形成的，高科技企业和园区带动人口集聚，产业小镇在高速公路的节点两侧布局，101 高速公路起到了关键性的通勤功能和交通引导作用。

G60 高速公路的上海－杭州段，以及连接两大都市的绕城过境高速，沿途经过余杭、海宁、桐乡、嘉善等地，是环杭州湾人口相对密集的区域。从交通图可以明显对比出：首先，沪杭之间高速公路出入口密度过小。其中杭州绕城段出入口平均 5.69 公里一个，上海外环高速段平均 5.5 公里一个，嘉兴段的出入口距离从 5 公里到 9.5 公里不等（见表 1）。其次，高速出入口到集镇和城市的距离较远，在出入口附近很少有城镇和服务设施。G60 高速出入口一般通过快速干道与所在县市的行政中心、开发区平台等相连接，高速出入口作为交通干线重要节点的便利优势，没有得到很好的发挥，尚未有效带动要素和产业在高速干道节点附近的城镇产业平台集聚。

由此可见，G60 与 101 高速发挥了不同的作用：G60 是国家收费高速公路，发挥的是物流通道的作用，也是城市之间的快速交通通道。硅谷 101 高速公路是免费的快速通道，在兼有城市物流通道的同时，主要发挥的是城际通勤功能，并且交通引导促进城镇产业合理布局。综上，通道式与通勤式这两种交通组织方式的差异，体现了当前 G60 与 101 高速沿线城镇产业带交通组织的理念和功能的差距。

表 1　G60 高速沪杭出入口间距与密度

路段	出入口数量	大致里程（km）	平均 km/出入口
上海	9	49.7	5.52
嘉善	2	15.5	7.75
嘉兴南湖	3	22.3	7.43
桐乡	2	18.5	9.25
海宁	4	20.1	5.03
杭州（含绕城）	26	148.0	5.69

三　加快推进杭州湾经济区交通与城镇 - 产业协同一体化

旧金山湾区干线交通与城镇产业带协同一体化，干线交通起到通勤大动脉的作用，引导人口和产业在大都市之间的交通节点集聚形成产业小镇，这种交通组织模式很值得借鉴。杭州湾南北两翼连接了上海、杭州、宁波三大都市，大都市之间应该布局科创与产业城镇。

（一）G60沪嘉杭科创走廊改进交通组织方式与布局科创小镇

G60 科创走廊应加强高速公路对沿线区域的服务功能，通过增设出入口（节点）等措施，增强沿线区域跨高速公路的协同发展。

一是合理增加高速路出入口，增强 G60 作为区域公共品的属性。完善高速公路收费便利化机制，加大沪杭区间高速公路通行的优惠力度，促进上海嘉兴杭州沿 G60 沿线的人才等科创要素流动。依托高速公路的节点布局科创类特色小镇，引导上海、杭州两大都市的科创产业资源在特色小镇集聚。改进辅道、路网，通过设置分离式立交、互通等方式，合理匹配 G60 沿线城市交通，促进重点科技园区之间的互联互通，形成共生发展、良性互动的生态系统，促进科创走廊经济一体化。

二是围绕高速公路出入口，布局科技园区、特色小镇等创新产业平台。发挥玉皇山基金小镇、南湖基金小镇的金融支持能力，依托沿线乌镇互联网小镇、秀洲光伏小镇、海盐核电小镇、滨江物联网小镇等发展的经验，通过市场化方式，在出入口附近、高速公路与其他交通干线之间，先行培育一批现代化科技园区和科创型特色小镇。

三是全面实行高速路的电子收费，借鉴移动通信资费模式，探索灵活的高速公路资费方式。扩建安装 ETC 不停车收费车道，扩大 ETC 合作银行、收费比例。探索高速通行费年费制、G60 沿线区间收费、单向收费等，适当调低收费标准。逐步引入车路通信（LTE－V）技术，通过沪嘉杭甬区域合作，区分 G60 沿线区内通勤与过境通行，降低通勤成本，精准实现 G60 由通道式向通勤式交通的转变。

（二）推进杭甬高速复线、沪甬铁路建设，带动沿湾开发，串联起杭州湾南岸滨海产业带，打造“杭绍甬”沿湾先进制造业走廊

一是在高速公路和沪甬铁路沿线，布局特色小镇，加快形成高速公路、城际铁路与产业带、特色小镇协同发展。余姚滨海新城先期开发平台——“中意宁波生态园”，布局了新能源汽车及新材料产业基地等五大

产业基地和中意启迪科技城，配套了通航小镇、南湖生态商住区、中意风情街，目前进一步向湾区开拓空间，但是向东与宁波接轨、向北与上海接轨、向西与杭州接轨的最大短板之一就是交通。迫切要求杭甬复线宁波段要加快推进。同理，柯桥、上虞段的推进，也将大大有利于绍兴融入杭州湾区，接轨上海，接受宁波、杭州辐射，避免“大树底下不长草”。

二是规划中的沪甬铁路，要兼顾宁波东部和西部的发展，衔接余慈一体化现有基础，带动绍兴东片。宁波北接上海嘉兴、西接杭州绍兴，杭甬复线、沪甬铁路的人流、物流协同，奠定沿湾新型城镇带、产业带的交通框架。在海湾生态保护带与沿湾、跨湾交通干线之间，借鉴硅谷 101 公路通勤交通模式的理念和功能，宁波、绍兴可以积极向湾区拓展发展空间，以全新的模式在城镇产业带和干线交通的重要有利节点布局先进制造的特色小镇。

后　记

在特色小镇建设5周年之际，《特色小镇：城市产业社区的未来图景》出版了。如果本书能为特色小镇的发展做出一点微薄贡献，我们将甚感欣慰。

在旁人眼里，特色小镇的热潮早已消退，这本书有点赶个晚集的味道。可是，仍然有一批人秉承着“一张蓝图绘到底”和“久久为功”的理念，坚守着特色小镇的初心，在努力营造创业创新环境，在引进、培育创业创新主体，我们有必要为他们鼓与呼。与这些特色小镇的投资者、建设者、运营者以及相关服务部门的管理者一样，我们也不认为特色小镇仅仅只是一时一域的网红，而是一种代表着未来发展趋势的新生事物。我们愿意放下身段，下定决心深耕本土实践，用学术的眼光来淬炼特色小镇看似时髦外表下的精气神，相信只要深耕实践，学术研究一定会结出果实。

我们和特色小镇结缘是在2016年初，就在浙江省推出特色小镇半年多的时候，我们接到了参加特色小镇理论研讨会并撰写论文的任务。在这篇论文的基础上，我们同时组织了另外三篇相关论文，在当时的《中共浙江省委党校学报》上刊发了专栏。也就是在这一年，上海浦江论坛的主宾省是浙江省，为之设置了特色小镇论坛。我们带着这组专栏文章参加了论坛，有幸聆听了时任阿里巴巴首席技术官王坚博士、住房与城乡建设部原副部长仇保兴博士、时任浙江省副省长冯飞博士的精彩讲演。他们从各自的实践与学术背景出发，谈了对特色小镇的本质、功能等的理解，对我们的研究很有帮助。这是我们研究特色小镇走出的第一步。

2017年，浙江省委党校“特色小镇建设”研究团队成立，这是当年学校推出的创新项目之一。学校给予较大力度的经费支持，希望团队能拿出有显著标识性的成果，探索教学、科研与咨政成果一体转化的团队合作模式。我们的团队规模很小，核心成员只有三位。可能因为特定的研究对象过于狭窄，更多还停留于实践层面，暂时还很难吸引更多的同事参与，这与当红小镇的吸粉力相比，真是天上地下啊。随后，借助于校红色学府网专题知识库项目的支持，团队一边收集各方面的素材、研究论文、思想观点，一边组织了多次小镇实地调研。实践之树常青，我们在调研中既近距离深入特色小镇的政策设计、规划建设、产业培育、人才招引等工作，同时也努力从琐碎的工作细节中挣脱出来，借助于理论逻辑的力量，寻找形形色色各类特色小镇共同的根源，哪怕是共性的问题，作为我们的研究对象。理论是灰色的，可是没有理论，我们穷其一生也不可能占有特色小镇实践提供的材料。只有在实践中不断提炼，灰色逐渐褪去，理论的线条轮廓才逐渐清晰。在灰色中淬炼出纯粹的理论，是一个艰辛而又冒险的工作。欣慰的是，我们团队多少跨出了几步，走进特色小镇实践，又能走出经验概括。团队的学术论文剖析了特色小镇的经济组织，从理论和实证两方面支持了特色小镇多样性产业集聚的特性对劳动生产率的促进作用，团队有三篇研究报告得到了浙江省领导肯定性批示，在《浙江学刊》《学习时报》《浙江日报》发表的特色小镇高度标识性的理论文章，进一步将学术研究、咨政研究成果转化，开发了多套教学案例、现场教学课程。

没有特色小镇研究团队，没有学校提供的平台，就难以聚集志同道合者。特色小镇研究及研究团队平台的搭建，需要深入主管部门，需要与校外的同行取经学习，需要和市县党校的同行上下联动，这几年特色小镇的研究网络也在悄悄然地形成。我们的研究工作得到了浙江省发改委翁建荣副主任的大力支持，尤其是他专程赴华东师范大学“长三角议事厅”沙龙，为“长三角特色小镇的一体化构想”板块做嘉宾点评。感谢浙江大学郁建兴教授、张蔚文教授，他们的平台和活动也让我们这个小团队感受到了母校的关怀。有好几次特色小镇的研讨会，市县党校、高校和发改部门的同行都踊跃参加。众人拾柴火焰高，还有很多关心和支持特色小镇研究的人，大家都是因为特色小镇而结缘，除了表示感谢，更希望我们还能在这个领域守望相助。

特色小镇是什么，特色小镇建成了啥样，这在书本和理论中是找不到答案的。特色小镇本来就不是理论构造出来的产物，它是活生生地扎根于中国土壤，并正在快速成长中的树苗。世界上找不到两片相同的树叶，特色小镇对于研究者而言，真正的难度也来自于此。但是，理论研究者还是一如既往地努力寻找着特色小镇最一般的相同之处，就好比是基因。也就是在 2017 年 7 月这个时点，浙江省委党校科研处处长吴为民关心我们团队的研究，一番话打开了我们的思路。他建议我们立足长三角区域高质量一体化发展的背景，选取若干优秀小镇深入剖析，一个小镇一个案例，通俗易懂，深入浅出，这个项目由学校专门资助，作为长三角党校智库联盟的首个合作项目。这是一个特别的时点，之前，我们团队基本只在浙江省内纵横勾连研究网络，有了学校层面的扶持，有了长三角党校智库联盟的平台，我们又可以打开视野，结交研究同行了。

无论是什么样的案例研究，都不能拘泥于事实的堆砌和就事论事，因此统帅案例研究的核心概念就很重要。特色小镇是什么，仍然是一道绕不过的坎。作为根深蒂固的观念，我们一直把特色小镇看作一个有生命的成长中的事物，而且最好能有一个理论与之相适应。这样的理念，这样的理论，才有资格作为一本专著的灵魂出现在题名之中。仇保兴先生若干年前在上海浦江论坛上提出的用复杂适应系统的理论来认识特色小镇的观点，对我们很有启发。我们用城市、多样性、自组织等几个关键词框定了一些特色小镇的共性，落脚到与特色小镇空间尺度类似的社区，尝试用“城市产业社区”的新视角来看特色小镇，由此才有了本书的书名，后面的工作才可以开展。

在长三角省级党校科研管理部门的组织协调下，写作队伍成立了，也明确了各自的分工。由第一作者白小虎教授负责设计整体研究方案和写作提纲，主要选取浙江特色小镇，另分别由上海市委党校李宽副教授、江苏省委党校华彦玲教授、安徽省委党校吴凯之教授负责选取上海、江苏、安徽三地有代表性的特色小镇。为了更好地掌握特色小镇作为“城市产业社区”及其在供给侧结构性改革中促进传统产业升级、新兴产业培育和城乡产业互动的作用，写作团队组织了浙江、江苏特色小镇专题考察，发现了更多有代表性的小镇，写作队伍也相应扩大。全书共十三章，第一章、第三章、第七章由浙江省委党校张日波副教授撰写，第二章、第四章、第六章、第八章、第九章、第十三章由白小虎教授撰写，第十章由李宽副教授、李鲁副教授撰写，第十一章由华彦玲教授撰写，第十二章由吴凯之教授撰写，第五章由昆山市委党校王永进副校长团队撰写。浙江省委党校硕士研究生叶子豪、魏强参与了调研和案例写作，全书由张日波、白小虎统稿。

特色小镇的案例研究从谋划到写成初稿，其间突遇新冠肺炎疫情，团队无法深入沟通，无法再次组织十个案例的调研，而且写作时间也被拉长，书稿杀青迫在眉睫。

这本书即将出版，我们的心情既有些激动，也非常忐忑。我们对特色小镇的理解基本一致，但是真正要在案例中得到充分体现，还很有难度。必须承认，团队对特色小镇的理解既有共识，也有较大的差异，而且从根本上来讲，都是对特色小镇的一管之见。受水平所限，书稿还留有很多遗憾，好在特色小镇仍然是一个有热度的开放话题，更多的后来者会在这个大厦上添砖加瓦。在此，我谨代表写作团队向所有关心支持特色小镇的同人表示谢意，向在小镇建设一线的人们致敬，向读者们致敬。

愿与同行，是为后记。

图书在版编目(CIP)数据

特色小镇：城市产业社区的未来图景 / 白小虎等著. --北京：社会科学文献出版社，2020.11

（新中国城市发展研究丛书）

ISBN 978-7-5201-7330-8

Ⅰ.①特… Ⅱ.①白… Ⅲ.①小城镇-城市建设-研究-中国 Ⅳ.①F299.21

中国版本图书馆 CIP 数据核字（2020）第 179746 号

·新中国城市发展研究丛书·

特色小镇：城市产业社区的未来图景

著　　者 / 白小虎　张日波 等

出 版 人 / 谢寿光

责任编辑 / 陈　颖

出　　版 / 社会科学文献出版社·皮书出版分社(010) 59367127

地址：北京市北三环中路甲 29 号院华龙大厦　邮编：100029

网址：www.ssap.com.cn

发　　行 / 市场营销中心（010）59367081　59367083

印　　装 / 三河市龙林印务有限公司

规　　格 / 开 本：787mm×1092mm　1/16

印 张：18.5　插 页：1　字 数：267 千字

版　　次 / 2020 年 11 月第 1 版　2020 年 11 月第 1 次印刷

书　　号 / ISBN 978-7-5201-7330-8

定　　价 / 128.00 元

本书如有印装质量问题，请与读者服务中心（010　59367028）联系

版权所有 翻印必究